本文集承卢德之博士资助

八至十一世纪
敦煌世俗佛教

李正宇 著
徐晓卉 编选

BA ZHI SHIYI SHIJI
DUNHUANG SHISU FOJIAO

甘肃人民出版社

图书在版编目（CIP）数据

八至十一世纪敦煌世俗佛教 / 李正宇著；徐晓卉编选. -- 兰州：甘肃人民出版社，2020.12
ISBN 978-7-226-05607-3

Ⅰ.①八… Ⅱ.①李… ②徐… Ⅲ.①敦煌学—佛教—研究—8世纪-9世纪 Ⅳ.①B948

中国版本图书馆CIP数据核字（2021）第037063号

责任编辑：李青立
装帧设计：石　璞

八至十一世纪敦煌世俗佛教

李正宇　著　徐晓卉　编选
甘肃人民出版社出版发行
（730030　兰州市读者大道568号）
兰州银声印务有限公司印刷

开本 787毫米×1092毫米　1/16　印张 21.25　插页 2　字数 300千
2021年12月第1版　　2021年12月第1次印刷
印数：1~5 000
ISBN 978-7-226-05607-3　　定价：68.00元

目录

前　言 ……………………………………………………… 001
唐宋时期的敦煌佛教 ……………………………………… 001
重新认识八至十一世纪的敦煌佛教 ……………………… 023
再论晚唐五代北宋时期的敦煌佛教 ……………………… 034
唐宋敦煌世俗佛教的经典及其功用 ……………………… 055
唐宋时期敦煌佛经性质功能的变化 ……………………… 070
敦煌俗讲僧保宣及其《通难致语》……………………… 102
所谓"三教融合"
　　——以佛教为中心的考察 ………………………… 114
吸纳消化　化彼为我
　　——谈莫高窟北朝洞窟"神话、道教题材"的属性 …… 128
孝顺相承　戒行俱高
　　——论中晚唐五代宋敦煌佛教高扬孝道 ………… 136
莫高窟艺术精神境界的发展 ……………………………… 144

唐宋时期敦煌僧尼世俗生活面面观…………………………………………152

晚唐至宋敦煌僧人听食"净肉"……………………………………………183

晚唐至北宋敦煌僧尼普听饮酒……………………………………………206

晚唐至宋敦煌听许僧人娶妻生子…………………………………………234

八至十一世纪敦煌僧人从政从军…………………………………………252

敦煌佛教研究的得失………………………………………………………272

敦煌地区古代祠庙寺观简志………………………………………………287

佛塔丛识

——从筑塔、雕塔到剪刻塔、写经塔 ……………………………………318

前言 QIANYAN

业师李正宇先生博闻强记、识见卓荦，素为及门我辈之所仰止，20世纪90年代季羡林就称誉先生为"开后学之先路，作中流之砥柱；俯不怍于后，仰不愧于前"的敦煌学者之一。先生晚年移目古代敦煌佛教研究，从大量敦煌遗书、壁画、绢画及供养人画像题记等资料中获知，八至十一世纪的敦煌佛教脱出《经》《戒》、顺随世俗的现象充耳满目，呈现"入世合俗"的特征。初曾视为"民间佛教"，继而知其不仅流于民间，实乃普及于社会各阶层，上流人物如敦煌王、节度使、都僧统、名僧大德以及豪门世族大力尊奉倡导，促使敦煌佛教"入世合俗"的特点愈加突显。这种不合正统佛教《经》《戒》规范、追求现世利乐、"入世合俗"的佛教，先生拟名曰"敦煌世俗佛教"。这一命题，初不甚为学者接受，习于旧说者尝诮之曰："世俗佛教是哪门子佛教！"后来渐被学者接受并有不少学者加入"敦煌世俗佛教"研究队伍。"敦煌世俗佛教"的命题得以确立。

先生年际望九，精力渐衰，承蒙先生不弃，委愚生助其编订敦煌世俗佛教研究文集。余诚惶诚恐，遂细加研读诸文，深味先生学养深厚、识见敏睿、逻辑精审、实事求是的学术风格，被先生老骥伏枥、笔耕不辍、追求精进的科研精神所激励，将不成熟、不完善的读文心得作为文集前言，凑为导读，以得沾先生慧光，荣幸之至！

本文集选录了先生二十余年陆续撰写的十八篇有关古代敦煌佛教研究的文章。先生从不同角度揭示论证唐宋时期敦煌地区佛教的世俗特性，并对敦煌佛教研究的方法和思路进行反思，指出以往诸家研究多侧重佛学而少论寺院事功、僧尼。他认为佛学属理性范畴、佛教属实践范畴，二者虽有密切关系，但毕竟各有自己的质态，其发展态势和取向亦不尽同步，需要区分研究，不应混为一谈，尤不可将佛学取代佛教。

《唐宋时期的敦煌佛教》《重新认识八至十一世纪的敦煌佛教》《再论晚唐五代北宋时期的敦煌佛教》三文，从宏观方面运用大量的敦煌文书和传世文献相互比照，说明唐宋时期的敦煌佛教是一种中国化、民族化、世俗化的佛教，与传统观念中的"正统"佛教大相径庭。敦煌世俗佛教与"正统"佛教本虽同而流颇异，其"世俗性"突出表现在：向往来世而尤重今生、入世合俗的持守作为，重信行轻义理的奉佛实践，诸宗皆奉不专一宗的兼容信仰，诸经皆奉无别真伪的佛经尊奉，倾情现世利乐借助忏悔救赎的变通行为。先生在阐述"敦煌世俗佛教"的命名理据时，认为唐宋时期敦煌世俗佛教的信徒涵盖了社会各阶层，上自节度使、敦煌王、郡君、县君、都僧统、都僧录、都僧政、都法律、临坛大德等高层人物，中括当地一般官吏、名士、阇梨、老宿、寺主、法律，下至底层僧尼、平民信众、贩夫走卒、佣工奴婢、妇女儿童，其流行层面不限于某个阶层而是普漫全社会，故"世俗佛教"之名完全突破了"民间佛教""平民佛教"或者"庶民佛教"之类的局限性冠名。关于敦煌佛教的世俗化演变状况，先生提出：早自北魏以来，敦煌佛教已经开始面向人生，企求现世功利，出现"世俗化"倾向；隋唐时期，敦煌佛教继续向世俗化方向发展；吐蕃占领敦煌后，在吐蕃苯教及早期佛教的影响下，敦煌佛教急遽加快世俗化步伐，并基本完成世俗化进程，转变成异于旧观的新型佛教。这意味着，敦煌佛教自北魏以来的"世俗化"发展，到八至十一世纪时已不再在"世俗化倾向"的道路上踟蹰行进，而是完成"世俗化"进程，铸就了前无其匹、入世合俗的新型佛教，即"敦煌世俗佛教"。这三篇总括性的文章有理有据，多视角、多层面地阐述了唐宋时期敦煌世俗佛教的种种特性和表现，完全不同于中外佛学家所描摹的敦煌佛教，令人耳目一新。

《唐宋敦煌世俗佛教的经典及其功用》《唐宋时期敦煌佛经性质功能的变化》两篇文章集中考察了唐宋时期敦煌地区佛经范畴的泛化及其价值功用和传播手段等方面的变化，进一步说明敦煌佛教中国化、民族化、地方化、时代化、社会化和世俗化的特征：

1. 唐宋时期敦煌佛经突破经藏匡范呈现泛化。敦煌藏经洞出土的佛教典籍中除了正藏佛经之外，其他各种经咒、真言及疑伪经，讲经文、变文、因缘、功德文、愿文、辞赞同被赋予神通法力，同被供养、诵读、抄写或施舍，且以之为功德。

2. 唐宋时期敦煌佛经的价值功用走向功利化。佛经的神通法力，为广大信众灭诸罪障、所祈如愿给了种种希望。敦煌藏经洞出土佛经的写经题记中可见各种世俗祈愿，如为亡灵追福超度、求升官、酬官事得免、求分娩平安、流落异乡求平安或早还乡、求护居宅、患病求瘥或辟除疾疫、盲者聋者愿见愿闻、跛者哑者能行能语、奉为尚书北征得胜保无灾难（此又意味着罔顾杀戒）、女子求来生转男身等等。佛教信徒的心目中，各种佛经与佛及菩萨同样法力无边，可以为人解除各种世间苦难，助人获取现世利乐。这显然淡化了北朝时期"舍身饲虎""割肉贸鸽""身剜千灯"之类忍辱苦修的观念。

3. 唐宋时期敦煌佛教传播方式大众化。佛经以文字为载体，佛教以文本形式进行传播，并不适合广大目不识丁、不具备诵读能力的信众。他们只能通过识字之人的口头讲诵而间接地、部分地接触佛经。所以唐宋时期的敦煌莫高窟出现大量彩塑、绢帛画,窟壁上绘制大量经变画、因缘画、佛教史迹画及供养人像,另有讲经文、变文、唱辞、俗曲,以及请人写经、听人讲经、请僧人诵经、供养佛经、施舍佛经、置经流布等大众化传播方式,远较佛经之阅读方式更为普遍、深入而又影响深远。以上形象化、艺术化、通俗化的传播方式,吸引着各阶层识字或不识字的信众,对所有信徒都具有极大的教化作用,成为名副其实的"大众化"传播方式。

《敦煌俗讲僧保宣及其〈通难致语〉》考查了俗讲僧保宣的生平,辨析了保宣所撰辞章属讲经《通难致语》,提出:"现存敦煌讲经文,只反映了俗讲进行的大略,其中主要是法师的讲唱,至于都讲的助唱及设难,则没有载入或载入很少。那么,我们从现存的敦煌讲经文所读到的,只是当年俗讲法师的'一面之词',关于都讲的唱诵诘难,讲经文提供的感性知识很少。"这个认识,充分肯定了五代时俗讲僧保宣所撰讲经《通难致语》作为古代俗讲另一组成程序的实物佚存,具有重要的研究价值。俗讲正是敦煌佛经传播手段大众化的一种形式,也是敦煌佛教世俗化的重要表现。

唐宋时期敦煌佛教的世俗化研究,引发了佛教如何调节与儒教、道教关系的思考。先生认为,当时敦煌地区的佛教并非完全按照"正统"佛教那样保持独立,而是与儒教、道教相互影响,彼此吸纳,化彼为我,提高自己的影响力。《所谓"三教融合"——以佛教为中心的考察》针对长期以来宗教门徒和宗教研究界流行的"三教融合"或"三教合流"说法,认为其忽视了儒释道三教间的根本矛盾,片面强调了三教间局部矛盾的缓解,反而是对三教斗争、调和、充实和加强自我的误解和幻想。《吸纳消化化彼为我——谈莫高窟北朝洞窟"神话、道教题材"的属性》考察研究了敦煌莫高窟北朝时期洞窟壁画中的所谓"神话、道教题材",认为它们在佛徒心目中已经不独属道教所有,而已属佛教所有,已经超出了学界所揭示的"假借"或"嫁接",既不能按照"佛道结合"或"佛道杂糅"的观点释读,更不能以"道教绘画作品"反映"道教思想"来理解。这种现象意味着北朝时期的敦煌佛教,正在突破传统佛经的局限,把其它宗教题材内化为自我强大的佛教因子,向世俗化举步迈进。《孝顺相承戒行俱高——论中晚唐五代宋敦煌佛教高扬孝道》考察了唐宋时期的敦煌佛教结合中国传统忠孝思想而理直气壮地倡扬孝道、采取多种形式宣扬孝道思想的现象。孝道思想不同于正统佛经宣扬"断欲去爱"舍身事佛、不得复以世俗恩亲为念的理念。在敦煌,孝道思想已经深融于当地佛教,普及于僧尼及广大世俗信众,成为敦煌佛教及僧尼、信众一致认同的信行和美德。倡言"孝顺相承、戒行俱高"的佛经被大量传诵、抄写、供养。

《莫高窟艺术精神境界的发展》通过考察莫高窟壁画题材和洞窟格局从北朝到隋唐五代时期的变化,论证敦煌佛教从厌弃今生、追求来世转变为倾情现世、求取安乐。这是敦煌佛教汰旧增新的过程中不断世俗化的又一表现。隋代以来,表现佛祖自我牺牲、坚忍苦修的本生画及本行画迅速消退,代之而起的各种经变画大量涌现。经变画虽然仍是宣扬佛化,却将人世百业、人生百态搬进洞窟,佛窟中浓郁的人世气息扑面而来,愈到后来愈加浓烈。比如佛、菩萨及侍从、弟子的形象,北朝时期表现得朴素无华、清静寡欲,隋唐时期则繁复华丽,尤其菩萨面如宫娃、屈胯扭腰、身姿婀娜、仪态动人,极大弱化了北朝时期佛国的神圣庄严,增添了人世间的尊贵怡乐情态。供养人像的形体也从渺小卑微转向高大威仪。莫高窟的佛国世界中出现了堪以比附的纷纭人世。由此莫高窟佛教艺术达到一个前所未有的新的精神境界,堪称唐宋时期敦煌佛教"世俗化"的一个切片标本。

《唐宋时期敦煌僧尼世俗生活面面观》概略扫视唐宋时期敦煌僧尼融入世俗社会、共沐人生的种种事观,以见敦煌佛教的世俗特征。佛尊所教示、佛学家所反复阐发的世界、人生"四谛"——苦、集、灭、道,均认为世界和人生是无边无际的苦海,人世和生存一切皆苦,要脱离苦海，只有排除世间诸欲，一心修佛，达到"涅槃"善果。然而蕃占期及晚唐五代北宋时期的敦煌，"四众"信徒口头上念叨"四谛"，实践上却追求现世利乐，沉浸于浓厚的世俗尘缘中：僧尼奉行世俗孝道，僧尼"出家"却多住俗家而住寺者少，僧尼不从"释"姓、仍冠俗姓、甚至保持俗名，僧俗义结金兰，参与结社，僧尼置业、竞利、雇工、蓄奴，僧尼饮酒、供酒、开设酒店、造酒卖酒，僧人听食"净肉"，寺院及僧尼参加世俗节庆活动，僧人干政从政，僧人从军征战戍守，出家僧人可娶妻生子，等等。

《晚唐至宋敦煌僧人听食"净肉"》《晚唐至北宋敦煌僧尼普听饮酒》《晚唐至宋敦煌听许僧人娶妻生子》《八至十一世纪敦煌僧人从政从军》分别从僧人食肉、饮酒、娶妻生子、从政从军四方面详论敦煌僧尼脱出经戒、入世合俗的要行，进一步详揭敦煌佛教鲜明的世俗特性。

《敦煌佛教研究的得失》肯定了学界目前的敦煌佛教研究，对中晚唐至五代北宋时期敦煌佛教寺院组织、佛寺概况、僧官系统、法事活动、讲经布道、僧尼修持、寺院经济、佛教信仰等诸多方面有相当广泛的描摹反映，为敦煌佛教研究奠立了很好的基础，提出了新的研究思路。但是对于敦煌遗书及石窟保存的佛教资料所反映出的不合佛经规范的世俗化表现，依然未能作出明确的论断。故敦煌世俗佛教的研究对中国佛教史或佛学思想发展史都具有重要的研究价值。

《敦煌地区古代祠庙寺观简志》概览式梳理了敦煌资料中先后出现的祠庙寺观，钩稽其名称、地址、来源等信息。其中敦煌佛寺出现僧尼少住寺院、多住俗家的现象，是敦煌佛教世俗化的重要典型表征。《佛塔丛识》考察了人们从筑塔、雕塔到剪刻塔、挂轴式写经塔的造塔形制变化，说明佛塔所代表的佛教信仰活动已经从"旧时王谢"的专利普及到"寻常百姓家"，这表明佛教功德活动简易化、普及化、大众化的发展趋势，即贴近现世生活的世俗化趋势。

余怀虔敬诚心，拜读先生宏文，概括其最突出的特点有三：资料宏富，理论阐述精准，学术识见卓荦。

资料宏富是文集所收论文最显著的特点。这十八篇论文既有三五千字、短小精悍的小文，也有两万多字、叙述详尽的长篇。文中引据敦煌遗书、佛经及各种文献看似信手拈来，实则是先生几十年的阅读积累，厚积薄发。最短小的《佛塔丛识》所引用的古代文献资料即有悬泉汉简、唐·遁伦《瑜伽伦记》《摩诃僧祇律》《大般涅槃经》《大般若经》《金刚经》《佛祖统纪》《牟子理惑论》《佛说造塔功德经》《譬喻经》《法苑珠林》《右绕佛塔功德经》，敦煌遗书和出土实物资料也是应有尽有。长文《唐宋时期敦煌佛经性质功能的变化》仅列举在敦煌遗书中所见疑伪佛经及真言咒语就达172种之多。这么多经咒真言只有通过大量的比对辨析，才能区分正经、疑伪经。文章说明偈、赞、法、符、讲经文、佛教变文、佛家辞赞、灵验记等都被信徒视同佛经一般供养、诵读、抄写或施舍流传时，举例证就涉及《大目犍连变文一卷》《法体十二时》《祈赞文》《持诵金刚经灵验功德记》、墨绘观音菩萨像、供养人像题名和题记、《功德记》等等。诸如此类的众多资料被竭泽而渔、准确运用，分门别类、简明扼要地烘托观点，有理有据，夯实文章座基，折射出先生深厚的学术研究功力，令吾后辈惟有高山仰止的钦佩敬爱之情油然而生！

理论阐述精准，使论点表达极具针对性和唯一性。如《敦煌佛教研究的得失》以时间为经，以研究内容为纬，在理论阐述过程中既有学术研究成果是否反映真实社会状况的针对性分析，又有评判佛教研究逐步深化、肯定"敦煌世俗佛教"命题的唯一性。先生追溯敦煌佛教研究最早是1909年蒋斧编印《沙州文录》、罗振玉编印《敦煌石室真迹录》、日本小野玄妙发表《降魔成道图的研究（一）（二）》。上述中日学者刊发敦煌僧人、信徒造窟碑记、画像赞、刻经题记及敦煌所出古写本佛经的研究，反映了唐宋时期敦煌佛教某些真实的侧面。从1911年起，学者转而关注敦煌所出的佛经、经疏，研究重点转向佛学义理的探讨，忽视了敦煌佛寺状况、僧尼信众的信行实践及社会行为的观察研究。20世纪40年代起，敦煌佛教的诸多社会活动问题才引起学者较多关注，研究成果涉及寺院组织、僧官、佛教信仰、僧尼佛事活动、佛教信仰与地方文化融合等。总结这些已有研究成果后，先生提出："由于受到佛教《经》《戒》规范及佛学大师论著的影响，大部分学者仍然按照《经》《戒》规范的标准来描摹敦煌佛教，取其合乎《经》《戒》规范者，弃其不合《经》《戒》规范者，塑造出一个合经合范的理想型敦煌佛教。""严格说来，数十年来的敦煌佛教研究，不过是《经》《戒》规范的图解，实际上却抹杀了一个客观上真实存在的、活生生的敦煌佛教。""到8世纪末，敦煌佛教在世俗化的道路上已经行进了400多年，完成了'化'的过程，终于化成了一个名副其实的'世俗佛教'。"这种精准到位的语言表述，只有在大量的精细研读、准确理解佛教《经》《戒》规范和已有佛教研究成果后才能形成。本文集所收其他论文在理论阐述的精准水平上并臻佳致，兹不赘述，请读者亲阅欣赏。

　　学术识见卓荦，是先生关于敦煌佛教研究突破陈见、蜕故孳新的橐钥。百年来，中外学者根据敦煌遗书中现存宗教和世俗文书研究古代敦煌佛教，成绩卓著。但是也存在不足：一是奢谈佛学思想及宗派义理，而对佛寺事务、日常活动及僧尼信众的信行和生活处事则轻描淡写，甚至不屑一顾；二是研究者无意却自为地按照佛教《经》《戒》的规范塑造出一个失去本真的敦煌佛教。先生则注重事物的客观存在，以严谨的学术态度作出识断，认为以往的佛教研究是"唯依经典而取舍描摹，对敦煌寺院、僧尼及在俗信徒的信行实践、生活状况、意识行为轻忽不顾的作法，其实是违背史学原则、不符合史学规范的"。先生将唐宋时期敦煌佛教经藏的范围内容、价值意义及传播方式方法与"正统"佛学的观念进行详细比较，认为二者同中有异，变化很大，从知敦煌佛教已经是"中国化、民族化、地方化、社会化和时代化的世俗佛教"。先生把佛教研究从以往的静态视角转入动态视角进行考察分析，按照事物发展变化的规律探寻到古代敦煌佛教十分鲜明的世俗特性，是"平民佛教""庶民佛教"或"民间佛教"命题的进一步升华，实在是中国佛教研究的一大突破。

另外，值得一提的是，先生追求精进的学术精神始终贯彻于其学术研究中，本文集是体现这种精神的典型之作。他力图全面全方位地揭示唐宋时期敦煌世俗佛教的真实存在，在刊发《唐宋时期的敦煌佛教》后，十余年持续关注，不断发掘各种相关资料，屡得撰写后续文章或补充修订前文；1988年发表《敦煌地区古代祠庙寺观简志》后，不断补充修订，1996年以同名收录于其专著《敦煌史地新论》，收入本文集时又有增补修订。仅上两例足见先生锲而不舍、精益求精的学术精神！

愚生虽尽全力敬读先生研究成果，仍不免学识浅陋、理解偏差，谨略谈以上，冀为读者展示文集华彩之一斑。其中纰漏在所难免，敬请先生及读者赐正！

愚生徐晓卉敬撰于兰州财经大学

2021年10月

唐宋时期的敦煌佛教

一、世俗佛教是唐宋时期敦煌佛教的主流

唐五代至北宋时期的敦煌佛教，是一种中国化、民族化、世俗化的佛教，同佛学家所描绘的正统佛教亦即传统观念中的佛教大相径庭、别具典型。研究者对它多有认识不足。有的学者虽然已经觉察，却以为这种别具典型的佛教仅仅局限于下层民间，因而称之为"民间佛教""平民佛教"或"庶民佛教"。正统派佛学家及宗教家对这种佛教颇为歧视，认为它难登"大雅"，不入流品，并非唐宋时期敦煌佛教的主流，尤不足视为唐宋时期敦煌佛教合格的代表。笔者对上述看法颇有不同意见：第一，这种别具典型的敦煌佛教，覆盖了唐宋时代敦煌社会的各个阶层，上自节度使、

敦煌王，中包各级官员、僧官、僧尼，下至农工兵商、奴婢佣作、男女老少，它的信徒遍布于敦煌社会上上下下各个阶层，显然并非仅仅局限于社会下层、流传于民间。在全体信众中，居于领导地位，掌握方向进止，信众奉为师表的，不是庶民百姓及下层僧尼，却是社会上层人士，即当地最高执政者、豪门世族、僧统、寺主及大德法师。说世俗佛教仅存在于民间，流行于下层社会，因而称之为"民间佛教""平民佛教"或"庶民佛教"，实在是以偏概全，有悖事实。第二，世俗佛教在唐宋时代的敦煌广布遍传、到处渗透，影响遍及敦煌社会、政治、经济、军事、教育、文学、艺术、思想意识、人伦道德、婚丧嫁娶等社会生活的各个方面。就其播布之广泛、影响之深刻而论，唐宋时期敦煌其他任何佛教宗派都不足与之比肩争胜，更不足取代其地位。根据其性质、特点、播布、渗透的实际情况给予命名，笔者称之为"敦煌世俗佛教"。可以肯定地说，唐宋时代敦煌佛教的主流和代表，不是别的，正是这种冲破佛教正统、被某些佛学家、宗教家视为难登"大雅"、不入流品的世俗佛教。

佛教传入之初，士大夫最先予以接受。魏晋以来，佛教进一步开放，广泛传向社会各阶层。随着成千上万农民、工匠、贩夫、兵卒、佣作、婢仆的涌入，信众结构发生了根本性的变化，主要成分从士大夫转变为广大民众。士大夫与广大民众的志趣、需求各有不同。士大夫物质生活充盈，但心灵空虚，渴求精神方面的满足；广大民众生活窘困，追求物质的满足。到隋唐时期，两种追求都发展到极致，代表着士大夫群之追求的，便是各种佛教宗派的成立；代表着广大民众之追求的，则是佛教务实化、功利化成分的加强。在敦煌，由于社会总体文化层次不高，佛教各宗派的学说都缺乏传播的条件，所以都难以发展；而代表全社会各阶层共同利益的世俗佛教却受到上下各阶层的欢迎。敦煌世俗佛教便在这一背景下突飞猛进地发展起来。

变化是一切事物的必然规律，世界上没有亘古不变的"正统"。从我国佛教发展的趋势来看,这种突破"正统"、不合"大雅"的世俗佛教,恰恰代表着我国佛教发展的潮流和走向。

二、唐宋敦煌世俗佛教的特点

唐宋时期的敦煌佛教同正统佛教比较起来,本虽同而流颇异,差别十分显著,突出表现在以下几个方面:

入世合俗 正统佛教认为尘世充满邪恶、缠缚,烦恼无尽,孽障代生,宣扬苦空无我,对现实持否定态度,教人排除世俗欲,解脱尘缚,超脱现实,追求往生。一言以蔽之曰——教人出世离俗。而唐宋时期的敦煌佛教却面向现实,面对社会,正视人生,贴近人生,引导人们借助佛力获取今生及来世福果,实现美好的人生愿望。一言以蔽之曰——入世合俗。这是唐宋时期敦煌佛教最具性格、最为突出的特点。一个是出世离俗,一个是入世合俗,两者的反差十分强烈。

出世脱俗的佛教,是人们传统观念上的佛教。其实,作为一种宗教,若对现实人生完全采取排斥态度,一味引导人们厌弃人生、超脱现实,它就会失去对现实中摸爬滚打着的人们的吸引力,不可能发展壮大,甚至最终丧失立足之地。

在佛教传入我国的初期,就是以"修善慈心为主"[①],旨在补救现实之弊败,追求美好的人生。其出发点显然植根于对现实和人生的关切,而非对现实和人生的厌弃。随着帝王官僚穷奢极欲日增,肆刑滥杀日盛,佛经中有关去欲、忍苦的教导,便日益成为信徒们抨击腐败、追求善美的思想武器。接着,社会上层统治者加强了对佛教的控制和影响,突出强调佛经中去欲、忍苦的内容,使去欲、忍苦的宣传渐渐走向极端,以至给人

---

① 《后汉书·楚王英传》,李贤注引袁宏《汉纪》。

造成佛教厌世脱俗的印象。这种现象，在敦煌莫高窟北朝时期的壁画中有充分的反映。敦煌莫高窟北朝时期的壁画，多是宣传厌世、忍苦的题材。例如"身钉千钉""割肉贸鸽""舍身饲虎""月光王施头""沙弥守戒"，以及微妙比丘尼家破人亡、两遭活埋、三迫改嫁、累世苦难等等，极力渲染人世间凄惨惨、血淋淋的景象，灌输厌世恶俗的思想。但是，北朝的佛徒们，却并未绝望自杀，而是通过奉佛、礼佛、凿窟、造塔、写经、读经、塑绘佛像、施舍、行善等种种方式，祈求免遭一切苦难灾障，使今生来世俱得安乐。由此可以看出，北朝时期的佛教宣传同北朝时期的佛徒信行，存在着颇大的距离，二者并不合拍。

从广大佛教信徒方面来说，他们祈求来世成佛，乃是基于对现实之不满；他们盼望天堂降临人间，更是出于对美好生活的向往。其思想动力显然是要改变现实，追求幸福，而非厌世、忍苦。佛经中说，人的一生不外生老病死之苦的折磨与煎熬，释迦觉悟及此，乃入山苦修，终至成佛，方才摆脱了生老病死之苦。而我国广大佛教信徒，并未走释迦苦修成佛的老路，而是通过信佛、拜佛，求得佛力保佑，免除世间一切苦难，祈求世界清平、丰衣足食、百害不侵、百病得痊、老人康乐、"寿十万八千岁"。唐代励精图治，经济繁荣，政治比较开明，皇帝以救世主自期，歌谣有弥勒再世之庆，现世利乐的思想随之滋长。加之禅宗倡言"佛法在世间，不离世间觉"，大大促进了敦煌佛教向"入世合俗"方向前进的步伐。唐宋时期的敦煌佛教，尽管仍将"绝尘""去欲"挂在口头，而行动上却是倾情世欲、关切人生，把自己融入世俗社会的人流。敦煌佛徒所有的奉佛行为，如奉佛、礼佛、诵经、写经、修寺、造窟、起塔、造像、施舍、忏悔、奉斋、履戒、斋僧、济贫、宽恕、释仇、修桥、造井、恤老、怜幼及其他诸种善行，无不是在祈求来生俱登佛果的同时，更关切今生现世的幸福利乐。这在信徒写经题记及各种佛事功德文中有充分的反映，如：

S.4665《遗教经》末题："（前略）正信士刘敬安合家眷属……同心

率意,写此经一部。庶望先灵及现存眷属等,千灾不忓其性,万祸不入家门;同陟菩提,皆成佛道。龙朔二年(622年)十二月廿三日成。"——此求"万祸不入家门"。

S.87《金刚般若波罗蜜经》卷尾敦煌阴仁协题记:"圣历三年(700年)五月廿三日,大斗拔谷副使、上柱国、南阳县开国公阴仁协写经,为金轮圣神皇帝(此指武则天)及七世父母、合家大小。得六品,发愿月别许写经壹卷;得五品,月别写经两卷。久为征行,未办纸墨,不从本愿。今办写得,普为一切转读。"——此求升官。

P.2900《药师经》末题:"上元二年(675年)十一月廿七日,弟子女人索八娘为难月,愿无诸苦恼,分难平安。"——此女求分娩平安。

日本书道博物馆藏敦煌写经《瑜伽师地论卷五十二》卷尾沙州僧明照题记:"大唐大中十三年(859年)己卯岁正月廿六日,沙州龙兴寺僧明照就贺拔堂,奉为皇帝陛下宝位遐长,次为当道节度,愿无灾障,早开河陇,得对圣颜,及法界苍生同沾斯福。随听写毕。"——此为皇帝、使主、国家、百姓祈福。

北图0686《金光明经卷第三》乾宁五年(898年)沙州僧信悟题记:"弟子信悟持此经。乾宁四年二月八日,因行城,于万寿寺请得,转读乞甘雨,其年甚熟。后,[乾宁]五[年]亦少雨,更一遍,亦熟。不可思议。"——此求早解禾熟。

S.4240《佛说佛名经卷第四》末题:"敬写《大佛名经》贰佰捌拾捌卷,惟愿城隍安泰,百姓康宁;府主尚书曹公己躬永寿,继绍长年;合宅枝罗,常然庆吉。于时大梁贞明六年岁次庚辰(920年)五月十五日写记。"又有"曹元德礼已"五字添笔。——此经为归义军节度使、拓西大王曹议金修奉的功德经;曹元德为其长子,后乃继父之任为瓜沙节度使。造经目的是为祈求本境康宁、百姓安乐及自身寿禄、合宅庆吉。

S.5973《宋开宝七年(974年)归义军节度使、检校太师兼中书令、敦煌王曹元忠施舍回向疏》："布三匹充大众，布壹匹充大像，绵绫壹匹充法事。右件施舍所申意者，先奉为龙天八部，拥护敦煌；梵释四王，保安社稷；中天帝主（此指宋太祖），永坐蓬莱；十道争驰，三边伏款；大王（此指曹元忠）禄位，等劫石而恒坚；夫人（此指元忠妻）花容，同桂兰而永茂。然后，道途谧静，兵甲休行；刁斗收音，干戈弥（弭）灭。今因讲畅，渴仰慈门，伏乞能仁，希垂回向。谨疏。　　开宝七年二月　日，归义军节度使检校太师兼中书令敦煌王曹元忠疏。"——此为中朝天子、本土大王求福佑，为国家及本境求太平。

P.3576《宋端拱二年（989年）三月敦煌王曹延禄设斋施舍回向疏》："绢壹匹充经馔，袈裟带缠玖拾副充见前僧馔，纸壹帖充法事。右件设斋舍施所申意者，伏为弟子常年心愿，竖福禳灾，伏乞法慈，甫垂回向。谨疏。端拱二年三月　　日，弟子归义军节度使检校太师兼中书令敦煌王曹延禄疏"——此求常年平安。

以上所举，反映了上自王侯、下及平民的种种世俗愿望，大到国家、小到己身，上为皇帝、下为百姓，佛法成了他们实现世俗愿望的指盼和靠山。同出世离俗的正统佛教比较起来，入世合俗的世俗佛教无疑成了信徒们最为乐趋鹜赴的方便法门。

当然敦煌也有追求来生福果的奉佛行为，这多属超度亡灵者，至于生人，虽非绝无，毕竟极少。某些看似活人祈求来生福果的善愿，也多半包含有兼求今世安乐的成分，如P.2876《金刚经》小册子末题："天佑（祐）三年岁次丙寅（906年）四月五日，八十三[岁]老翁刺血和墨手写此经，流布沙州一切信士，国土安宁，法轮常转。以死写之，乞早过世，余无所愿。"此老翁为"乞早过世"而写经，显为祈求来生福果，他甚至宣称除此之外"余无所愿"。但从"乞早过世"之言看来，揣知此翁活得不甚舒心，所以"乞早过世"，以摆脱当前烦恼，其中仍不免含有眼前的追求；又云"流布沙州一切信士，国土安宁，法轮常转"，表明他依然关切着现世利乐，何尝真的"余无所愿"。

重信行，轻义理 正统佛教注重开悟导迷，故乐谈义理。高僧大德讲经说法，其实都是或主要是阐扬佛经义理。而唐宋时期的敦煌佛教，主要重视信行，不热心空奥义理。唐宋敦煌法师也经常讲经说法，其主要内容不是辨析色空义理，而是通过演绎佛经故事，张扬佛菩萨无边法力，铺排诚信，宣说报应及因果。现存敦煌变文、讲经文、莫高窟经变画、故事画、佛教史迹画以及敦煌遗书反映的唐宋敦煌寺院、僧尼、信众的信行活动，充分显示出这一特点。

唐宋敦煌佛教不甚究求佛经义理，有着多方面的原因，其中最基本的原因我看主要在于敦煌社会及信众文化层次不高，思辨非其所长所好，压根缺乏研习佛经义理的热情，不具备研讨佛学义理的素质条件和环境土壤。

唐宋时期的敦煌，出过一些所谓"大德"僧尼，却未造就出高僧。吐蕃占领敦煌前后，曾有一二内地高僧如昙旷、乘恩者来此，但时间短暂，不过昙花一现。吐蕃占领后期及张议潮起义归唐初期，敦煌出了个法成，讲经译经，颇受推崇。但法成只是当地成长起来的一位名僧，尚未跻高僧之列，况无高足光大其学，薪尽火止，亦不免昙花一现。至于世俗信徒，绝大多数处于文盲、半文盲状态，不能读或读不懂佛经；有文化、能读经的信徒只是极少数，而这极少数能读经的信徒，多是官员或富家子弟，或忙于事业，或散漫懒惰，无暇读经或不乐读经。偶尔读读短篇佛经尚可，不耐埋头钻研浩如烟海的佛典。像600卷的《大般若波罗蜜多经》、200卷的《阿毗达摩大毗沙论》、120卷的《大宝积经》、百卷的《大智度论》之类的大部头佛典，恐怕极少有人甚至几乎无人全部通读。对于广大不识字、识字不多以及忙于俗务的在俗信徒来说，他们只要知道并相信佛菩萨具有绝大法力，能够救苦救难就已经够用了，至于"谈空说有""论相究性"这些他们听不懂、看不见、摸不着、用不上的玄机奥义，既难酬他们的实际需求，又不足抚慰他们的心灵，对他们并无实在意义，故不足吸引他们的关注。当地纵有一两个学问僧研讨义理，但对广大信徒并没产生多大影响。

从"信、解、行、证"的角度来说，唐宋时期的敦煌佛教重信不重解，重行不重证，属于信仰型佛教，而非思辨型佛教。体现在宗教活动上，便是注重实践，忽略学理。唐宋时期的敦煌佛教，留下了异常丰富的信行遗迹，敦煌400多座佛窟、3000多身塑像、40000多平方米壁画、30000多卷写经者是，却未见有当地信徒自撰的精深佛学论著。学者们所推许的《瑜伽师地论听经手记》《净名经关中释抄》之类的当地佛学论著，前者不过是敦煌僧法成综述玄奘一派的主张①，后者则是敦煌僧曹法镜转述从京城长安学来的知识②，难以算作法成、法镜个人的成果。

唐宋时期的敦煌佛教界，由于对佛学理论重视不够，佛学理论的作用自然显得疲软无力。当地的信行活动不免出现许多离经背典的现象（详后），终于形成了远非正统的世俗佛教。僧统、老宿、名僧、大德，既不执正纠偏，又不去为非违戒律的行为别作理论回护。行而不言、任其自然是唐宋敦煌世俗佛教的突出现象之一。

诸宗皆奉，不专一宗　正统佛教有着不同的部派宗支，宗奉不同的经典，信守各自的法门；各以自己的宗派相标榜，而对其他宗派具有不同程度的排他性。唐宋敦煌世俗佛教则对佛教各宗派都相敬兼容，一视同仁，虽有取有舍，却不加排斥。敦煌世俗佛教总体上属于大乘教，但也吸收、

---

①　参阅窥基《瑜伽论略纂》《瑜伽论劫章颂》及新罗道伦《瑜伽论记》。
②　P.4660（4）《故曹僧政（法镜）邈真赞》："《瑜伽》《百法》《净名》俱彻。敷衍流通，倾城怪悦。后辈疑情，赖承斩决。入京进德，明庭校劣。敕赐紫衣，所思皆穴（谐）。旋归本群（郡），誓传讲说。"敦煌发现曹法镜讲说的《净名经关中释抄》上下卷各一件，分见P.2079及北0293。其讲说时间，前者为"壬辰年"即咸通十三年（872年），后者为"癸卯年"即中和三年（883年）。而"壬辰年"的题记已称法镜为"河西管内都僧政、京城进论、朝天赐紫、大德和尚"，表明法镜早在讲说《净名经关中释抄》之前已从京城回来。《邈真赞》所谓"旋归本群（郡），誓传讲说"者，殆即《净名经关中释抄》也。

行用小乘教①的某些主张，如对自己人行大乘教的自利利他，而对寇仇则行小乘教的利己不利他；法门颇似净土宗的易行道，但又颇多吸收禅宗法门。净土宗主张专修往生阿弥陀净土法门，而敦煌佛教则并不专修往生阿弥陀净土法门，它更希求阿弥陀净土降临今世，使国土常安，五谷盈仓，衣食丰乐，无灾无病，跛者能行，哑者能语，无愿不果，普得今生当世的利乐；净土宗倡导念佛与愿力，而敦煌佛教在念佛之外又十分看重律宗的"止持""作持"，倡导"诸恶莫作，诸善奉行"；在"家家阿弥陀，户户观世音"的信仰中，同时还敬信着其他神灵，包括我国特有的太山府君、平等大王、五道大神、天曹地府、司命司禄、土府水官、行病鬼王疫使、风伯、雨师、一切幽冥官典，甚至还有社稷、马神、青苗神以及少数民族的可嗑官（参见 P.3135《四分戒》卷尾索清儿愿文；S.980、P.3668及北图致字28号、藏字48号、北新701号《金光明最胜王经》卷尾李晅愿文）；女娲被奉为妙吉祥菩萨，伏羲被奉为宝应声菩萨，孔子被奉为儒童菩萨，连道教祖师老子也成了世俗佛教的迦叶菩萨。②总之一句话——"是法平等"。唐宋时期的敦煌佛教诸宗皆奉，不专一宗，其实是无宗无派。在宗派林立、门户森然的唐宋时代，敦煌佛教可谓独树一帜。

有些学者看到敦煌僧人邈真赞及莫高窟供养人题名中有不少号称"禅师"的僧人，敦煌寺院中有所谓"禅房""禅室"，莫高窟又常被称为"禅窟"，与此同时，敦煌藏经洞还保存有不少禅宗要籍，于是以为唐宋时期的敦煌，不仅有禅宗一派存在，而且禅宗还非常发达盛行。这其实是一

---

① 即上座部佛教，本书中为方便对此大乘教，仍用小乘之说。
② 敦煌莫高窟第332窟圣历元年（698年）镌《大周左玉钤卫、效谷府校卫、上柱国李君修慈悲佛龛碑》载："至若吉祥菩萨，宝应真人，效灵于太古之初，启圣于上皇之始，或炼石而断鳌足，立□□□□□，□□□而察龟文，调五行而建八节；复有儒童叹凤，生震旦而郁玄云；迦叶犹龙，下阎浮而腾紫气，或因山起号，或□□□风，删诗书而立训，莫不分条共贯，异派同源。是知法有千门，咸归一性。"按，《造天地经》云："宝应菩萨下生世间曰伏牺（羲），吉祥菩萨下生世间曰女娲，摩诃迦叶号曰老子，儒童菩萨号曰孔子。"可为碑文注脚。

种误解。禅宗倡言"吾心即佛",主张"见性成佛,不立文字","凡所有相,皆是虚妄",故不主张拜佛、读经,认为造寺、布施、供养、念佛并非功德,都无成佛的可能。六祖慧能还说:"若欲修行,在家亦得,不必在寺。"否认修行必须出家,甚至"呵佛骂祖""污典非圣"亦不为罪。但敦煌的"禅师",哪一个不是出家入寺?哪一个不读经拜佛?哪一个不凿窟、造像、造寺、布施、供养、念佛?所行所言,全不合禅宗家法。由此可见,唐宋时期敦煌所谓的"禅师"并非禅宗法师。吐蕃占领敦煌前后,除了摩诃衍以及从凉州流亡到敦煌的禅宗法师昙旷而外,唐宋时期敦煌当地并无禅宗法师。而敦煌不少号称"禅师"者,不过是僧人中以坐禅见长或教习沙弥坐禅观想的法师。敦煌遗书P.3556为敦煌诸寺尼众坐禅观想的考绩案记,首尾俱残,仅存大乘寺及某寺部分尼众56人的考课纪录。此件首记尼名,下记该尼于道场坐禅思惟时之所见与所不见,继由考评法师签判考绩等第。考绩等第分上、中、下三等,分别用大字行书签署在各尼名右下方,也有批在记录文字的中间或末尾者,如下图:

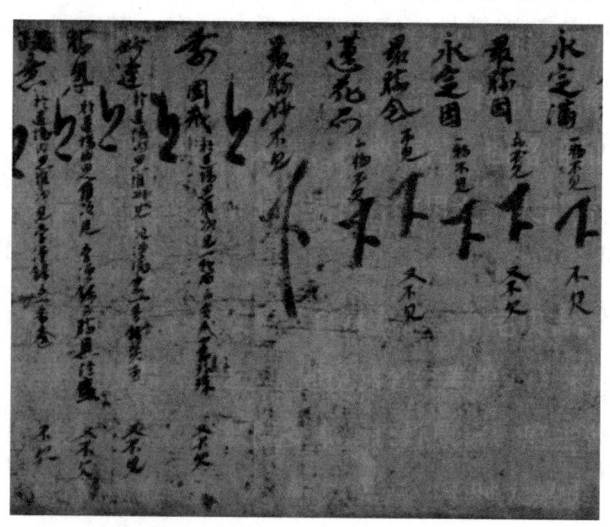

P.3556《敦煌诸寺尼众坐禅观想考绩案记》(局部)

本件所载,计得上考者十一人、中考者十五人、下考者三十人。敦煌大乘寺为当地五尼寺之一,但非禅宗丛林。因知大乘寺尼众的坐禅观想,并非禅宗课业。盖坐禅观想是佛教各宗派多有的修习法门，并非禅宗所独有，本件即其证也。由此推知，唐宋时期敦煌僧人之号称"禅师"者，并非禅宗法师；莫高窟之称"禅窟"，敦煌寺院中有所谓"禅房""禅室"，亦非专指禅宗修行之所，不过是出家僧人及其修行处所的一般性泛称罢了。

除禅宗外，他如唯识宗、律宗、密宗等，在唐宋时期的敦煌都同样有名无实，至少都走了味、变了质，远非标准意义上的某某宗。

笔者并不否认唐宋时期敦煌某些僧人学有所宗（如唯识宗、律宗、禅宗、密宗），但他们之所行所用却是无宗无派的世俗佛教。所学不等于所行所用。就其所行所用言之，这些学有所宗的僧人实已融于世俗佛教的汪洋之中，不可据其所学，臆断其所行必为某宗。至于见到敦煌藏经洞内保存某一宗派的经典，便从而推断此一宗派在敦煌必然盛行，则缺乏实证方面的支持，立论难以成立。

诸经皆奉，无别真伪　　正统佛教为了维护佛教的纯洁性，强调尊奉真经，排斥伪经。从东晋道安法师编撰《综理众经目录》以来，历代佛藏目录皆将伪经、疑经加以注明，以示剔除或存疑。剔除即排斥，存疑则半排斥。唐宋敦煌佛教则不然，不分真经、伪经、疑经，都一视同仁，无所抑扬，一体尊奉，不加褒贬，所谓"一切善言，皆是如来所说"（《发觉净心经》卷上）。在敦煌寺院经藏中，同时置备真经及疑伪经[①]，以供僧尼诵习流通。P.3092背为敦煌某寺沙弥课读案记，其中沙弥愿教课读之《父母恩重经》，沙弥戒定课读之《善恶因果经》，沙弥愿修课读之《延寿命经》、沙弥胜净课读之《八阳经》等皆属伪经；S.1612《丙午年十月廿七日比丘愿荣报四恩三有敬发心所转得经抄数》载，敦煌僧愿荣举办转经法会，所转读佛经28种中，疑伪经竟有11种。当地高僧、僧官及地方长官及广大信众，使用疑伪经的频率及对疑伪经关爱的程度，甚至远在正经之上。尤

---

① 参见拙文《唐宋敦煌世俗佛教的经典及其功用》，《兰州教育学院学报》，1999年第1期，第9~15、36页。本文集亦收入。

有进者，在唐宋时期敦煌佛教信徒的心目中，所有宣演、赞扬佛法的作品，例如讲经文、佛教变文、佛家辞赞（如《太子五更转》《法体十二时》《归极乐去赞》《十恩德赞》之类）、灵验记，乃至佛、菩萨、天王像、壁画等等，也都视同佛经一样神圣庄严、具有法力，皆被视同佛经一般进行供养、观瞻、诵读、抄写或施舍流传。略举数例如下：

（1）塑佛菩萨像以为功德例。莫高窟第180窟西壁龛外南侧菩萨像旁供养人题记："清信佛弟子张承庆，为身染患，发心造二菩萨。天宝七载（748年）五月十三日毕功。"

（2）绘制壁画以为功德例。莫高窟第160窟南壁窟口前上方中央墨书《功德记》："佛师高悬，度济有情。清信弟子、前河西招抚监张敬通，敬造斯窟像一躯及二上足；东壁绘释迦；西壁画一千佛变及二散花圣福，唯资亡考成佛果设。"

（3）抄写流传《灵验记》以为功德例。P.2094《持诵金刚经灵验功德记》末题："于唐天复八载岁在戊辰（908年）四月九日，布衣翟奉达（敦煌历法家）写此经赞功德记，添之流布。后为信士兼往亡灵及见在父母、合邑等，福同春草，罪若秋苗，必定当来，俱发佛会。"

（4）念诵佛教辞赞以为功德例。P.3113《法体十二时》卷末题记："时后唐清泰贰（三）在（载）丙申（936年）三月一日，僧弟子、禅师索佑住发心敬写《法体十二时》一本，日常念诵。愿一切众生，莫闻怨任之声，早建（见）佛日，令出苦海。"

（5）修造佛窟以为功德例。莫高窟第144窟西壁龛下五代（当为吐蕃统治时期）供养人北向第一身题名："管内释门都判官、任龙兴寺上座龙藏，修先代功德，永充供养。"

（6）供养尊像以为功德例。P.4060五代末至宋初墨绘观音菩萨像一帧，后款："施主、会稽镇遏使罗佑通一心供养。"

（7）抄写流传变文以为功德例。北7707（北图盈字76背）《大目犍连变文一卷》末题："太平兴国二年岁在丁丑（977年）闰六月五日，显德寺学仕郎杨愿受一人思微（惟），发愿作福，写尽此《目连变一卷》。后同释迦牟尼佛、一会弥勒，生作佛为定。后有众生，同发信心，写尽《目连变》者，同池（持）愿力，莫堕三途。"

（8）抄写佛教祈赞文以为功德例。P.2483《祈赞文一本》（含《归极乐去赞》《兰若赞》《印沙佛文》《临圹文》等十二种），末有题记称："维大宋太平兴国四年己卯岁（979年）十二月三日保集发信心写《亲（祈）赞文》壹本，记耳。"

讲经文、佛教变文、佛家辞赞、灵验记及塑像、壁画之类本非佛经，但对敦煌广大信徒来说，这些却是他们学习佛经的直观教材。由此，讲经文、佛教变文、佛家辞赞、灵验记及塑像、壁画也就从佛教宣传品升格为佛经代用品，终至成为广大信徒心目中的佛经了。

倾情现世利乐，借助忏悔救赎 正统佛教强调持律守戒，而唐宋时期敦煌僧尼、信徒则追求生活利乐，不甘受清规戒律的束缚，于是有种种突破清规戒律的行为。例如，佛经主张寺院置产兴利，目的在于以"所得利物还于三宝，以作供养"（《根本说一切有部毗奈耶》卷32）；但禁止僧尼私人置产、牟利。《四分律》云："例不听蓄，如田产、奴婢、畜生、金宝、谷米、船乘等。妨道中最，不许自营。"敦煌僧尼则无视此禁，恣意置产、放债、蓄奴、佣仆、饮酒、食肉、杀生、诅咒、娶妻、纳妾，参与政治、兼任俗官。这些非违戒律的行为，在敦煌却被佛徒（包括僧侣）纳入正常生活之内。僧尼是佛教徒敬信的"三宝"之一，僧尼们的所作所为，对广大在俗信众无疑具有极大的影响，足以代表着唐宋时期敦煌佛教界的普遍风气。仅略举僧尼行事为例，藉以概见唐宋时期敦煌佛教界的一般风气：

（1）僧尼置产、蓄婢。P.3410《唐咸通年代（840年前后）沙州释门教授索崇恩析产遗嘱》载，崇恩和尚私产有耕地"四突"（40亩），又"瓜渠上地贰拾亩""车壹乘""草马壹匹"，又"剥（駮）草马壹匹""五岁草驴壹头""肆岁父驴壹［头］""特（牸）牛壹［头］""四岁特牛壹头"，又有实同婢女的近事女一人，还"买得小女子壹口"（即婢女），又有农具、家具、诸多衣物等，表明崇恩和尚富有资产。

（2）僧人饮酒。P.2049背《后唐同光三年（925年）正月沙州净土寺直岁保护手下诸色入破历算会牒》："麦三硕（石）捌斗，西库内付酒本。冬至、岁，僧门造设兼纳官、冬座局席并西库覆库等用"；"粟壹硕（石）肆斗，卧（沃）酒。二月八日（释迦逾城节）侍佛人及众僧斋时用"；"粟壹硕（石）肆斗，卧（沃）酒。寒食祭拜及修园用"；"粟陆斗，其日近夜沽酒，看后座及众僧食用"；"粟柒斗，卧（沃）酒。众僧造春座局席用"；"粟贰斗，僧官窟上、下彭（棚）回来日，沽酒众僧用"。该寺本年用于沽酒、卧（沃）酒的麦、粟、豆高达27石2斗5升。其酒，除僧人饮用外，还用以招待、献纳、祭祀。此外，更有僧人开设酒店者，敦煌遗书见有"氾法律店""郭法律店"（见 S.6452-5《辛巳—壬午年（981—982年）某寺付酒本粟麦历》）。氾郭二僧身任释门法律，职在护持律戒、纲纪非违，自己却公然开设酒店，这在正统佛教不可想象，而在敦煌则见怪不怪，视为平常。

（3）僧人吃肉。P.4909《沙州某寺（净土寺？）辛巳年（981年）十二月十三日后诸色破用历》："（辛未年正月）二日解斋，面柒斗，炒臛油二升"；"二月八日……炒臛油一升"；三月五日"炒臛油两合"。P.3490《辛巳年（981年）沙州某寺（报恩寺？）油破历》："油伍胜（升）两抄，北院修造中间肆日众僧及工匠斋时解斋夜饭，炒臛、𩛆餉等用。""油半抄，驼（驮）淤日造馎饦、炒臛，众僧斋时用。"敦煌诸寺账册中僧人吃臛的记载多不胜举。《说文·肉部》："臛，肉羹也。"慧琳《一切经音义》卷61："臛者，无汁而炒曰臛。"从而知唐代以来所谓"炒臛"即炒肉，表明敦煌僧人吃肉为平常事。敦煌诸寺皆有羊群，由寺属人户（寺户）放牧，向寺院缴纳羊毛、羊皮、羊腔（宰杀、剥皮并去除内脏的羊体）及酥酪，供寺院及僧人消用。S.1519《辛亥年（861年？）沙州某寺诸色斛斗出破历》

载:"面壹斗,牧羊人纳羊腔,与用。"寺院收纳的羊腔,足以保证寺院及僧人的肉食来源。寺僧不仅自己吃肉,还用肉饷神及置办招待。S.4373《癸酉年(913年)六月一日硙户董流达园硙所用抄录》载:"八月三日……麦七斗,渣(榨)头赛神羊贾(价)用;羊一口,酒两瓮,细供四十分,去硙轮局席,看石匠及众僧吃用。"又:"请石匠除硙,五人逐日三时用面三斗;十日中间条(调)饭羊壹口;逐日料酒壹斗。椓下手日赛神酒壹斗,至十日工作了,羊壹口,付石匠用。"僧人吃肉,为戒律之所禁,但在敦煌,僧人除在六斋日(每月之初八日、十四日、十五日、二十三日、二十九日、三十日)及其他佛事活动日解斋之前不得食肉,其余时间,包括诸斋日解斋时,并不禁止食肉。

(4)僧尼大半出家不离家。僧尼作为出家人,律定应须脱离俗家、栖身寺观。而唐宋时期敦煌僧尼常住寺中者大约不过三分之一,此外三分之二的僧尼虽挂籍寺院,却常年居住于乡里俗家,只是在夏安居及某些特殊有限的日子里才暂时聚居于隶籍寺院。这一特殊现象,郝春文教授在其专著《唐后期五代宋初敦煌僧尼的社会生活》中已作详论[①],这里毋庸赘举。而常住寺内的僧尼,又有一些是别灶而炊、别房而居,过着世俗家庭生活。[②]那些常住寺内并且过着寺院集体生活的僧尼,却又割不断世俗情缘,对骨肉亲情保持着无限的眷恋。敦煌遗书中有一首题为《好住娘》的僧人吟赞云:

好住娘,好住娘!

娘娘努力守空房。好住娘!

儿欲入山修道去,好住娘!

兄弟努力好看娘。好住娘!

[①] 郝春文:《唐后期五代宋初敦煌僧尼的社会生活》,中国社会科学出版社,1998年12月第1版,第74~95页。

[②] 同上。

……………

上到高山望四海，好住娘！

眼中落泪数千行。好住娘！

……

耶（爷）娘忆儿肠欲断，好住娘！

儿忆耶（爷）娘泪千行。好住娘！

舍却耶（爷）娘恩爱断，好住娘！

且须（随）袈裟相对时。好住娘！

舍却亲兄与热弟，好住娘！

且须（随）师生同戒伴。好住娘！

舍却金瓶银叶盏，好住娘！

切须（随）钵盂清锡杖。好住娘！

舍却槽头龙马群，好住娘！

且须（随）虎狼师（狮）子声。好住娘！

舍却织毡锦褥面，好住娘！

且须（随）乱草与一束。好住娘！

……

对父母、兄弟、金瓶银盏、槽头马群、织毡锦褥的难割难舍，几乎是声泪俱下了！这些栖止寺院、身着袈裟的僧人，并不自乐于青灯黄卷，依然倾情于世俗生活及家庭人伦之乐。看来他们不仅没有割断尘缘，反而尘缘甚浓。

（5）僧人从军、从政，参与俗世事务。晚唐敦煌名僧悟真在张议潮酝酿逐蕃起义时曾参与密谋，起义成功后，则："随军驱使，长为耳目，修表题书。大中五年（851年）入京奏事，面对玉阶。特赐章服，前后重受官告四通。"（见 P.3720《悟真行实集抄（拟名）》）不少僧人亦投身起义军东征西讨，厮杀拼命，P.3249背《大中、咸通间（848—874年）归义军队兵名籍》残存归义军某部8队队头及队兵名单,其中僧人身份者16名,如"僧法义""僧杨神赞""僧明振"等。五代时,敦煌三界寺僧智德则状请"镇守雍归"(见 S.528《三界寺僧智德状》,"雍归"为敦煌东南境一军镇名);敦煌大云寺僧保性亦自愿镇守新乡镇①,又有僧人兼司官府政事者:如吐蕃统治时期敦煌僧智照兼任"大蕃瓜沙境大行军衙知两国密遣判官"(见 P.3726《故前释门都法律京兆杜和尚写真赞》作者款署);晚唐大中年代沙州僧正慧菀兼任州学博士(《全唐文》卷750杜牧撰《敦煌郡僧正慧菀除大德制》);后唐清泰四年(937年)沙州节度使曹元德东征甘州回鹘,释门都僧统龙辩等被指派"奉守城治",襄理政务(见 P.4638《清泰四年应管内外释门都僧统兼佛法主赐紫沙门龙辩等献酒状》)。至于僧人受命奉使中原、西州、甘州及于阗国者,更屡见不鲜。唐宋时期敦煌僧人参与政事,投身俗务,同出家离俗的僧人身份均不相称,但在唐宋时期的敦煌,则被视同寻常。

(6)僧人可以有妻有子。中晚唐、五代至北宋时期,敦煌有些僧人还可以有妻有子,这是同佛教戒律显为抵触者。例如:

P.3730《吐蕃申年十月报恩寺僧崇圣状上》,沙州报恩寺僧崇圣是管理都司果园及果物分配的老僧,他提出辞呈,请求卸职。都教授(即都僧统)乘恩在其辞呈末尾所作批语云:"老人频状告投,意欲所司望脱……若也依状放脱,目观众果难期。理宜量功,方当竭力。虽则家无窘乏,孝子温情,然使人合斯以例来者,可否?取尊宿大德商量处分。乘恩。"据"家无窘乏,孝子温情"之语,可知老僧崇圣家有子嗣。

P.3394《唐大中六年(852年)沙州僧张月光博地契》:"大中六年壬申十月廿七日……僧张月光子父将上件宜秋平都南枝(支)渠园舍地、道、池、井水计贰拾伍亩,博僧吕智通孟授总同渠地伍畦共拾壹亩……壹博已

---

① 见 S.8516A+C《广顺三年(953年)归义军节度使榜》及榜末列名。

（以）后，各自收地，入官措案为定，永为主己（记）……或有人忓恪园林舍宅田地等，称为主记者，一仰僧张月光子父知（袛）当……"文末田主、见人等款名押署中，又有张月光之子张儒奴的款名，确知僧张月光有儿子名张儒奴。

P.2032背（3）《后晋时代沙州净土寺诸色入破历算会稿》："布八尺，索教授弟亡，吊索僧正小娘子用。"索僧政小娘子，即索僧正妻。

同上号文书背（12）："布二尺，张阇黎新妇亡时吊用。"张阇黎新妇即张阇黎妻。

P.2040背《后晋时代沙州净土寺诸色入破历算会稿》："布九尺，高僧政新妇亡时吊孝，索校检、索僧政、高僧正（政）用。"知高僧政有妻。

S.4120《壬戌年—甲子年（962—964年）沙州某寺布褐等破历》："索僧统新妇亡吊孝及王上座用。"知索僧统有妻。

这些有妻室儿女的僧人，虽已削发，实同居士，过着世俗家庭生活。唐宋时期，内地亦有僧人娶妇者，被诮称为"火宅僧"①。但在敦煌却不遭非议，无人讥诮。否则，上举之索僧政、高僧政、索僧统等人安得擢任僧官？僧人娶妇的现象并非敦煌所独有，但僧人娶妇的现象不受谴责诮让，则是敦煌特殊之处。

除此之外，敦煌僧人及社会信徒还从事解梦、占卜、堪舆、星命、祝由、压胜、镇宅、招魂、祭路、泣死、吊孝、祭拜亡灵等种种不合佛法的活动，其例难以悉举。

就上所述来看，唐宋时期的敦煌佛徒与非佛徒几无分别。所不同者，只是佛教徒在行非戒之行时不免存有负罪感，且在事后通过"忏悔""回向"以做补救。早在三国时期，嵇喜先已倡言："达人与物化，无俗不可安。"十六国时，被许为鸠摩罗什门下四哲之一的僧肇，更云："若能不

---

① 《负暄杂录》"梵嫂"条云："唐·郑熊《番禺杂记》载，广中，僧有室家者谓之火宅僧。京师大相国寺僧有妻室，则曰梵嫂。"

以道为道，不以非道为非道者，则是非绝于心，遇物斯可乘矣。所以处是、无是是之情，乘非、无非非之意，故能美恶齐观，履逆常顺，和光尘劳，愈晦愈明，斯可谓通达无碍、平等佛道也。"敦煌世俗佛教较僧肇还算保守，尚未完全按照僧肇"不以非道为非道"的理论行事，"履逆"时还不能"常顺"，犹存"是非"意识，故用"忏悔""回向"补过。"忏悔""回向"本是为信徒改恶从善设置的方便法门，但在唐宋时期的敦煌，客观上不免为犯戒开一方便法门。

日本那波利贞教授按照正统佛教的观点将上述敦煌僧人视作"伪滥僧"①。但唐宋时期的敦煌僧人全都程度不同地如此这般。那么，唐宋时期的敦煌岂不成了"伪滥僧"的天下，唐宋时期的敦煌佛教岂不成了"伪滥"的佛教了？

一把钥匙开一把锁，用正统佛教这把钥匙，打不开敦煌世俗佛教这把锁。不承认敦煌世俗佛教，只用正统佛教的标准做尺度，是无法对唐宋时期的敦煌佛教作出合理的解释与评价的。

三、唐宋敦煌佛教研究余论

唐宋敦煌世俗佛教，是"有血有肉，有体有象，可感可触，入世合俗的佛教"②，其影响遍及唐宋时期敦煌社会生活的各个方面，成为了解唐宋时期敦煌社会、政治、经济、文学、艺术、教育、民俗、意识形态等方面的一把钥匙，当然更是理解敦煌佛教的一把钥匙。对唐宋敦煌世俗佛教

---

① 那波利贞：《中晚唐时代に于ける伪滥僧に关する一根本史料の研究》，《龙谷大学佛教史学论丛》，1939年。

② 国家社科基金资助项目"唐宋敦煌世俗佛教研究"。《唐宋敦煌世俗佛教研究》课题组内部打印本，1998年10月，第5~6页。此项课题，系笔者与张先堂、谭蝉雪、王书庆几位先生共同承担完成。引文见于《唐宋敦煌世俗佛教研究·绪论》，这部分系笔者撰稿。

进行研究，是摆在敦煌学家及佛学家面前的一项重大课题。以往佛学家对唐宋时期敦煌佛教的实际表现多半绕道回避，把目光转移到敦煌遗留下来的佛教经典上，只根据佛教经典来描述唐宋时期的敦煌佛教，结果架构出了一个实际上并不存在、只存在于佛学家头脑中的"唐宋敦煌佛教"。依据经典来架构唐宋敦煌佛教，犹如依据某个国家的宪法来描绘那个国家的状况，不免把理想当成了现实。殊不知把唐宋敦煌佛教描绘得愈合经典，反而去实愈远。

梁启超早已指出："宗教史里边，教义是一部分，教会的变迁是一部分。教义是要超现实世界的……其次，宗教必有教会，没有教会的组织，就没有宗教的性质存在。"① 理论和宣言，从来就不等于现实和实践，如果理论和宣言等同于现实和实践的话，这种理论和宣言便失去了存在的价值。中外大多数佛学研究家，似乎忘记了这个简单的不等式，恰恰是或主要是依据佛经的义理来描述佛教的存在与实践，阐释佛教的历史和状况，忽略了佛徒信行、寺院行事、僧尼生活等方面实际状况的分析研究，实际上是用佛学研究取代了佛教研究。到头来，他们所描述的敦煌佛教，只能是客观上并不存在的、佛学家的佛教。这里，必须特加申明的是，笔者毫无贬低佛学研究价值意义及其巨大成果的意思，只是不赞成用佛学研究来规范或取代佛教研究而已。

世俗佛教，是我国佛教史上极为重要的一章。它的苗头很早就已经出现，并不始于唐宋时期；它的流行，也并不仅见于敦煌一地，中原各地都有所发现；是中国佛教发展过程中普遍存在的现象，也是中国佛教发展史的大趋势。只是由于中原各地有关世俗佛教存在、流行的资料大多散佚，残缺支离，不足反映世俗佛教在该地区流行与延续存在的总体状况，难以形成彼一地区世俗佛教清晰的概念，难免被视为非主流的、不成气候的民

---

① 梁启超《中国历史研究法补编·分论三》之第四章丁节。

间佛教信仰，对其性质、作用、价值、意义的认识，不免幼稚浮浅。而敦煌则保存有唐宋时期本地区世俗佛教十分丰富的资料，文字的、形象的，直接的、间接的，世俗社会的、佛教寺院的，上等阶层的、中等阶层的以及下等阶层的资料，应有尽有，洋洋大观。集中而充分地反映着唐宋时期世俗佛教在本地存在与流行的生动形貌，足以填补我国古代世俗佛教方面的缺环。就此而言，唐宋时期敦煌世俗佛教的价值亦无与伦比。

  以往，研究家多半把佛教的中国化、民族化、世俗化、人生化看成佛教与别种宗教、信仰或别种学说主张趋向融合的现象，分别给出"佛道融合""佛教与中国传统信仰融合"，甚至"释儒融合"之类的概念与命题。持此观点者，虽有其一定的理由，毕竟不免着眼于皮相，未能穷理究质。佛教的确不断地吸收着道教、中国传统信仰及儒家的某些学说主张（其他宗教同样也吸收别种宗教于己有用的成分），但这种吸收，乃是将道教、中国传统信仰及儒家的某些学说主张加以消化，转化为自身机体的营养，融入佛教体内，壮大、加强了佛教肌体，使佛教在同儒、道的争胜中增加了砝码。请看，道教的胜义，我佛教有之，儒家的胜义我佛教亦有之，顾彼道、儒尚何恃而优于我哉？吾得傲视于道、儒矣。若如"宗教融合论"的观点，佛教与其他宗教、信仰及学说主张是在不断地进行"融合"的话，如今已经"融合"了千余年，早应"融合"出一种融诸教为一体的新型宗教，然而事实上，至今佛教仍是佛教，道教仍是道教，儒学仍是儒学；终于没有出现融佛儒道为一体的某种新型宗教；佛教既未变成道教，佛学亦终未变成儒学。这个事实，充分证明着，宗教融合论具体地说是佛儒道三教融合论之虚妄与破产。笔者命题的世俗佛教，着眼于佛教自身不断地充实、加强和发展，与宗教融合论者着眼于宗教趋同的观点迥然殊异。在笔者看来，佛、儒、道都在相互斗争中吸收着对方的优胜之处，其结果是各自不断地充实、加强着自我，谱写着自身的发展史，使己独立飚发于宗教之林。宗教间互有汲取的现象，绝非宗教之趋同，而是对于别种宗教某些成分的回炉改铸。例如，佛教从道教诸神信仰中吸收了伏羲、老子，却将伏羲改造为宝应菩萨，将老子改造为摩诃迦叶菩萨；敦煌道经《太上洞玄灵宝天尊名》（见 P.3755，北图列字18、金字18及丽字47）及《道藏》中的《太上灵宝应号天尊忏》，则是佛经《十方千五百佛名经》的仿造之作；佛教及道教又都从儒家《孝经》中汲取营养，分别制作出《佛说报父母恩重经》及《太上老君说报父母恩重经》；儒家亦从佛教及道教中汲取营养，如宋明理学就是从佛教天台宗、禅宗及道教的太极、阴阳学说汲取了营养，成为宋元明时期的儒学，不是宋元明时期的佛教或道教。同样的道理，唐宋时期的敦煌世俗佛教，是我国佛教在唐宋时期敦煌地区的发展形态，是唐宋时期敦煌佛教对别种宗教、信仰及学说的"融化"，而不是敦煌佛教与别种宗教、信仰及学说的"融合"。这一观点，不仅对理解、把握敦煌佛教至关重要，也对理解、把握敦煌社会意识形态、文化艺术具有同等重要的意义。

敦煌世俗佛教的出现，显示着我国佛教史上一种革新的佛教模式已经初具规模，但是唐宋敦煌世俗佛教未能提出自己的理论，因而还只是处在盲目实践阶段。直到20世纪20年代以来，太虚、印顺等倡导"人间佛教"，逐渐形成并提出了明确的理论与实践规范，佛教革新才走上自觉性的轨道。笔者认为，唐宋时期的敦煌世俗佛教，就其"入世合俗"的特性来说，同当代"人间佛教"有着相当的渊源关系。以唐宋敦煌世俗佛教为代表的古代世俗佛教，应是当代"人间佛教"的上源，而当代"人间佛教"则是古代世俗佛教的发展和进步。关于唐宋时代敦煌世俗佛教同今日之"人间佛教"的关系、承续与差别等问题，有待进一步研究。这里就不多谈了。

（此文原收入郑炳林主编《敦煌佛教艺术文化论文集》，兰州大学出版社，2002年7月）

重新认识八至十一世纪的敦煌佛教

八世纪末期到十一世纪前期即从吐蕃统治到曹氏归义军终结时期的敦煌佛教，中外学者已有不少的研究。研究者多以正统佛教的标准，撷取这一时期敦煌佛教中符合正统佛教观念的事象进行描述，展现出一副合乎正统佛教规范的形象，而对它迥异于正统佛教的种种表现，则视为敦煌佛教主流中溅出的无序浪花，或者视而不见加以回避，或者不屑一顾予以抹杀。如此的"研究"，其实是对这一时期敦煌佛教进行主观片面取舍，有意或无意地进行了曲解。如此所谓的"研究"，除了理想化的高谈阔论之外，对这一时期的敦煌佛教并没有什么真知灼见。

从吐蕃统治到曹氏归义军灭亡这一时期的敦煌佛教，其实是一种颇为典型的新型佛教，笔者拟名为"敦煌世俗佛教"[①]。对"敦煌世俗佛教"

---

① 1997年笔者牵头的课题组提出了"唐宋敦煌民间佛教研究"的课题，获得国家社

的命题,有位朋友曾提出质疑道:"敦煌世俗佛教是哪门子佛教?"面对质疑,当然需要作出回答。可以用这样一句话加以概括:敦煌世俗佛教是八至十一世纪敦煌地区形成并流行的入世合俗的佛教。下面略作申说。

一、敦煌世俗佛教的性质、特点

敦煌世俗佛教,是敦煌地区在吐蕃早期佛教——莲花生初传的宁玛派密教——"重信轻戒"的冲击和影响下形成并盛行起来的一种向往来世、尤重今生,亦显亦密、亦禅亦净,诸宗兼容、不专一宗,真经伪经、同等流行,入世合俗、戒律宽松的新型佛教。它同样崇奉释迦牟尼及诸佛菩萨,同样崇奉佛经佛典,它控有敦煌全境所有的佛寺、兰若、佛堂,拥有数千僧尼及遍布于敦煌上下各阶层的广大信徒。

正如大乘、上座部佛教(旧习称"小乘"),显宗、密宗,禅宗、律宗、三阶教、净土宗、法华宗、华严宗等各个宗派虽皆属佛教而各有所异一样,敦煌世俗佛教与二乘,显、密,律、净、禅等虽同属佛教,亦自有其异。

正统佛教认为人生是苦海,教人忍苦今生、求修来世、往登极乐,宣扬"厌世弃俗""超世脱俗"的人生观。而敦煌世俗佛教则颇不相同。

会科学基金资助。课题进行中,笔者发现所谓"敦煌民间佛教"的提法与这种佛教实具全民性质的情况不符,建议改为"唐宋敦煌世俗佛教研究",经课题组讨论,取得共识,遂向"全国哲学社会科学规划办公室"申请改换题目,得到批准。1999年5月,"唐宋敦煌世俗佛教研究"课题完成、上报,1999年11月获准结项。意味着"唐宋敦煌世俗佛教"的命题正式成立。从1999年到2005年,笔者陆续发表《唐宋敦煌世俗佛教的经典及其功用》《唐宋时期的敦煌佛教》《晚唐至宋敦煌僧人听食"净肉"》《晚唐至宋敦煌僧尼普听饮酒》《晚唐至宋敦煌听许僧人娶妻生子》《八至十一世纪敦煌僧人从军从政》等系列论文,从不同角度揭示敦煌世俗佛教的真情实状,对以往以"正统"佛教为敦煌佛教之主流的论断作出否定。目前还不能断定此项研究今后将怎样发展,但不可回避的是,敦煌佛教研究固有的格局模式已经面临冲击:要么对这种冲击作出回应,予以反驳;要么否定旧的观念模式,改弦更张。终须作出抉择。

它虽然也认为世界是苦海也教人求修来世，却放弃了"宁受今生万般苦，为求来世登极乐"的说教，转变为不厌今世，珍爱人生，所以祈求佛菩萨为人消除今世苦难，赐予现世的利乐，当然也祈求来世升入佛国，不堕地狱。在祈求佛菩萨保佑的同时，信徒们并不消极地坐等佛菩萨的保佑，同时在为争取现世利乐而努力奋斗，只是在进行争取、奋斗的过程中期望得到并相信佛菩萨可以助人达到成功。但当今生现实的利乐与来世的极乐产生冲突、不可得兼时，信徒们首选的却是今世现实利乐，宁可把预想中的来世极乐暂置一旁。因为现实的利乐稍纵即逝，不可再得，而关于来世极乐的向往，毕竟尚非迫在眉睫，还有时间修求。为了获取今生现实的利乐，必要时甚至不惜犯杀盗淫邪之戒，因为一时的犯戒，日后还可以通过"忏（忏）悔""回向"加以救赎。这样的佛教，显然不同于"舍身饲虎""身剜千灯"那样"厌世弃俗""超世脱俗"的正统佛教，恰恰相反，而是"今生来世兼求、佛国尘世双收"的佛教。这就是敦煌世俗佛教最为鲜明的特点和特性。

敦煌遗书中关于敦煌世俗佛教的资料非常丰富而且具体生动，充分反映了敦煌佛教信徒不仅追求来世往生西方净土，同时更迫切追求今世红尘利乐。僧侣是佛教界的代表性群体；僧侣的表现，最能反映佛教界的状况。敦煌僧人一方面热衷于供佛、礼拜、凿窟、造像、写经、回向，一方面不妨饮酒食肉、捉钱放债、雇工役仆、娶妻生子、从军参战或防戍镇守，更见大部分僧尼，虽受剃度，却仍住俗家，不住寺庙，身为家庭眷属，籍属乡司百姓。此类现象，在彼一时期的敦煌普遍存在。中原内地佛教界也偶见此类现象，但会被官府、僧司申斥禁止，受到民众的非议抨击，但在敦煌，当地官府、都僧统司及社会民众皆坦然面对，不加非议，视为合理合法。

以往，也有不少研究者看到了上举某些现象，指出敦煌佛教有"世俗化倾向"。笔者则认为，上述表现，已不仅仅只是一种"倾向"而已，实已体现着当地佛教性质之变化。笔者根据其性质、特点，为之拟名为"敦煌世俗佛教"，藉以揭示其特性，并将它同正统佛教以及其他地区的佛教加以区别。

二、敦煌世俗佛教涵盖社会各阶层，成为当地佛教的主流

以往敦煌学界及中外佛学研究界把这种佛教一般称作"民间佛教""平民佛教""庶民佛教"。这是在佛教正统观念支配下给出的命名。首先，这种命名含有贬低之意，以为"民间佛教""平民佛教"及"庶民佛教"，浅陋粗俗，品位低下，不登大雅，仅是正统佛教的旁系末流，甚至认为是歪门邪道[1]。其次，这种命名限定了它流行的范围，认为"民间佛教""平民佛教"及"庶民佛教"，信众多属低层贫贱，少数身份地位较高者，亦不超出中层社会；基本上流行于下层民间，为上流社会所不齿，其影响波及不到上层社会。

而八至十一世纪的敦煌世俗佛教却完全并非如此。通过对八至十一世纪敦煌世俗佛教的考察得知：这一时期的敦煌世俗佛教，其信徒遍布于敦煌社会各阶级、阶层，上自节度使、敦煌王，郡君、县君、都僧统、都僧录、都僧政、都法律、临坛大德等高层人物，中括当地一般官吏、名士、阇梨、老宿、寺主、法律，下至低层僧尼、平民信众、贩夫走卒、佣工奴婢、妇女儿童，信众遍布全社会，拥有敦煌所有的佛寺、兰若、佛堂以及数千僧尼及遍布于敦煌上下各阶层的广大信徒；其影响及流行层面，并不仅仅局限于下层社会，而是囊括社会各阶级、阶层，打破了阶级、阶层的局限而涵盖全社会，成为兼包各阶层、渗透全社会、具有不折不扣的

---

[1] 笔者有一位藏族活佛、教授朋友。他说，在他看来，这一时期的敦煌佛教近乎异端。

全民意义的宏大教派①，上流社会及僧俗两界头面人物，亦尽皆皈依其中。而且它之所以发展得如此壮大，恰恰正是由于上流社会、高层人士的信奉倡导，才影响、推动了广大下层民众群趋鹜赴。换句话说，没有上流社会、高层人士的信奉、倡导，这种新型佛教不可能成长起来，不可能发展壮大，更不可能跃居为这一时期敦煌佛教的主流。

敦煌佛教至少从北魏时代已经开始了向世俗化方向的转变②，到吐蕃占领敦煌期间，这一转变过程已经进行了二三百年，才终于"化"成"世俗佛教"，出人意料地为世人提供了一个佛教世俗化的"化成"样板。

敦煌世俗佛教形成和流行的时间，是从吐蕃占领敦煌开始，到曹氏归义军终结（787—1036年），为时250年左右。曹氏归义军终结之后，回鹘及西夏乃至元、明时期，世俗佛教应当在敦煌地区依然流行，唯因归义军之后资料缺乏，难言其详。

佛教世俗化是佛教发展的普遍性趋势。敦煌之外的其他地区，佛教也同样经历着世俗化的发展过程，只是"化"的程度不如敦煌深，"化"

---

① 这里所说的"全民意义的宏大教派"，只是就其信徒广泛分布于社会各阶层而言，并不意味着全民皆属佛教信徒而否定其他宗教的存在。

② 日本书道博物馆藏敦煌写经《观世音经》北魏尹波题记称："……厄（扈）从主人东阳王殿下届临瓜土，瞩（属）遭离乱，灾夭（妖）横发，长蛇竞炽，万里含毒。致使信表罕隔，以径（已经）年纪；寻幽寄矜，唯凭圣趣。辄兴微愿，写《观音经》卅卷，施诸寺读诵。愿使二圣慈明，永延福祚；九域早清，兵车息钾（甲）。戎马散于茂苑，干戈辍为农用。文德盈朝，哲士溢阙，锵锵济济，隆于上日。君道钦明，忠臣累叶；八表宇宙，终齐一轨。愿东阳王殿下体质康休，洞略云表；年寿无穷，永齐竹柏。保境安蕃，更无虞寇；皇途寻开，早还京国。敷畅神讥（机），位升宰辅；所愿称心，事皆如意。合家眷大小、亲表内外，参佐家客，感（咸）同斯佑。又愿一切众生，皆离苦得乐。弟子私眷，沾蒙此福，愿愿从心，所求如意。大魏孝昌三年（527年）岁次丁未四月癸巳朔八日庚子，佛弟子、假冠军将军、乐城县开国伯尹波敬写。"（引自［日本］池田温教授编：《中国古代写本识语集录》，日本东京大学东洋文化研究所，1900年，第114页）题记反映，所求于佛者率皆世俗之愿，表明此时的佛教信徒，已把现世安乐的追求置于最重要的位置，意味着当地佛教已经开始向世俗化方向转变。

的层面不如敦煌广，"化"成形态远远不如敦煌完具，"化"的结果不像敦煌那样得到官府、僧司及社会民众的认可罢了。

以往，学者心目中只有一个佛教向世俗化缓慢踱步的模糊概念，尚未考虑"世俗化"的结果如何。换句话说，学者脑海中只有"佛教世俗化进行时"的概念，还没有形成"佛教世俗化完成式"或"基本完成式"的概念。而且谁也没有对"佛教世俗化完成式"的问题进行过探讨，"世俗化"的化成形态是个什么样子，大家心中都没底，甚至是一片空白。当一个前所未有的"世俗佛教"一旦出现在面前时，我们的研究者反而不明白它就是佛教世俗化"化"出的成果。研究者理应正视这一事实，揭示它的存在，描摹它的状况，不应当视而不见，更不可持正统佛教之成见加以抹杀。

三、敦煌世俗佛教诸宗皆奉，不专一宗

以往的研究，鉴于敦煌石室中出土有这一时期佛教各宗派的经典，又有禅师、律师、毗尼藏主、大乘法师、密宗法师等称号，于是倡言敦煌佛教各种宗派都相当流行，甚至认为这一时期是河西地区佛教各宗派荟萃之地。

所谓宗派，必皆自标其是，而对其他宗派有所非议，持排斥态度。敦煌世俗佛教，对佛教各宗各派皆乐于接纳，一视同仁，不排斥攻击任何宗派。从敦煌出土资料看，尽管敦煌保存有佛教各种宗派宗奉的经典，也有各宗派的师僧，敦煌寺院却无宗派之别。这一时期，敦煌先有十五所后来增加到十八所较大的官寺，但没有任何一寺专属某宗；这一时期敦煌有数千僧尼，但没有一人专属某宗，就连那些最著名的禅宗法师，也同样在礼佛、诵经、作供养、造功德，干着违背禅宗主张的行事；莫高窟这一时期的洞窟，同样没有哪一个洞窟专属某宗某派，无不是诸宗兼涉杂陈。

敦煌城内有一大寺净土寺，就寺名推测，此寺似属净土宗寺院但该寺却有密宗卜师从事占卜活动[①]，又有律宗的戒师和尚传戒[②]；该寺残存多件《入破历》，记载着本寺大量卧酒、用酒和僧人饮酒及炒䵽、食肉的记录，且与世俗社会同样过寒食节、端午节、腊八节、冬至节、除夕大年等世俗节日[③]；该寺还有僧人娶妻者[④]。从种种迹象判断，可以肯定此寺并非专属净土宗。五代后晋时期该寺有一位释门法律愿荣[⑤]，S.1612有他留下的一件本人《转经抄数》，云："丙午年（946年）十月二十七日，比丘愿荣报四恩三有，敬发心，所转得经，抄数如后……"以下列记佛经33种，其中不仅有净土宗尊奉的《观无量寿经》《阿弥陀经》，还有禅宗尊奉的《维摩诘经》，法华宗尊奉的《佛说普门品经》《大般涅槃经》，法相宗尊奉的《大乘密严经》，密宗的《大陀罗尼经》《佛说大吉祥天女经》《诸星母陀罗尼经》《十一面观世音神咒经》《十一面神咒经》，以及杂集诸宗的《大宝积经》，此外又有为正统佛教所排斥的伪经《证明经》《大慈教经》《佛说报恩奉盆经》《佛说父母恩重经》《赞僧功德经》《佛说斋法清净经》《佛说法句经》《佛说禅门经》《佛说大辩邪正经》《大方广华严十恶品经》《佛说像法决疑经》等11种，伪经竟占该僧全部转经数的三分之一。从愿荣自书读经课业来看，他显然不是净土宗僧人，同样是"诸宗皆奉，不专一宗"的和尚。宗派之别，主要别在义理，至于信仰，则无派别之分。个别僧人可能长于某一宗派义理之学，但其信仰却与大众并无不同。学者鉴于敦

---

① P.2040背《后晋时期净土寺诸色入破历算会稿》载："褐八尺，看卜师人事入。"见《敦煌社会经济文献真迹释录》第3辑，第432页。

② 同上书，第361页337~338行及382页296行。

③ 同上书，第347~366、369~389、401~433、455~509、513~520页。

④ P.2032背《后晋时代净土寺诸色入破历算会稿》载："布二尺，张阇梨新妇亡时，吊用。"见《敦煌社会经济文献真迹释录》第3辑，第480页456行。

⑤ P.2187《破魔变文一卷》末题："天福九年（944年）甲辰祀黄钟之月（十一月）莫生十叶（本月十日），冷凝呵笔而写记。居净土寺释门法律沙门愿荣写。"

煌出土多种禅经禅籍抄本,如《历代法宝纪》《传法宝记》、净觉《注〈般若波罗蜜多心经〉》《六祖坛经》《神会语录》《菩提达摩南宗定是非论》《南阳和上顿教解脱禅门直了见性坛语》、昙旷《大乘二十二问》,等等,以为敦煌盛行禅宗。但敦煌莫高窟供养人题记及敦煌遗书中见有不少标明"禅师""窟禅"的僧人,同其他僧人、信众一样热衷于礼拜诸佛菩萨、凿窟、造像、写经供养、施舍回向,全非禅宗之行;又有一些律宗法师、"毗尼藏主",同样捉钱放债、役奴使婢、饮酒食肉、娶妻生子,全非律宗之行。至于下层僧侣及广大信众,尤其不见某宗某派之别。

唐宋时期,正是中国佛教诸宗蜂起、各逞其胜的时代。在诸宗彼此争胜的白热时期,敦煌世俗佛教却在兼收并蓄,连不入流派的伪经异端也同样开门接纳,毫不见外,形成"诸宗皆奉,不专一宗"的兼派而无派。佛经说"是法平等无有高下"①。智顗说:"圣人顺一切法为正,正即觉悟,故皆佛法矣。"②这样的教导,恰恰是在被某些研究者睥睨不屑的敦煌世俗佛教僧侣及信众的践行中得到了贯彻。

或许有人以为,"兼派无派"亦是一派。余曰"不然"。既称之为"派",必有排他性的一面,而敦煌世俗佛教不具排他性,所以不足称派。这是敦煌世俗佛教与众不同的又一特点。

敦煌世俗佛教之所以兼派无派,根本原因恐怕是务实之风起作用的结果。

敦煌社会风气一向务实,社会人等各各从事于自己的生业。官吏从事政务,农民从事耕耘,商人从事货卖,工匠忙于制造,士兵忙于操练战守,僧尼亦兢兢业业于人世营生。信佛则是要"乘佛愿力",使所求有托、所愿得偿,达到营生有助、事业有成的目的。信徒都不以专心读经、致力研思为业,所以思辨究义之学在敦煌显得冷落。就连僧尼,虽有宗教

---

① 《金刚般若波罗蜜经》卷1,《大正新修大藏经》第8卷,第751页。
② 智顗:《金刚般若经疏》卷1,《大正新修大藏经》第33卷,第82页。

职业者之名，其实无异于从事俗务的民众，同样都需以食疗饥，以衣御寒，为衣食而奔走，为幸福而劳碌；大多数僧尼住在俗家，同样从事生产劳作，甚至开店买卖。衣食生存，是其主业，礼佛诵经为其余事，与俗人并无大异。《无量清净平等觉经》虽有"所须饮食、衣服、种种供具，随意即至，无不满愿"之说，但毕竟只是一种向往；"色即是空，空即是色"这类"不可思议"的"甚深微妙之法"，终不能充当衣食疗饥御寒。现实的追求，决定了敦煌佛教重信行，不重义理。这二百多年间在佛教十分兴盛的敦煌，终于没有出现一位高僧。中原来到敦煌传法的高僧昙旷、摩诃衍、乘恩，也不能在敦煌有大的建树；至于本地僧人，在佛学义理的钻研与阐发方面，亦无出类拔萃者。在敦煌信徒心中，最高的境界在于相信诸佛菩萨具有广大神通、无边法力，能解人疾困，救人患难，因而乐于事奉；相信"天道无亲，乐与善人"，因而热衷于写经、造窟、去恶、行善。至于佛学义理的此长彼短，自有贤智者操心，非我所事。

四、敦煌佛教研究方法、思路的反思

敦煌佛教研究，以往基本上是在佛学理想指导下、以佛学义理为依归的主观倾向性阐释。研究者对敦煌佛教合乎佛学义理的事相、成分，则是而取之，对那些与佛学义理不甚相合或有悖于佛学义理者，尽管是客观存在的事实，却视而不见，予以抹杀。有的学者也看到了某些"世俗化"的现象，却视为不登大雅、无关洪流。一言以蔽之，是一种主观取舍、削足适履的研究。

其次，研究者常将佛学研究与佛教研究混淆不加分别，而又过分看重佛学义理，忽视信行实践。不依据寺院行事及信徒实践来描述佛教的真实状态，反而用佛学义理对佛教真实状况进行过滤，把不合或不甚合佛学义理的活生生的佛教，改造成合乎佛学义理的呆板的投影。实质上是用佛学义理取代佛教实践，硬把七角八楞的佛教史，写成了精进睿智的佛学史。试看各种版本的《中国佛教史》，哪一本不是在大讲佛学，大谈宗派？哪一本是以佛寺、僧侣、信徒及其信仰、行事为主要叙述对象的？

不可否认，佛学是佛教的灵魂；对其进行研究，无疑是必要的、不可忽视。但佛学属理性范畴，佛教属实践范畴，两者各有自己的质态，其发展的态势和发展的取向亦不尽同步，二者虽有密切的关系，毕竟不是一回事，不可混为一谈。笔者已揭示出八至十一世纪的敦煌佛教由"厌世弃俗"转变为"入世合俗"，僧人多住俗家、饮酒食肉、捉钱放债、雇工役仆、从军参战、娶妻生子，以及诸宗皆奉、不专一宗，诸经皆奉、无别真伪等现象，这些都同佛学义理颇不相谐。以往的研究者从佛学理想出发，以佛学义理为指归，他们所揭示的这一时期的敦煌佛教，却是宗派兴盛，僧行规范，偶有捉钱生利、雇工役仆现象，也无妨大体之纯正，而对僧人从军参战、饮酒食肉、娶妻生子等重大问题予以回避，与笔者所揭示者迥然不同。其要害正是将七角八楞的敦煌佛教，捺进佛学义理规整的模具，然后磕出一个合乎佛学规范的敦煌佛教。这样一个"敦煌佛教"倒是堪登大雅，殊不知却是走了样的模制品，现实中并不存在。

对"敦煌世俗佛教"进行研究，须着眼于敦煌佛教的实践与表现，如实加以描述，是什么样，就描述成什么样；不可依据佛经的标准进行取舍、改造、化妆打扮。至于对其进行评估，则见仁见智，评估者才有权利自我发挥。

敦煌遗书大量资料揭示出8—11世纪敦煌佛教的主流并不像以往佛学家所描绘的那种合经依律、"厌世脱俗"的"正统佛教"；而是向往来世、尤重今生，亦显亦密、亦禅亦净，诸宗兼容、不专一宗，真经伪经、同等流行，入世合俗、戒律宽松的新型佛教。僧尼多住俗家，少住寺院，可以广置庄田、聚敛钱财、放债取息、役奴使婢、饮酒食肉、娶妻生子，从政从军、经商贩利。类似现象，内地偶亦有之，却被官府申禁、僧界排斥、社会非议；而在敦煌，上述现象则被视为合理合法，官府容许，僧司不禁，民众认可。这种宽松易行的佛教，大大增强了佛教的生命力，吸引社会各个阶层群众踊跃涌入，"家家阿弥陀，户户观世音"，佛教阵容空前壮大，当地社会几乎成了佛教社会。8—11世纪敦煌世俗佛教的揭示，为这一时期的敦煌佛教研究别开生面，也为中国佛教研究和中国佛教史研究打开了新的门径。

（此文原收入刘进宝、高田时雄主编《转型期的敦煌学》，上海古籍出版社，2007年11月。收入本书时有修订）

再论晚唐五代北宋时期的敦煌佛教

《瑞应本起经》卷上说,释迦牟尼降生后,举右手而言曰:"三界皆苦,何可乐者?"其他多种佛经亦屡屡明言人生是"无边大苦海",教导人们"厌世弃俗""出世脱俗""超世绝俗","忍辱"于内外("内"谓心之所感,"外"谓身之所受),"宁受今生万般苦,唯求来世登极乐"。

事物的发展,往往走向其反面,佛教的发展也是如此。佛教传入中国后,逐渐背离了佛经"忍辱""忍苦"的教导,日益谋求今世利乐。试想,佛教若一味教人"身剜千灯""割肉贸鸽""舍身饲虎"……让人望而生畏,何以吸引大众?那样的话,佛教不仅无法发展壮大,甚至难于立足人间。因此,佛教不得不正视现实、面向人生、靠拢社会,这就势必朝世俗化方向转变。这种状况,晚唐五代北宋时期的敦煌佛教,表现尤为突出,堪称典型。

早自北魏以来，敦煌佛教已经开始面向人生，企求现世功利[1]；隋唐时期，敦煌佛教继续向世俗化方向发展[2]；吐蕃占领敦煌后，在吐蕃早期佛教及吐蕃苯教的影响下，敦煌佛教急速步入世俗化进程。从公元788年吐蕃占领敦煌，到公元1036年曹氏归义军终结，这200多年间的敦煌佛教，已经变成一种与厌世弃俗、出世脱俗的佛经精神及佛戒禁约颇不相侔的新型佛教，笔者拟名为"敦煌世俗佛教"。

一、敦煌世俗佛教的性质

敦煌世俗佛教的性质，基本上可以概括为："向往来世、尤重今生，

---

[1] 日本书道博物馆藏敦煌写经《观世音经》北魏尹波题记称："……厄（扈）从主人东阳王殿下届临瓜土（引者按：北魏兴光二年（455年）改敦煌郡为敦煌镇，孝昌二年（526年）又改敦煌镇为瓜州。此文之"瓜土"，乃代指瓜州），瞩（属）遭离乱，灾夭（妖）横发，长蛇竞炽，万里含毒。致使信表罕隔，以径（已经）年纪；寻幽寄矜，唯凭圣趣。辄兴微愿，写《观音经》卌卷，施诸寺读诵。愿使二圣慈明，永延福祚；九域早清，兵车息钾（甲）。戎马散于茂苑，干戈辍为农用。文德盈朝，哲士溢阙；锵锵济济，隆于上日。君道钦明，忠臣累叶；八表宇宙，终齐一轨。愿东阳王殿下（引者按：北魏宗室元荣受封为东阳王，移镇敦煌）体质康休，洞略云表；年寿无穷，永齐竹柏。保境安蕃，更无虞寇；皇途寻开，早还京国。敷畅神讥（机），位升宰辅；所愿称心，事皆如意。合家眷大小、亲表内外，参佐家客，感（咸）同斯佑。又愿一切众生，皆离苦得乐。弟子私眷，沾蒙此福，愿愿从心，所求如意。大魏孝昌三年（527年）岁次丁未四月癸巳朔八日庚子，佛弟子、假宁军将军、乐城县开国伯尹波敬写。"（引自［日本］池田温教授编：《中国古代写本识语集录》，日本东京大学东洋文化研究所，1900年版，第114页）题记反映，所求于佛者，率皆世俗之愿。表明此时的佛教信徒，已把现世功利及人生安乐的追求置于最重要的位置。意味着当地佛教已经开始向世俗化方向转变。

[2] S.0087《金刚般若波罗蜜经》末题："圣历三年（700年）五月廿三日，大斗拔谷副使、上柱国、南阳县开国公阴仁协写经。为金轮圣神皇帝（武则天）及七世父母、合家大小。得六品，发愿月别许写一卷；得五品，月别写经两卷。久为征行，未办纸墨，不从本愿。今办得，普为一切转读。"又，S.3354《狱冤得平庆答文》云："顷者，枉罹视听，横被萦维。请佛日以照临，仰法云而垂荫。冀得理明人镜，事洁随珠；寒松肃而更贞，秋水皎而愈净。故于今日，庆答鸿恩。"反映敦煌佛教继续向世俗化方向转变。

亦显亦密、亦禅亦净，诸宗兼容、不专一宗，真经伪经、同等流行，入世合俗、戒律宽松。"

敦煌壁画、莫高窟供养人题记及敦煌遗书中的写经题记、造窟记、功德文、僧俗邈真赞、寺院文书、佛事斋愿文，大量保存有晚唐至北宋时期敦煌佛教世俗化的丰富资料，足以显示这一时期敦煌佛教世俗化的状况，诸如僧尼多住俗家，少住寺院，身为家庭眷属，籍属乡司百姓；孝养双亲，恋念亲情；僧人公然经商贩利，捉钱放债，拥有庄田，服牛乘马，役奴使婢，占卜吉凶，僧俗结契，邻朋结社，与人争讼，较量是非，饮酒食肉，甚至从政从军，娶妻生子。诸多现象表明，敦煌佛教已从厌世弃俗、出世脱俗，转变为入世合俗的新型佛教。下面，略举其要，以见一斑。

（一）僧尼多半出家不离家

僧尼作为出家人，戒律规定须脱离俗家、栖身寺观。① 而晚唐北宋时期敦煌僧尼常住寺中者大约不到三分之一，此外三分之二的僧尼虽挂籍寺院，却常年居住于乡里俗家②，户口属乡司，身份为百姓③。只是在夏安居（阴历四月十五日至七月十五日）及某些特定的日子里才暂时聚居于隶籍寺院。而常住寺内的僧尼，又有一些是别灶而炊、别房而居，过着世俗家庭生活。这一特殊现象，郝春文教授在其专著《唐后期五代宋初敦

---

① 《四分律藏》卷11载：佛云："若比丘与未受大戒人共宿，过二宿至三宿，波夜提。"《四分律比丘戒本》《十诵比丘波罗木叉戒本》《五分戒》《比丘尼戒本》等皆有此戒。唐王朝也曾多次申令僧尼须住寺院，明令禁止僧尼居住俗家。《唐会要》卷49"释道杂录"载："开元十九年六月二十八日敕：'惟彼释道，同归凝寂，各有寺观，自宜住持……或妄说生缘，辄在俗家居止，即宜一切禁断。'"

② S.2729《吐蕃辰年（788年）三月沙州僧尼部落朱净辩牒》列载永安寺住寺僧11人，P.3600V2《吐蕃戌年（794年）十一月永安寺状上》列载该寺应管主客僧36人，该寺住寺僧人不到应管僧人总数的三分之一。

③ S.4710《九世纪后期沙州阴屯屯等户口簿》载刘再荣户共有人口28人，其中刘再荣女钵钵、妹觉意花为尼，妹胜娇之女□娘为尼，刘再荣侄女金吾、鹰鹰、瘦瘦皆为尼，刘再荣侄为明明为僧。该户著籍户口28人中有僧尼7人。

煌僧尼的社会生活》中已作详论，这里不烦赘言。那些常住寺内并且过着寺院集体生活的僧尼，却又难以割舍世俗情缘，对骨肉亲情无限眷恋。敦煌遗书中有一首题为《好住娘》的僧人歌赞曰：

> 好住娘，好住娘！
> 娘娘努力守空房。好住娘！
> 儿欲入山修道去，好住娘！
> 兄弟努力好看娘。好住娘！
> ……
> 上到高山望四海，好住娘！
> 眼中落泪数千行。好住娘！
> ……
> 耶（爷）娘忆儿肠欲断，好住娘！
> 儿忆耶（爷）娘泪千行。好住娘！
> 舍却耶（爷）娘恩爱断，好住娘！
> 且须袈裟相对时。好住娘！
> 舍却亲兄与热弟，好住娘！
> 且须师生同戒伴。好住娘！
> 舍却金瓶银叶盏，好住娘！
> 切须钵盂清锡杖。好住娘！
> 舍却槽头龙马群，好住娘！
> 且须虎狼师（狮）子声，好住娘！
> 舍却织毡锦褥面，好住娘！
> 且须乱草与一束。好住娘！
> ……

对父母、兄弟、金瓶银盏、槽头马群、织毡锦褥的难割难舍，几乎声泪俱下！可见那些栖止寺院、身着袈裟的僧人，并不自乐于青灯黄卷，依然倾情于世俗生活及家庭人伦之乐。他们不但没有割断尘缘，反而尘缘甚浓。

（二）僧尼置产、蓄奴（婢）

P.3410《唐咸通年代（840年前后）沙州释门教授索崇恩析产遗嘱》载，崇恩和尚拥有"宅一驱（区）"，"舍四口并院落"，无穷渠耕地"两突"（20亩），延康渠耕地"两突"（20亩），"瓜渠上地贰拾亩"，"车壹乘"，"草马壹匹"，又"剥（驳）草马壹匹"，"五岁草驴壹头"，"肆岁父驴壹头"，"牸牛（𤚎牛，母牛）壹〔头〕，母子翻折为五头"，"四岁特牛（公牛）壹头"，又有实同婢女的近事女一人，还"买得小女子壹口"（即婢女），又有农具、家具、诸多锦帛、衣物等。表明索崇恩和尚富有资产。像索崇恩这等置产、蓄奴、家资殷实的和尚，敦煌各寺多有，如 P.3394 及 P.3744 的僧张月光、P.2415 的乾元寺僧宝香等皆是。

（三）僧人饮酒

P.2049背《后唐同光三年（925年）正月沙州净土寺直岁保护手下诸色入破历算会牒》："麦三硕（石）捌斗，西库内付酒本，冬至、岁，僧门造设兼纳官、冬座局席并西库覆库等用。""粟壹硕（石）肆斗，卧（沃）酒。二月八日（释迦逾城节）侍佛人及众僧斋时用。""粟壹硕（石）肆斗，卧（沃）酒。寒食祭拜及修园用。""粟陆斗，其日近夜沽酒，看后座及众僧食用。""粟柒斗，卧（沃）酒。众僧造春座局席用。""粟贰斗，僧官窟上、下彭（棚）回来日，沽酒众僧用。"该寺本年用于沽酒、卧（沃）酒的麦、粟、豆，高达27石2斗5升。其酒，除僧人饮用外，还用以招待、献纳、祭祀。此外，更有僧人开设酒店者，S.6452（5）《辛巳—壬午年（981—982年）某寺付酒本粟麦历》载有"氾法律店""郭法律店"。氾、郭二僧身任释门法律，职在护持律戒、纲纪非违，自己却公然开设酒店，这在正统佛教不可想象，而在敦煌则见怪不怪、视为平常，否则，氾、郭二僧何得仍任释门法律？

(四)僧人吃肉

僧人吃肉，为戒律之所禁。但在敦煌，僧人除在六斋日（每月之初八日、十四日、十五日、二十三日、二十九日、三十日）及其他佛事活动日不得食肉，其余时间，包括诸斋日解斋时，并不禁止肉食。

P.3490《辛巳年（981年）沙州报恩寺油破历》："油伍胜（升）两抄，北院修造中间肆日众僧及工匠斋时解斋夜饭，炒臛、□□等用。""油半抄，驼（驮）淤日造馎饦、炒臛，众僧斋时用。"敦煌诸寺账册中僧人吃臛的记载多不胜举。《说文·肉部》："臛，肉羹也。"慧琳《一切经音义》卷61："臛者，无汁而炒曰臛。"从而知唐代以来所谓"炒臛"即炒肉，表明敦煌僧人吃肉为平常事。

敦煌诸寺皆有羊群，由寺属人户（寺户）放牧，向寺院缴纳羊毛、羊皮、羊腔（宰杀、剥皮并去除内脏的羊体）及酥酪，供寺院及僧人消用。S.1519《辛亥年（861年）沙州某寺诸色斛斗出破历》载："面壹斗，牧羊人纳羊腔与用。"寺院收纳的羊腔，可供寺僧食用，寺院也用肉饷神及招待工匠，S.4373《癸酉年（913年）六月一日硙户董流达园硙所用抄录》载："八月三日……麦七斗，渣（榨）头赛神羊贾（价）用；羊一口，酒两瓮，细供四十分，去硙轮局席，看石匠及众僧吃用。"又："请石匠除硙，五人逐日三时用面三斗；十日中间条（调）饭羊壹口；逐日料酒壹斗。椓下手日赛神酒壹斗，至十日工作了，羊壹口，付石匠用。"

(五)僧人从军、从政，参与俗世事务

晚唐敦煌名僧悟真在张议潮酝酿反蕃起义时曾参与密谋；起义成功后，则"随军驱使，长为耳目，修表题书。大中五年（851年）入京奏事，面对玉阶。特赐章服，前后重受官告四通"。（见P.3720背《悟真行实集抄（拟名）》）不少僧人亦投身起义军东征西讨，赴战斯杀，P.3249背《大中、咸通间（848—874年）归义军队兵名籍》残存归义军某部8队队头及队兵175人名单，其中有"僧曹道珪""僧邓惠寂""僧李达""僧石胡

胡""僧價（贾）明因""僧明振""僧法义""僧李智成""僧康灵满""僧裴昙深""僧王顺顺""僧杨神赞""僧建绍""僧王安多""僧安信行""僧□□□"等16人皆为僧人，占见载人数的9%强。五代时，敦煌三界寺僧智德则状请"镇守雍归"（见 S.528《三界寺僧智德状》，"雍归"为敦煌东南境一军镇名），敦煌大云寺僧保性亦自愿镇守新乡镇（见荣新江《英国图书馆藏敦煌汉文非佛教文献残卷目录》S.8516A＋C《广顺三年（953年）归义军节度使榜》及榜末列名）。又有僧人兼任官府政事者：如吐蕃统治时期敦煌僧智照兼任"大蕃瓜沙境大行军衙知两国密遣判官"（见 P.3726《故前释门都法律京兆杜和尚写真赞》作者款署）；晚唐大中年代沙州僧正慧菀兼任州学博士（《全唐文》卷750杜牧撰《敦煌郡僧正慧菀除大德制》）；后唐清泰四年（937年）沙州节度使曹元德东征甘州回鹘，释门都僧统龙晋（辩）等被指派"奉守城治"，襄理政务（见 P.4638《清泰四年应管内外释门都僧统兼佛法主赐紫沙门龙晋（辩）等献酒状》）。至于僧人受命奉使中原、西州、甘州及于阗国者，更屡见不鲜。僧人参与政事，投身俗务，同出家离俗的僧人身份均不相称，且为戒律所禁，而唐宋时期的敦煌，则被视同寻常。

（六）僧人可以有妻有子、娶妻生子

例如：P.3730《吐蕃申年十月报恩寺僧崇圣状上》，本件为沙州报恩寺老僧崇圣请求辞去管理都司果园及果物分配职务的辞呈。都教授（即都僧统）乘恩的批语云："老人频状告投，意欲所司望脱……若也依状放脱，目观众果难期。理宜量功，方当竭力。虽则家无窘乏，孝子温情，然使人合斯以例来者，可否？取尊宿大德商量处分。乘恩。"据"家无窘乏，孝子温情"之语，可知老僧崇圣有儿子。

P.3394《唐大中六年（852年）沙州僧张月光博地契》："大中六年壬申十月廿七日……僧张月光子父将上件宜秋平都南枝（支）渠园舍地、道、池、井水计贰拾伍亩，博僧吕智通孟授总同渠地伍畦共拾壹亩……壹博已后，各自收地，入官措案为定，永为主已（记）……或有人忏悋园林、舍宅、田地等称为主记者，一仰僧张月光子父知（衹）当……"文末又有张月光之子张儒奴的款名，确知僧张月光亦有儿子。

P.2032背（3）《后晋时代沙州净土寺诸色入破历算会稿》："布八尺，索教授弟亡，吊索僧正小娘子用。"索僧政小娘子，即索僧正妻，从而知索僧正有妻。

同上号文书背（12）："布二尺，张阇黎新妇亡时吊用。""新妇"，敦煌俗语谓"妻"，从而知张阇黎有妻。

P.2040背《后晋时代沙州净土寺诸色入破历算会稿》："布九尺，高僧政新妇亡时吊孝，索校检、索僧政、高僧正（政）用。""高僧政新妇"即高僧政妻，从而知高僧政有妻。

S.4120《壬戌年—甲子年（962—964年）沙州某寺布褐等破历》："索僧统新妇亡吊孝及王上座用。""索僧统新妇"即索僧统妻，从而知索僧统有妻。

这些有妻室儿女的僧官，虽已削发，实同居士，过世俗家庭生活。唐宋时期，内地亦有僧人娶妇者，但被讥诮为"火宅僧"。但在敦煌却不遭非议，无人讥诮。否则，上举之索教授、索僧政、高僧政、索僧统等人安得擢任僧官？僧人娶妇而不受谴责，是敦煌特有现象。

上面略举敦煌僧尼种种入世合俗行为。以下略举世俗信徒祈求佛、菩萨佑其达成种种现世利乐及需求、愿望之例：

1. 求莫入涅槃，安住世间。

P.T.134吐蕃文《赞普神子吾东丹功德回向愿文》："祈请莫入涅槃，安住世间……亦远离妨碍寿命之魔，获寿自在。"（汉文译文引自黄维忠《8—9世纪藏文发愿文研究》，民族出版社，2007年版，第94~95页。"吾东丹"即吐蕃末代赞普朗达玛）

2. 为皇帝、节度使、国家、百姓祈福。

日本书道博物馆藏敦煌写经《瑜珈（伽）师地论卷五十二》卷尾沙

州僧明照题记："大唐大中十三年（859年）己卯岁正月廿六日，沙州龙兴寺僧明照就贺拔堂，奉为皇帝陛下（此指唐宣宗）宝位遐长，次为当道节度（此指沙州节度使张议潮），愿无灾障，早开河陇，得对圣颜，及法界苍生同沾斯福……"

S.5973《宋开宝七年（974年）归义军节度使、检校太师兼中书令、敦煌王曹元忠施舍回向疏》："布三匹充大众，布壹匹充大像，绵绫壹匹充法事。右件施舍所申意者，先奉为龙天八部，拥护敦煌；梵释四王，保安社稷；中天帝主（此指宋太祖），永坐蓬莱；十道争驰，三边伏款；大王（此指曹元忠）禄位，等劫石而恒坚；夫人（此指元忠妻）花容，同桂兰而永茂。然后，道途谧静，兵甲休行；刁斗收音，干戈弥（弭）灭。今因讲畅（场？），渴仰慈门，伏乞能仁，希垂回向。谨疏。开宝七年二月　日，归义军节度使检校太师兼中书令敦煌王曹元忠疏。"

3. 求国安人泰、社稷恒昌、四路通和、八方归伏。

S.4601《佛说贤劫千佛名经卷上》题记："雍熙贰年（985年）乙酉岁十一月廿八日，书写押牙康文兴自手并笔墨写记。清信弟子幸婆袁愿胜、幸者张富定、幸婆李长子三人等发心写《大贤劫千佛名（经）卷上》，施入僧顺子道场内。若因奉为国安人泰，社稷恒昌，四路通和，八方归伏；次愿幸者、幸婆等，愿以乘生净土；见在合宅男女，大富吉昌福力（利）。永充供养。"

4. 求敦煌本境康宁、百姓安乐及自身寿禄、合宅庆吉。

上海图书馆藏敦煌写经112号《佛说佛名经卷第二》末题："敬写《大佛名经》贰佰捌拾捌卷，惟愿城隍安泰，百姓康宁，府主曹公（曹议金）己躬永寿，继绍长年，合宅枝罗，常然庆吉。于时大梁贞明陆年岁次庚辰（920年）伍月拾伍日写记。"按：相同的题记还见于北0616《佛名经卷第三》、北1227《佛说佛名经卷第八》、S.3691《佛说佛名经卷第十五》、S.4240《佛名经卷第四》、P.2312《佛说佛名经卷第十三》、日本山本悌二郎旧藏敦煌写经《佛名经卷第四》、日本京都博物馆藏敦煌写经《佛名经卷第五》、日本二乐庄藏敦煌写经《佛名经卷第五》、上海图书馆藏敦煌写经109号《佛名经卷第六》、日本书道博物馆藏敦煌写经《佛名经卷第六》、日本东京大学文学部东洋史研究室藏敦煌写经《佛说佛名经卷第七》、罗振玉旧藏敦煌写经《佛说佛名经卷第九》、日本三井八郎右卫门旧藏敦煌写经《佛说佛名经卷第十五》、日本松山与兵卫旧藏敦煌写经《佛说佛名经》等卷。

5. 求出征得胜。

P.2854《祈愿文》云："（前略）厥今转金经于宝地，集四众于莲宫，并画弥勒变一躯、毗沙门天王两躯，事无疆之福者，则我释门教授和上（尚）爰及郡首都督等，奉为尚书北征、保无灾难之所为也。唯愿以兹转经功德、画像胜因，先用庄严尚书贵位，伏愿波澄瀚海，雾廓燕山，克树功名，保无灾难。然后兵雄陇上，勇气平原，士马无伤，旋还本部，摩诃般若，利乐无边，大众虔诚，一切普诵。"

6. 求降雨丰收。

北0686《金光明经卷第三》卷末题记："弟子信悟持此经。乾宁四载丁巳岁（897年）二月八日，因行城，于万寿寺请得，转读乞甘雨。其年甚熟。后五［月］亦少雨，更［读］一遍，亦熟。不可思议。"

7. 求合家平安，无诸灾障。

日本矢吹庆辉引敦煌遗书《新菩萨经》末题："乙未年（815年）二月七日佛弟子赵什德谨依原本写。愿合家大小永保平安，无诸灾障。"

8. 求诸佛、菩萨其他神灵保佑疾病痊愈，增益寿命。

P.3135《四分戒》末题："乙卯年（955年）四月十五日，弟子索清儿为己身忽染热疾，非常困重，遂发愿写此《四分戒》一卷。上为一切诸佛、诸大菩萨摩诃萨及太山府君、平等大王、五道大神、天曹地府、司命司录（禄）、土府水官、行瘟鬼王、疫使、知文籍官院长、押门官专使、可嗑官［判］并一切幽冥官典等，伏愿慈悲救护，愿疾苦早得痊平，增益寿命。所造前件功德，唯愿过去、未来、现在数世已来所有冤家债主、负财负命者，各领受功德，速得生天。"

S.980《金光明最胜王经卷二》卷末题记："辛未年（971年）二月四日，弟子皇太子［李暅（gèng）］为男弘忽染痢疾，非常困重，遂发此愿，写此《金光明最圣王经》，上告一切诸佛、诸大菩萨摩诃萨及太山府君、平等大王、五道大神、天曹地府、司命司录、土府水官、行圹鬼王、疫使、知文籍官院长、押门官专使、可嗑官［判］并一切幽冥官典等，伏愿慈悲救护。愿弘疾苦早得痊平，增益寿命。所造前件功德，唯愿过去、未来、现在数生已来，所有冤家债主、负财负命者，各愿领受功德，速得生天。"发愿者，乃于阗王李圣天之子，已故归义军节度使、托西大王曹议金的外甥，时任归义军节度使、瓜沙州大王曹元忠的姑表兄弟李暅，其子名李弘。又，P.3668《金光明最胜王经卷九》卷末题记全同此文。又，日本龙谷大学藏敦煌写经《妙法莲华经卷六》卷末题记亦同此文，唯"辛未年二月四日"作"辛未年二月七日"。

S.3252《般若心经》卷末题记："弟子押衙杨英德，为常患风疾，敬写《般若多心经》一卷，愿患消散。"

P.3115《佛说续命经》卷末题记："天复元年（901年）五月十六日，母氾辰、女弘相病患。资福喜（续）命，敬写《续命经》一本。灵图寺律师法晏写记。"

9. 求避瘟疫。

罗福苌《古写经尾题录存·新菩萨经》末题："乾德五年（967年）七月廿二日，疫疾，写经榜门上。题记。"

10. 求充使早回及病患得瘥。

北京大学图书馆藏敦煌写经102号《佛说天地八阳神咒经一卷》末题："甲戌年（914年）七月三日，清信佛弟子兵马使李吉顺、兵马使康奴子二人奉命充使甘州，久坐多时，发心写此《八阳神咒经》一卷。一为先亡父母神生净土；二为吉顺等一行无之（诸）灾彰（障），病患得差（瘥）。愿早回戈（过），流传信士。"

11. 求远行早达乡井、怀胎分娩母子平安、一切贫穷速得珍财、盲聋音（喑）哑心眼早开。

罗振玉旧藏《佛说如来相好经》《天请问经》题记："愿已写经功德，回施一切有情，离苦得乐，烦恼山崩，无明海竭。若欲远行，早达乡井；若有鸾簸，日进前程；生生世世，见闻佛法，早悟真宗，成等正觉。辛未（岁）（971年）塑匠马报达在伊州作客，写记之耳。"

12. 求常年平安。

P.3576《宋端拱二年（989年）三月敦煌王曹延禄设斋施舍回向疏》："绢壹匹充经儭，袈裟带缱玖拾副充见前僧儭，纸壹帖充法事。右件设斋舍施所申意者，伏为弟子常年心愿，竖福禳灾，伏乞法慈，甫垂回向。谨疏。端拱二年（989年）三月□日，弟子归义军节度使检校太师兼中书令敦煌王曹延禄疏。"

13. 求灭诸罪、无愿不果。

S.4406《般若波罗蜜多心经》卷末题记："诵此经，破十恶、五逆、九十五种邪道。若欲报十方诸佛恩，诵《观自在般若》百遍千遍不虚。昼夜常诵，无愿不过（果）。"S.6667《佛说八阳神咒经》末题："天福柒年（942年）岁在壬寅五月廿八日……弟子令狐富昌敬写《八阳经》一卷，奉为龙天八部，长为护助；盲者聋者，愿见愿闻；跛者哑者，能行能语。次愿父母，日增日盛；亡过父母，不历[三]途之难。永充供养。"

14. 为流落异乡祈求平安。

S.2992《观世音经》末题："清信弟子、女人贺三娘，为流落异乡，愿平安。申年（9世纪前期）五月二十三日写。"

15. 为身在"异番（蕃）"，愿两国（唐、吐蕃）通和、兵甲休息、得早还乡。

S.1963《金光明经卷第一》末题："清信女佛弟子卢二娘，奉为七代仙（先）亡、现存眷属，为身陷异番（蕃），敬写《金光明经》一卷，唯愿两国（唐、吐蕃）通和，兵甲休息，应没落之流，速达乡井，共卢二娘同沾此福。"

16. 逢本命年，求避冲煞。

罗福苌《古写经尾题录存·佛顶尊胜陀罗尼经》末题："信心弟子释门法律绍进（五代时敦煌僧人），比爱年当相充（冲），月忌本命，恐有妖灾逼逐。此身迎新，敬写此经。愿怨家欢，更莫相仇。年衰厄月，逐经音而霞（雾）散；福集云臻，随佛声而赴会。田蚕倍收，六畜愿无窀厄。当来此世，同共众生，普获福分。"

17. 祈求官事得解。

S.3354《官事得免庆答文》云："顷者，枉罹视听，横被絷维。请佛日以照临，仰法云而垂荫，冀得理明人镜，事洁随珠。寒松肃而更贞，秋水皎而愈净。故于今日，庆答鸿恩。"向佛菩萨求佑官事得解的观念，早已流行于社会，《妙法莲华经观世音菩萨普门品》云："诤讼经官处，怖畏军阵中，念彼观音力，众怨悉退散。"P.2491《燕子赋》载："雀儿叹曰，'有（古）者三公危（厄）于狱卒，惟须口中念佛，心中发愿：若得官事解散，验（念）写《多心经》一卷。'"

上举诸例，充分反映这一时期的敦煌佛教尽管仍将"绝尘""去欲"挂在口头，而实际上却是关切人生，面对现实，倾情世欲。敦煌佛徒所有的奉佛行为，如供佛、礼佛、诵经、写经、修寺、造窟、起塔、造像、施舍、忏悔、奉斋、履戒、斋僧、济贫、宽恕、释仇、修桥、造井、恤老、怜幼及其他诸种善行，虽也含有修求来生极乐的寄望，但更关切今生现世的福乐利益。

综上而言，表明晚唐至北宋时期敦煌佛教绝异于释迦牟尼时期的原始佛教，又异于初传东土的汉晋佛教，而是与离世脱俗背道而行入世合俗的佛教。

这种佛教，在晚唐至北宋时期敦煌所有寺院率皆奉而行之，其信徒，上自节度使、敦煌王、都僧统，下至平民、奴婢，囊括全社会，体现出上自王侯、下至百姓，大到国家、小到己身的种种世俗愿望；佛法成为晚唐至北宋时期的敦煌佛徒几乎是全民实现世俗愿望的助力。同出世离俗的正统佛教加以比较，入世合俗的佛教无疑成了信徒们最为乐趋鹜赴的法门。

这种流行于晚唐至北宋时期的佛教，显然超出了民间阶层，故不得仅仅视为流行于社会下层的民间佛教。笔者根据其入世合俗的特性，把它称之为"敦煌世俗佛教"。它是出现于中国佛教史上的一种新型佛教，它丰富了中国佛教史的内容，足为中国佛教史补缺。

以往，不少研究者见有上举的某些现象，认为敦煌佛教有"世俗化倾向"。笔者则认为，上述现象充分表明：这一时期的敦煌佛教已与佛经离世脱俗、超世绝俗的精神背道而驰，转变为入世合俗的世俗佛教，显示出当地佛教性质的巨大变化，何仅只是"世俗化倾向"而已！

信仰主义者或许以为，世俗欲望的增长，将会导致佛教信力的削弱，但事实并非如此。敦煌世俗佛教信徒的观念中，诸佛菩萨不仅是西方极乐世界之主，还能变苦海世界为人间净土，成为人间净土的缔造者。从而打破了佛经过分宣扬佛菩萨只救人于来世、不引领信徒追求现世功利的狭隘局限。这样一来，在信徒心目中，佛菩萨的慈悲与法力更加广大；信徒们对佛菩萨的信力不但毫无削弱，反而大大加强了。这么来看，敦煌世俗佛教不仅没有把佛教引向死胡同，反而别开生面，为佛教打开了更为广阔的天地，吸引更多的人涌入佛教大门。敦煌学家一般认为，晚唐至北宋时期80％的敦煌居民皆属佛教信徒。而笔者以为，这些佛教信徒其实都是世俗佛教的信徒。

作为一种宗教，若对现实人生采取排斥态度，一味引导人们厌弃人生、超脱现实，它就会失去对现实中摸爬滚打着的人们的吸引力。另一方面，佛教若不能与时俱进，仍停留在释迦牟尼所创的原始佛教阶段（如我国历代西行求法高僧之主张），不仅不能促使佛教发展壮大，反而会导致佛教日益萧条，甚至丧失立足之地。

二、晚唐至北宋时期敦煌佛教的特点

上举敦煌佛教入世合俗的种种现象，既展示出敦煌佛教性质的变化，也显示敦煌世俗佛教的突出特点。此外，与内地佛教比较而言，这一时期的敦煌佛教迥异它地者，还有几个突出特点：

（一）晚唐至北宋时期的敦煌佛教，众《经》皆奉、无别真伪

中国佛教传统观念认为，佛经有真经、伪经（包括疑伪经）之别，以为："伪经者，邪见所造，以乱真经者也……伪造诸经，诳惑流俗，邪言乱正。"唐智升《开元释教录》卷19）故主张尊奉真经，排斥伪经。

但晚唐至北宋敦煌佛寺、僧尼及信众的观念意识中，则不分真经、伪经、疑经，都一视同仁，不加褒贬；一体尊奉，无所抑扬。敦煌寺院经藏中，同时置备真经及疑伪经以供僧尼诵习流通。

S.1612《丙午年（946年）十月廿七日比丘愿荣报四恩三有敬发心所转得经抄数》记载敦煌净土寺僧愿荣所转读佛经28部，其中竟有伪经《佛说救护身命济人疾病苦厄经》《证明经》《佛说要行舍身经》《大慈教经》《佛说报恩奉盆经》《佛说父母恩重经》《赞僧功德经》《佛说斋法清净经》《佛说法句经》《佛说禅门经》《佛说大辩邪正经》《大方广华严十恶品经》《佛说像法决疑经》等13部。伪经几乎为该僧全部转经数的二分之一。

当地高僧、僧官及地方长官、广大信众，使用疑伪经的频率及对疑伪经关爱的程度，甚至远在真经之上。尤有进者，在唐宋时期敦煌佛教信徒的心目中，所有宣演、赞扬佛法的作品，例如讲经文、佛教变文、佛家

辞赞（如《太子五更转》《法体十二时》《归极乐去赞》《十恩德赞》之类）、灵验记，乃至佛、菩萨、天王像及壁画，等等，一概认为神圣庄严、具有法力，视同佛经一般进行供养、观瞻、诵读、抄写或施舍流传。举例于下：

（1）修造佛窟以为功德。莫高窟第144窟西壁龛下五代供养人北向第1身题名："管内释门都判官、任龙兴寺上座龙藏，修先代功德，永充供养。"

（2）塑佛菩萨像以为功德。莫高窟第180窟西壁龛外南侧菩萨像旁供养人题记："清信佛弟子张承庆，为身染患，发心造二菩萨。天宝七载（748年）五月十三日毕功。"

（3）绘制壁画以为功德。莫高窟第160窟南壁窟口前上方中央墨书《功德记》："佛师高悬，度济有情。清信弟子、前河西招抚监张敬通，敬造斯窟像一躯及二上足；东壁绘释迦；西壁画一千佛变及二散花圣福，唯资亡考成佛果设。"

（4）供养尊像以为功德。P.4060五代末至宋初墨绘观音菩萨像一帧，后款："施主、会稽镇遏使罗佑通一心供养。"

（5）念诵佛教辞赞以为功德。P.3113《法体十二时》卷末题记："时后唐清泰贰（三）在（载）丙申（936年）三月一日，僧弟子、禅师索佑住发心敬写《法体十二时》一本，日常念诵。愿一切众生，莫闻怨任之声，早建（见）佛日，令出苦海。"

（6）抄写流传《灵验记》以为功德。P.2094《持诵金刚经灵验功德记》末题："于唐天复八载岁在戊辰（908年）四月九日，布衣翟奉达（敦煌历法家）写此经赞功德记，添之流布。后为信士兼往亡灵及见在父母、合邑等，福同春草，罪若秋苗，必定当来，俱发佛会。"

（7）抄写流传变文以为功德。北7707《大目犍连变文一卷》末题："太平兴国二年岁在丁丑（977年）闰六月五日，显德寺学仕郎杨愿受一人思微（惟），发愿作福，写尽此《目连变一卷》。后同释迦牟尼佛一会弥勒，生作佛为定。后有众生，同发信心，写尽《目连变》者，同池（持）愿力，莫堕三途。"

（8）抄写佛教祈赞文以为功德。P.2483《祈赞文一本》（含《归极乐去赞》《兰若赞》《印沙佛文》《临圹文》等十二种），末有题记称："维大宋太平兴国四年己卯岁（979年）十二月三日保集发信心写《亲（祈）赞文》壹本，记耳。"

讲经文、佛教变文、佛家辞赞、灵验记及塑像、壁画之类本非佛经，但对敦煌不识文字的广大信徒来说，这些却是他们学习佛经的直观教材。因此，讲经文、佛教变文、佛家辞赞、灵验记及塑像、壁画也就从佛教宣传品升格为佛经代用品，甚至成为广大信徒心目中的"佛经"了。这一时期的敦煌佛教，"千经并宣，万论兼阐"，正如佛经所说："是法平等，无有高下。"（《金刚般若波罗蜜经》卷1）

（二）晚唐至北宋时期的敦煌佛教，兼容诸宗，不专一宗

敦煌莫高窟壁画，往往集不同宗派的信仰于一窟。如莫高窟第148窟画有法华宗信仰的涅槃经变，有华严宗信仰的报恩经变，有净土宗信仰的药师经变、无量寿经变，有密宗信仰的如意轮观音经变、不空羂索观音变，还有禅宗信仰的天请问经变，五大宗派信仰集于一窟之内，表明此窟的营造者亦显亦密、亦禅亦净，和合众派，不专一宗。

前举敦煌净土寺僧愿荣所转读佛经28种，其中不仅有净土宗尊奉的《观无量寿经》《阿弥陀经》，还有禅宗尊奉的《维摩诘经》，法华宗尊奉的《佛说普门品经》《大般涅槃经》，法相宗尊奉的《大乘密严经》，密宗的《大陀罗尼经》《佛说大吉祥天女经》《诸星母陀罗尼经》《十一面观世音神咒经》《十一面神咒经》，以及杂集诸宗的《大宝积经》，此外又有为正统佛教所排斥的伪经《佛说救护身命济人疾病苦厄经》《证明经》《佛说要行舍身经》《大慈教经》《佛说报恩奉盆经》《佛说父母恩重经》《赞僧功德经》《佛说斋法清净经》《佛说法句经》《佛说禅门经》《佛说大辩邪正经》《大方广华严十恶品经》《佛说像法决疑经》等13部，充分表明净土寺僧愿荣诸宗皆尊，不专一宗，同时也表明僧愿荣所在的净土寺对其他各宗派不仅不加排斥，反而兼容并蓄，表明敦煌净土寺亦不专属净土宗。

正统佛教有不同的部派宗支，宗奉不同的经典，信守各自的法门；各以自己的宗派相标榜，而对其他宗派具有不同程度的排他性。唐宋敦煌世俗佛教则对佛教各宗派都相敬兼容，一视同仁，不加排斥。敦煌世俗佛教总体上属于大乘教，但也吸收、行用上座部佛教（旧习小乘教）的某些主张，如对自己人行大乘教的自利利他，而对寇仇则行小乘教的利己不利他；法门颇似净土宗的易行道，但又颇多吸收禅宗法门。净土宗主张专修往生阿弥陀净土法门，而敦煌佛教则并不专修往生阿弥陀净土法门，它更希求阿弥陀净土降临今世，使国土常安，五谷盈仓，衣食丰乐，无灾无病，跛者能行，哑者能语，无愿不果，普得今生当世的利乐；净土宗倡导念佛与愿力，而敦煌佛教在念佛之外又十分看重律宗的"止持""作持"，倡导"诸恶莫作，诸善奉行"；在"家家阿弥陀，户户观世音"的信仰中，同时诸神皆奉，S.3427《结坛散食回向发愿文》云："右弟子厶甲自结坛散食、诵咒转经、焚香燃灯三日三夜者，遂请下方窈冥神理[①]、阴道官寮、阎摩罗王、察命司录、太山府主（君）、五道大神、左膊右肩、善恶童子、鉴（监）斋巡使、行道大王、吸气收魂、判命主吏、六司都长、行病鬼王、内外通申、诸方狱卒，又请四神八将、十二部官、太岁将军、黄幡豹尾、日游月建、黑赤星神、八卦九宫、阴阳之主、井电碓硙、门户妖精、街坊巷神、仓库执捉、山河灵异、水陆神仙、宫殿非人、楼台魍魉等并诸眷属，并愿舍于所乐，离于所居，来就道场，领斯福分。"

又如：P.3135《四分戒》末题："乙卯年（955年）四月十五日，弟子索清儿为己身忽染热疾，非常困重，遂发愿写此《四分戒》一卷。上为一切诸佛、诸大菩萨摩诃萨及太山府君、平等大王、五道大神、天曹地府、

[①] "理"，余校作"灵"，"神理"即神灵。敦煌方音"灵"读作"理"。

司命司录、土府水官、行疒鬼王疫使、知文籍官院长、押门官专使、可嗑官［判］并一切幽冥官典等，伏愿慈悲救护，愿疾苦早得痊平，增益寿命。所造前件功德，唯愿过去、未来、现在数世已来所有冤家债主、负财负命者，各领受功德，速得生天。"

上引二文表明，这一时期的敦煌佛教，除了信奉佛教的"一切诸佛""诸大菩萨摩诃萨""阎摩罗王""四神八将"之外，又有道教的"天曹地府""司命司录（禄）""土府水官""八卦九宫""阴阳之主""太岁将军"，也有不少非佛非道的神灵妖鬼"门户妖精""街坊巷神""宫殿非人""楼台魍魉""行疒鬼王疫使""知文籍官院长""押门官专使"，甚至还有少数民族的可嗑官判等，远远超出了佛教"真经"祈拜范畴之外。这种兼事佛、道及非佛非道诸杂神灵妖魅的佛教，人们能判断它属于佛教何宗何派？只能得出晚唐北宋时期的敦煌佛教"兼容诸宗，不专一宗"的结论。

（三）晚唐至北宋时期的敦煌佛教，戒律非常宽松，盛行忏悔救赎

《佛垂般涅槃略说教诫经》（一名《佛教遗经》）说："持净戒者不得贩卖贸易、安置田宅、畜养人民奴婢畜生，一切种植及诸财宝，皆当远离，如避火坑。不得斩伐草木、垦土掘地、合和汤药、占相吉凶、仰观星宿、推步盈虚、历数算计，皆所不应。节身时食，清净自活。不得参与世事、通致使命、咒术仙药、结好贵人、亲厚媟嫚，皆不应作。"《四分律》云："例不听蓄如田产、奴婢、畜生、金宝、谷米、船乘等。妨道中最，不许自营。"表明佛经强调持律守戒。而唐宋时期敦煌僧尼、信徒则追求现世利乐，不甘受清规戒律的束缚，于是有种种突破清规戒律的行为。例如，佛经主张寺院置产兴利，目的在于以"所得利物还于三宝，以作供养"（《根本说一切有部毗奈耶》卷32），禁止僧尼私人置产、牟利。敦煌僧尼则无视此禁，却要置产、放债、蓄奴、佣仆、饮酒、食肉、杀生、诅咒，娶妻生子，参与政治，兼任官吏。这些非违戒律的行为，在敦煌却被佛徒（包括僧侣）

纳入正常生活之内。僧尼是佛教徒敬信的"三宝"之一，僧尼的所作所为，对广大俗人信众无疑具有极大的影响，足以反映唐宋时期敦煌佛教界的风尚。前面曾举僧尼行事为例，以见大概。

就上所述，唐宋时期的敦煌佛徒与非佛徒几无分别。所不同者，则是敦煌佛徒意识中，佛祖最为尊高的地位毫不动摇，同时保留着对佛门清规戒律的敬畏，而生活中却又有种种突破佛门清规戒律的行为。对种种突破佛门清规戒律的行为，敦煌佛徒则通过不断的"忏悔"、"回向"予以救赎。

敦煌遗书保存有数量可观的僧俗信众留下的《忏悔文》《回向文》《斋愿文》《转经文》及相关的写经题记，是这一时期盛行"忏悔""回向"的物证。

"忏悔""回向"本是为信徒改恶从善设置的方便法门，其原意是"陈露先恶，改往修来"，后来泛用为"除罪"的方便法门，凡有违戒犯戒，皆可通过忏悔予以救赎。忏悔法不曾限定信徒一生可以忏悔多少次，换句话说，不曾限定信徒一生可以违戒多少次。屡次违戒可以屡次忏悔，如此循环往复，竟为违戒打开了方便之门。忏悔法的盛行，有力冲击着戒律的威严，使戒律形同虚设，不免对戒律造成最大的破坏。

三、余　论

敦煌佛教研究已经进行百余年，总体来看，成绩巨大，但也存在着严重的不足，不足之处主要表现在两个方面：

一是将佛学视同佛教，两者混淆不分，而以佛学研究取代佛教研究。换句话说，目光多盯在佛学义理和佛学思想研究的层面上，注重对佛学义理和佛学思想发展状况的探讨，而忽略敦煌寺院、僧尼及在俗信徒的实践活动,结果是把敦煌佛教史写成了敦煌佛学史,用敦煌佛学史取代了敦煌佛教史。

二是研究者大多受到佛教"正统"观念的束缚,自觉或不自觉地按照经、律、论的规范来描述敦煌佛教,将客观、鲜活、多角多棱的敦煌佛教生硬地捺压到佛教正统观念的模具中,将敦煌佛教中不合经戒却又普遍存在的部分予以剔除,然后塑造出一个合乎佛教传统理念,实际上却是经过改造、已非原状、失去本真的所谓敦煌佛教。结果,学者笔下的敦煌佛教,变成了佛学义理和佛学思想的图解,来为佛教义理现身说法。

这种唯依经典而取舍描摹,对敦煌寺院、僧尼及在俗信徒的信行实践、生活状况、意识行为轻忽不顾的做法,其实是违背史学原则、不符合史学规范的。佛教经典、义理是佛教的灵魂,对佛教的建立及传播,无疑具有极为重要的意义。佛教经典庞杂不一,经过不同教派、不同宗派的阐发,其义理众说纷出。各种学说都可能对某时某地的佛教发生影响,所以不同时期、不同地区的佛教,都可能出现某些差异,更经时移世变,佛教已非一个模式、一副面孔、一成不变。要真正认识某时某地的佛教,必须对彼时彼地佛教寺院及佛教僧俗信徒的实际状况认真进行考察,按照实际状况进行客观描摹,这样才可能描摹出彼时彼地佛教的真实形象。若不面向实际,一味依据经典之所规范,将此时此地的佛教捺进佛教经戒义理模具框架内进行拓制,结果只能拓制出一个合乎规范、应乎理想、千篇一律的佛教,却同客观存在的真实佛教相去甚远,甚至南辕北辙。

本文所描摹出来的晚唐北宋时期的敦煌佛教,没有按照佛经及戒律的框范加以去取,只着眼于实况之反映,结果与中外佛学家所描摹出来的敦煌佛教大相径庭。其中是非,敬祈教正。

(此文原刊于《南京晓庄学院学报》2013年第6期)

唐宋敦煌世俗佛教的经典及其功用

佛教经典的世俗化,是唐宋敦煌世俗佛教极其重要的内容和特点之一,因此成为认识和研究敦煌世俗佛教十分重要的内容和途径。

唐宋敦煌佛教经典的世俗化,主要表现在以下三个方面:

(1)经典范围的宽泛化;

(2)价值功用的世俗化;

(3)传播手段的大众化。

以上三点,形成了敦煌世俗佛教经典及其使用和流行的特殊体系。之所以说它特殊,是由于它大大突破了正统佛教的经典范围、使用目的和传播方式;促使佛教经典进一步贴近人生,进一步面向世俗,进一步靠拢社会;冲出了佛教经典超脱世俗的藩篱,赋予佛教经典新的活力,从而在更大程度上发挥了佛教经典的作用。这些变化,无疑都是最初忆述佛经、

"多闻第一"的阿难和初将梵经汉译的高僧迦叶摩腾所始料不及的。

一、敦煌世俗佛教经典范围的宽泛化

正统佛教十分强调并加意维护佛教经典的正统性。从梁僧祐《出三藏记集》、［隋］费长房《历代三宝记》、道宣《大唐内典录》、明佺等《大周刊定众经目录》、智升《开元释教录》、圆照《贞元新定释教目录》，到［宋］赵安仁等《大中祥符法宝录》及吕夷简等《景佑新修法宝录》，这些南宋以前具有代表性的佛教经典目录，一向主张析别正经、疑经和伪经。对正经取维护态度，对疑经取不信任态度，对伪经取排斥态度。对偶然混入藏内的疑经和伪经，必加说明，以示剔除；而对社会上更多的疑经和伪经，索性视而不见，不予著录，以期达到弘扬正经，排斥疑伪经，维护佛教正统的目的。

唐宋时期的敦煌佛教，在对待疑经和伪经的态度上，与正统佛教大大不同。它不顾正统佛教只奉受正经的一贯主张，打破了传统相沿的经藏的标准和规范，对正经、疑经和伪经无所轻重，不加分别，同等崇奉，兼取并用。因此，伪经和疑经在敦煌不受歧视，昂首阔步地与正经并肩流行，广泛传播。广大信众，包括当地高僧、僧官及地方长官对那些疑、伪经关爱的程度、使用的频率甚至远在正经之上。这是唐宋时期敦煌世俗佛教的一个突出特点。因此，我们看到那些被正统佛教排除藏外的疑经、伪经在唐宋时期的敦煌反而十分走红。例如：

《佛说阎罗王受记令四众逆修生七斋往生净土经》

《佛说天地八阳神咒经》

《佛说孝顺子修行成佛经》　　　《佛说延寿命经》

《佛说续命经》　　　　　　　　《佛说父母恩重经》

《佛说救护身命经》　　　　　　《佛说要行舍身经》

《佛说无量寿宗要经》　　　　　《佛说十王经》

《佛说赞僧功德经》　　　　　　《新菩萨经》

《佛顶心观世音菩萨救难神验经》《佛说不增不灭经》

《佛说因果经》　　　　　　　　《佛说如来成道经》

《佛说消灾除横灌顶延命真言经》《佛说安宅神咒经》

《佛说北方大圣毗沙门天王经》　《大丈夫经》

《佛说禅门经》　　　　　　　　《无量大慈经》

《破昏怠法》　　　　　　　　　《劝善经》

《七阶佛名》　　　　　　　　　《观世音三昧经》

《大辩邪正经》　　　　　　　　《佛说法句经》

《佛说证香火本因经》　　　　　《佛说证明经》

《首罗比丘经》　　　　　　　　《佛说咒魅经》

《僧伽和尚欲入涅槃说六度经》　……

上面所举，仅是敦煌疑经和伪经的一部分，还有不少，何烦悉举。

敦煌发现的疑、伪经抄本，有的多达数十件，有的达数百件；有的属官府及官员所有，有的属寺院及僧官、僧尼所有，有的属社会下层平民所有。从而可见疑、伪经在敦煌广泛流行、遍及社会各个阶层的概况。

在疑、伪经广泛流行的同时，正统佛经同样流行。例如《大般若波罗蜜多经》《金刚般若波罗蜜多经》《大般涅槃经》《梵网经》《妙法莲华经》《金光明最胜王经》《大方广佛华严经》《大日经》《维摩诘所说经》《药师琉璃光如来本愿功德经》《增一阿含经》《大宝积经》《阿弥陀经》《心经》《坛经》《佛说示所犯者法镜经》《四分律》《摩诃僧祇律》《大智度论》《中论》《大乘百法明门论》《瑜伽师地论》《成唯识论》等唐宋时期佛教各宗各派所崇奉的大小乘正统佛经都在敦煌大量发现。敦煌藏经因此被学者誉为"集唐宋佛经之大成"。

二、敦煌佛经价值功用的世俗化

佛教的经,最初本是用来教导人们究明佛理,贯通佛法,养成佛性之用的。后世信徒越来越将其神圣化,敦煌世俗佛教更在其神圣化的基础上进一步赋予其神通法力,佛经简直成了佛祖的化身。所以唐宋时期的敦煌,塑造、绘制各种佛像及抄写、供养、置备佛经,成为敦煌僧俗十分热衷的两大事功。如今,莫高窟数以累万的各种佛菩萨塑像、画像、绣像、拓模像、印本像和数万卷抄本、印本、绣本佛经,便是当年敦煌信众热衷其事的物证。

佛经以文字为载体而赋形,只有掌握了文字功底的信徒才有条件直接阅读、消化品味。因此出家童儿及沙弥、沙弥尼在寺院中都要学字识文。至于目不识丁的信徒,他们不具备阅读佛经的基本条件,只能通过别人的讲述,耳食一二,间接、部分地接触佛经。而目不识丁的信徒却是信徒中的绝大多数,由于难以逾越的文字障碍,致使他们与佛经之间存在着无法消除的隔膜,理所当然地与佛经的关系相对疏阔。但在唐宋时期的敦煌,情况却有不同。敦煌世俗佛教通过多种手段打破佛经同信众间的隔膜,在信众同佛经之间架起一座座便桥,大大改善、沟通了各阶层信徒同佛经的关系,甚至连文盲信徒也同佛经结下了密切的缘分。

敦煌各阶层信徒——包括文盲信徒——之所以能够同佛经结下密切缘分,是由于敦煌世俗佛教鼓吹佛经具有神通法力,通过写经、读经、转经、供养经、施舍经、流布经、修补破故经等不同的途径,可以为已亡及在世的一切生灵除罪免灾,使其过去、现在及未来三世都能获得利乐、无愿不果。因此,写经、用经以及对佛经流通传播做有益的事,成为最方便的利乐津梁。略举数例于下:

（一）写经

S.3691（33）《佛名经卷第十五》末题："敬写大《佛名经》贰佰捌拾捌卷，唯愿城隍安泰，百姓康宁；府主尚书曹公已躬永寿，继绍长年；合宅枝罗，常然庆吉。于时大梁贞明六年（920年）岁次庚辰伍月拾伍日写讫。""府主曹公"即五代时期敦煌最高当权者、归义军节度使曹议金。

P.3135《四分戒》末题："乙卯年（955年）四月十五日，弟子索清儿为已身忽染热疾，非常困重，遂发愿写此《四分戒》一卷。上为一切诸佛，诸大菩萨摩诃萨及太山府君、平等大王、五道大神、天曹地府、司命司录、土府水官、行圹鬼王、疫使、知文籍官院长、押门官专使、可嗑官并一切幽冥官典等，伏愿慈悲救护，愿疾苦早得痊平，增益寿命。所造前件功德，唯愿过去未来现在数世已来，所有冤家债主、负财负命者，各领受功德，速得生天。"

（二）读经

北图鸟字62号《般若心经》题记称："谁能读此金刚神经者，一日诵五遍，远行来者；诵九遍，［除］道路险苦；诵三遍，除却千劫已来无量罪……此经虽小，大有威神。亦胜《法华》，亦胜《涅槃》；亦如大海，亦如大山；入海采宝，随其多少，皆得重来；入山斫木，随其长短；谁能霸（把）此经，手中罗文成；谁能看此经，眼中重光生；谁能读此经，六国好音声；大罪得灭，小罪得除；若入刀山，刀山摧折；［若］入剑树，剑树崩缺；若入镬汤，镬汤自煞；若入炉炭，炉炭自灭；若入地狱，地狱枯竭……诵此经，破十恶、五逆、九十五种邪道。若欲供养十方诸佛，报十方诸佛恩，诵《观自在菩萨般若》百遍千遍，灭罪不虚；昼夜常诵，无愿不果。"

（三）转经，即延请僧人诵经

P.3556《清泰三年（936年）正月廿一日曹元德回向疏》云："请大众转经五日。一十一寺每寺施麦叁硕（石），油五胜（升），充转经僧斋时；

绢壹匹，充法事。/ 右件转经施舍所申意者，先奉为龙天八〔部〕，布瑞色、卫护敦煌；梵释四王，逐邪魔、帖清莲府。中天圣主，睿哲钦明；玄德化龄遐方，垂衣伏宁于款塞。司空禄位荣宠，共七宿长晖；福荫咸宜，芳名以（与）五星争朗。阖宅长幼，喜庆来臻；远近枝罗，俱沾福佑。然后龙沙管内，灾殃雾散于他方；玉塞域中，疫瘴奔驰于异境。年丰五稼，家家透满于仓储；岁富三农，户户殷盈而廪实。东西道泰，世路就于和平；南北路开，关山通而结好。今将寡鲜，投仗福门。渴仰三尊，希垂回向。清泰三年正月廿一日，弟子归义军节度留后使、检校司空曹元德谨疏"

（四）供养、礼拜经

P.2208背《大乘稻芉经随听手镜记》背题："大中十三年（859年）八月廿日历经手抄记 / 此年三月廿日，因此台上设醮供养讫。"

又，S.4240《大佛名经》卷第四下题："曹元德礼已。"

（五）施舍经

北图芥字35号《阿弥陀经》末题："施主清信佛弟子、三窟教主兼五尼寺判官法宗、福集二僧，同发胜心，写此《阿弥陀经》一百卷，施入十寺大众，故〔使〕三业清净，罪灭福生，莫逢灾难之事。比来生之时，共释迦牟尼佛同其一绘（会）。"

又，P.3878《撰集百缘经》（10世纪中期）背题："孔目官氾佑祯施入报恩寺《撰集百缘经》一袠。"

（六）流布经、置备佛经供人读诵，使之流传

P.2876《金刚般若波罗蜜经》并《大身真言》小册子末题："天佑（祐）三年岁次丙寅（906年）四月五日，八十三〔岁〕老翁刺血和墨、手写此经，流布沙州一切信士。国土安宁，法轮常转。以死写之，乞早过世，余无所愿。"

又，北图露字95号《佛说禅门经》末题："……吾诵读此经，忽然得悟。

发愿诵三万遍，及写三百卷，普及一切，受持读诵。沙门慧光聊述意怀，题之于后。"

（七）修补破故佛经

北图0329（2）号《道真应所得经论目录》前题："长兴伍年（934年）岁次甲午六月十五日，三界寺比丘道真，乃见当寺藏内经论部帙不全，遂乃启颡虔诚、誓发弘（宏）愿，谨于诸家函藏、寻访古（故）坏经文，收入寺中，修补头尾，流传于世；光饰玄门，万代千秋，永充供养。愿使龙天八部护卫神沙，梵释四王永安莲塞，城煌（隍）泰乐，社稷延昌；府主大王常臻宝位，先亡姻眷超腾会遇于龙花（华），见在宗枝宠禄长沾于亲族。"

目不识丁的文盲信徒不能直接读经，却可以借助别人的口授，学会背诵十字或百十字简短的佛经咒语。6—7世纪以来，密教渐兴，通过玄奘、义净、不空等高僧的介绍宣传，到8—9世纪已成为北传佛教的主流。密教鼓吹经咒比本经具有更大的法力，因此各种经咒在我国佛教界大为流行，敦煌自不例外。788—848年，吐蕃占领敦煌60年，藏传密教给敦煌带来更大的影响，各种经咒更加盛行。其流风，在晚唐大中二年（848年）张议潮起义归唐以后，乃至五代、北宋一直盛行不衰。北图金字2号《金刚般若波罗蜜经咒》（10世纪敦煌写经）末题："若有人诵此咒一遍，胜诵《金刚经》一万九千遍。"碱字58号同名经咒亦题："诵此经（咒）一遍，胜诵本经功德一万九千遍。"

各种经咒，皆用汉字直译梵音，不懂梵文则不明其义。至于连汉字亦不识的广大文盲信徒就更不知其所云了。但各种梵音经咒的佶屈聱牙、不知所云，反而为其披上一袭神秘外衣，更能引发信徒对其神通法力的无边驰想。

敦煌世俗佛教还接受并发展了净土宗倡导的念佛法门，只要反复念诵"阿弥陀佛"或"观世音菩萨"名号，就可以灭诸罪障、所祈如愿，获得与诵经同等的效力。如此简易的名号，人人会念，尤为信众特别是不识字的信众打开变通读经的方便之门。

另一方面，所有信徒无论识字与否，都可以出资购买寺院及僧尼或写经人抄写的现成佛经，也可以雇人写经，用来供养、施舍和流布传播。P.2893《佛说报恩经卷四》末题"僧性空与道圆雇人写记"就是例证；还可以延请僧尼作会诵经，其功德作用与个人诵经同。如此，就为佛经的读、写、供养、施舍、流布又开一方便之门，使社会各阶层的善男信女都能与佛经结缘。

通过上述举例，我们在看到敦煌佛经广泛应用的同时，也看到了敦煌应用佛经之世俗化、功利化的部分情况。它毫不掩饰地在佛经之读、写、供养、施舍、流布诸种善事功德中注入世俗功利的目的。如上所举，其动机目的或求皇帝、府主睿哲治化、万代千秋，或求国境帖静、城隍安泰，或求东西道泰、南北路开，或求境无灾障、域绝疾疫，或求年丰五稼、岁富三农，或求疾患早痊、增算添寿，或求怨家债主解怨释结，或求今生罪灭福生、来生同登佛会，甚至有老人祈求速死，等等。如果说祈求"来生同登佛会"还算有佛性闪光的话，那么这点佛性却在世俗欲望的汪洋中淹没下沉了。

在现实生活中，敦煌僧俗信徒的世欲俗望何止上举种种，还有很多具体的欲望寄托于佛经的读、写、供养、施舍、流通之中。例如：

P.2881《妙法莲华经卷第一》末题："总章三年（670年）三月廿四日，清信女孙氏为亡母敬写《法华经》一部。愿亡者神生净域，面睹弥陀。法界含灵，俱登佛道。"

S.2215《妙法莲华经卷第二》末题："咸亨元年（670年）十二月，弟子氾怀信为亡妻赵、亡侄阿奴写。"

S.3655《妙法莲华经卷第七》末题："咸亨元年（670年）闰九〔月〕，崔安居为钟氏亡姊敬造。"

S.114《妙法莲华经卷第七》末题：上元三年（676年），清信士张君彻为亡妹敬写。"

Io Ch00267《妙法莲华经卷第七》题："调露二年（680年）二月，弟子张则为亡女索氏写。"

P.2900《药师经》末题："上元二年（675年）十一月廿七日，弟子女人索八娘为难月（即孕妇分娩期），愿无诸苦恼，分难平安。"

S.2683《观世音经》末题："文明元年（684年）六月五日，弟子索仁节写记。愿七世父母、所产父母，托生西方阿弥陀佛国，并及兄弟妹等，桓（恒）发善愿。"

S.87《金刚般若波罗蜜经》末题："圣历三年（700年）五月廿三日，大斗拔谷副使、上柱国、南阳县开国公阴仁协写经。为金轮圣神皇帝及七世父母、合家大小。得六品，发愿月别许写经一卷；得五品，月别写经两卷。久为征行，未办纸墨，不从本愿。今办写得，普为一切转读。"

北图李字71号《妙法莲华经卷九》末题："天宝三载（744年）九月十七日，玉门行人在此襟（禁）经廿日有余，于狱写了。有人受持读诵，楚（樊？）客除罪万万劫。记之。同襟（禁）人马希晏，其人是河东郡桑泉县上柱国。樊客记。"

S.2992《观世音经》末题："清信弟子女人贺三娘，为落异乡，愿平安。申年（792年？）五月廿三日写。"

S.1963《金光明最胜王经卷第一》末题："清信女佛弟子卢二娘，奉为七代仙（先）亡、见存眷属，为身陷在异番，敬写《金光明经》一卷。唯愿两国通和，丘（兵）甲休息；应没落之流，速达乡井，共卢二娘同沾此福。"

S.4479《救诸众生一切苦难经一卷》末题："谨请比（毗）沙门天王护我居宅。请（清）信佛弟子刘英全一心供养。"

S.4397《观世音经一卷》末题："广明元年（880年）肆月拾陆日，天平军凉州第五般防戍都右厢兵马使梁矩，缘身成深蕃，发愿写此经。"

北图新编68号《佛说天地八阳神咒经一卷》末题："甲戌年（914年？）七月三日，清信佛弟子兵马使李吉顺、兵马使康奴子二人奉命充使甘州，久坐多时，发心写此《八阳神咒经》一卷。一为先亡父母神生净土；二为吉顺等一行无之（诸）灾彰（障），病患得差（瘥），愿早回戈（过），流传信士。"

罗福苌《古写经尾题录存·佛顶尊胜陀罗尼经》末题："信心弟子释门法律绍进，比爰年当相充（冲）、月忌本命，恐有妖灾逼逐。此身迎新，敬写此经。愿怨家欢，更莫相仇。年衰厄月，逐经音而霞（雾）散；福集云臻，随佛声而赴会。田蚕倍收，六畜愿无窑厄。当来此世，同共众生，普获福分。"（罗氏《录存》收入《永丰乡人杂著续编》）

S.6667《佛说八阳神咒经》末题："天福柒年（942年）岁在壬寅五月廿八日……弟子令狐富昌敬写《八阳经》一卷。奉为龙天八部长为助护；盲者聋者，愿见愿闻；跛者哑者，能行能语。次愿父母日增日盛；亡过父母，不历〔三〕途之难。永充供养。"

P.2055《佛说善恶因果经》末题："弟子朝议郎检校尚书工部员外郎翟奉达，为亡过妻马氏追福，每斋写经一卷，标题如是：

"第一七斋写《无常经》一卷　　第二七斋《水月观音经》一卷

"第三七斋写《咒魅经》一卷　　第四七斋写《天请问经》一卷

"第五七斋写《阎罗经》一卷　　第六七斋写《护诸童子经》一卷

"第七斋写《多心经》一卷　　百日斋写《盂兰盆经》一卷

"一年斋写《佛母经》一卷　　三年斋写《善恶因果经》一卷

"右件写经功德，为过往马氏追福。奉请龙天八部、救苦观世音菩萨、地藏菩萨、四大天王、八大金刚以（与）作证盟，一一领受福田，往生乐处，遇善知识。一心供养。"

罗福苌《古写经尾题录存·救诸众生苦难经、新菩萨经》末题："乾德五年（967年）七月廿二日疫疾，写经榜门上。题记。"

其至还有为牛羊解怨释结、超度追福的写经，读来使人浮想联翩：

S.5544（1）《金刚般若经》末题："奉为老耕牛神生净土。弥勒下生，同在初会，但闻圣法。"

S.5544（2）《佛说阎罗王受记令四众送终生七斋功德往生净土经》末题："奉为老耕牛一头，敬写《金刚》一卷、《受记》一卷。愿此牛身领受功德，往生净土，再莫受畜生身。天曹地府，分明分付，莫令更有仇讼。辛未年（911年）正月。"

S.2650《般若心经》末题："又为官羊一口写此经一卷。莫为怨对；弥勒初会，同闻般若。"

P.3448《佛说多心经》末题："奉为羯羊一口敬写尊经，流传万代，解怨释结。"

S.4441《心地法门经》末题："奉为母羊两口、羔羊一口写经一卷。领受功德，解怨释结。"

日本书道博物馆藏敦煌写经《妙法莲华经·普门品》末题："天成五年（930年）庚寅二月十六日，信士弟子尹幸通发心彩画八阳菩萨、观音菩萨玖躯，兼写经两卷。缘父□□□所作罪业，三冬重煞（杀）牛羊犬等，总领功德，并得人身，莫令仇对，永充供养。"

三、敦煌佛经传播手段的大众化

上节所述写经、读经、供养经、施舍经、延请僧人诵经、置经流布、修补流传等，是传播佛经的多种方式，共同特点是，无不局限于佛经文本。唐宋时期的敦煌，佛经文本的传播并不是传播佛经唯一的方式，还有其他更为普遍、深入而又影响深远的大众化传播方式，那就是打破佛经文本形式的限制，对佛经文本加以改编，使之成为形象化、艺术化、通俗化和大众化的形式，使各阶层信众都能够轻松愉快地接触佛经，熟悉佛经的内容，融通佛经的义理，于不知不觉中受到佛经的熏陶。这种改编，大致有三种形式：

（一）将某些最基本、最重要的佛经改编成通俗易懂的讲经文、变文

实例见王重民等编《敦煌变文集》和潘重规编《敦煌变文集新书》，不赘引。讲经文、变文故事生动，情节跌宕，场面活泼，群众喜闻乐见；通过僧人动听的讲唱，听众闻之于耳，会之于心，对大众有极大的教化作用。

（二）将释迦故事或某些深奥义理改编成通俗易懂、句式整齐、音节铿锵、腔调动听、深情感人的唱辞、俗曲

例如 S.2440《八相押坐（押座）文》，P.3411《十恩德赞》，P.3409《禅师卫士五更转》，P.3065《太子入山修道赞》，P.4895《归去来》《入山学》，S.427《禅门十二时》，S.6631《归极乐去赞》《兰若赞》《辞父母赞》《九相观诗》《维摩五更转十二时》，P.3892《出家赞》《佛母赞》《高声念佛赞》，P.3839《西方净土赞》，等等。

上述两种形式，基本上都是通过僧人之口讲唱给人们听的。但是，佛经写成文本，毫无疑问亦可供人传抄读诵。在这一特定情况下，这类通俗辞曲与佛经同样采取了文本形式。然而，在语言风格、表述手法、气质神采及传感路径等方面，二者迥然相异。佛经语言生涩、句法板滞、枯燥乏味、听觉难适；通俗辞曲则语言流畅、句法活泼、富于情趣、适于听闻。对广大信徒特别是比例最大的文盲信徒来说，后者的感染作用远远优于前者的说教，因此受到信众的欢迎。在当时人的心目中，讲经文、变文、佛教辞曲这类通俗化作品被视同佛经一样具有法力、受人供养，北图盈字76号背《目连变文》末题："太平兴国二年（977年）岁在丁丑闰六月五日，显德寺学士郎杨愿受一人思微（惟），发愿作福，写尽此《目连变》一卷，后同释迦牟尼佛一会弥勒，生作佛为定。后有众生，同发信心写尽《目连变》者，同池（持）愿力，莫堕三途。"《目连变》为敦煌僧人讲唱佛经中目连救母故事的变文，并不是佛经。这表明在敦煌它被视同佛经抄写而流传。

（三）将流行的佛经或其中的重要情节、故事改编成彩绘壁画、绢帛画之类的艺术品

根据各种佛经绘制的经变画是佛经的"图解本"。于是，文本的佛经转化为光艳绚丽的画面，调动人的视觉进入佛经境界，使人赏心悦目又能入目寓心，不论识字或不识字的人都能看也喜欢看。不识字的信徒不能读经却能读画。他们也只有通过观赏壁画才得直观进入佛经意境。对他们来说，壁画的作用远比佛经大得多。从这一角度来讲，敦煌壁画可以说是敦煌文盲信徒的佛经。如今，敦煌莫高窟、西千佛洞，安西榆林窟、东千佛洞，肃北蒙古族自治县五个庙石窟等处保存下来的约六万平方米的佛教壁画，在当时可说是敦煌佛经形象性的读本。在传播佛教知识、灌输佛教信仰、激发佛教感情、扩大佛教影响等方面，发挥着无与伦比的作用。

四、小　结

根据以上论述，我们对唐宋敦煌世俗佛教的经典及其流通应用，可以进行如下的概括：

（1）敦煌世俗佛教的经典，由正经、疑经和伪经三部分共同组成，打破了正统佛教的局限，为佛教经典库藏增添不少面向人生、贴近现实的成分，增强了佛经的活力。由此又进一步促进了敦煌佛教向世俗化方向的发展。

（2）敦煌世俗佛教加强了佛经的神圣性和神通性，从而提高了佛经的价值和使用率，在很大程度上消除了佛经同广大信众的隔膜，为把佛经变成信徒的精神甘露起了巨大的作用。

（3）把佛经改编成通俗易懂的讲经文、变文、歌辞、俚曲，或转化成绚丽悦目的壁画，打开了佛经广泛传播的另一通道，为广大不识字信众读经、学经开启了方便之门。而讲经文、变文、通俗辞曲及壁画，也成为广大不识字信众心目中的佛经，甚至可以视为敦煌佛教经藏的附类和亚种。

（4）从唐宋时期敦煌世俗佛教经典流行使用的实际情形来看，我们对唐宋敦煌世俗佛教经典似乎可从另一个角度——流行和使用的角度，重新加以分类，大致可以分为以下四类：

①供养类：主要作为神圣物加以供养而主要不在于读诵。那些大部头的和义理艰深的经律论，如600卷本《大般若波罗蜜多经》，200卷本《阿毗达摩大毗沙论》，120卷本《大宝积经》，100卷本《大智度论》及《瑜伽师地论》，80卷本《大方广佛华严经》，60卷本《中阿含经》及《昙无德律》，等等，在唐宋时代的敦煌主要用于供养，基本上不拿来读诵。其主要原因：一是唐宋时期敦煌世俗佛教重视信行、不重义理哲思，那些探赜入幽、思辨机微的论著自然非所习嗜；二是广大信徒无力置备大部头佛典，加之忙于世俗营生亦无暇去读大部头佛典。即使专业的神职人员——僧尼，也没有几人去通读上述一类的大部头经律论。如此，那些大经便被作为供养品而保留着它的神圣性。

②读诵类：主要流行于僧尼及有文化的信徒之中。这类佛经多半部头不大，文字不多，例如《金刚经》《阿弥陀经》《心经》《观音经》（为《妙法莲花经》三十品中的一品。上举皆属正经）；《新菩萨经》《劝善经》《十王经》《八阳神咒经》《父母恩重经》（上举皆属疑、伪经），以及各种简短的真言、咒语等等。这类小部头经当然也可作供养之用。而广大不识字的信徒，除了学诵真言、咒语之外，基本上不读佛经，这主要是由于

不识字的缘故。

③讲唱类：即讲经文、佛教变文及佛教辞曲之类，可列入杂藏。在唐宋时期的敦煌，这类著作很受欢迎，当地名僧大德都很重视并参与编撰、讲唱，为当地弘扬佛法作出过很大贡献。

④巡礼观赏类：主要指敦煌佛教壁画、绢帛画及其他佛教遗画。它的作用主要在于供人观赏联想、巡礼谒拜；从制作者而言，它又是重要的佛事功德。我国古代典籍目录中早有图像入录的先例，《汉书·艺文志·兵书略》之《兵技巧后序》记有《图四十三卷》，《数术略》载《耿昌月行帛图》，《隋书·经籍志》以下著录图像著作愈来愈多。我们把敦煌佛教壁画、绢帛画之类纳入敦煌世俗佛教经藏之中可谓顺理成章。以往正统佛教关于经藏的收录范围及部类规范，只反映正统佛教的意旨主张，不能反映敦煌世俗佛教的实际情况。对于敦煌世俗佛教经典，需要量体裁衣，不可用正统佛教的经藏规范去削足适履。

（此文原刊于《兰州教育学院学报》1999年第1期）

唐宋时期敦煌佛经性质功能的变化

佛教认为尘世恶浊不净、充满烦恼，所以教人看破红尘、超世脱俗。而敦煌佛教从十六国时期开始，逐渐冲出超世脱俗理念的束缚，朝世俗化方向发展。到了唐宋时期，敦煌佛教进一步面向世俗，进一步靠拢社会，进一步贴近人生，基本上摆脱了超世脱俗理念的束缚，完全变成了入世合俗的佛教，笔者把它称作世俗佛教。从厌世离俗、超世脱俗到入世合俗，是多么了不起的变化！认识和理论总是落后于实践的，当敦煌佛教实际上已变成入世合俗的世俗佛教之时，却没有提出相应的理论，仍在虚张着超世脱俗的大纛。一方面超世脱俗的大纛迎风猎猎，一方面"入世合俗"的活动如火如荼。

与世俗佛教性质相应，唐宋时期的敦煌佛教经籍的涵盖及其使用与流通也发生了一系列入世合俗的变化，主要表现在以下三个方面：

（1）经藏界限框范的突破与泛化；

（2）使用取向的功利化；

（3）传播方式的大众化。

以上三点，形成了唐宋敦煌世俗佛教经籍及其使用、流通的特殊体系，为佛教经籍增添了新的活力，从而在更大程度上发挥了佛教经籍的作用。这个变化，无疑是"多闻第一"、首述佛经的阿难和初将梵经汉译的高僧大德所始料不及的。

一、唐宋敦煌佛教经藏框范的突破与泛化

公元1900年，敦煌莫高窟藏经洞出土古代文献约50000多卷，其中，佛教典籍约有40000多卷，占总数的85%左右，佛教各种经、律、论、疏、注、史传、讲经文、佛教变文、因缘、功德文、愿文、辞赞及其他杂撰著等，品种繁多，不烦细数。唐宋时期敦煌寺院经藏中，大乘、小乘及佛教各宗派所宗奉的经典几乎都有发现，致使有的学者误认为唐宋时期佛教各宗派在敦煌都有着相当的发展。其实，唐宋时期的敦煌佛教是兼崇诸宗、并不独专某宗的。

正统佛教十分重视并加意维护佛教经藏的规范性。从梁僧祐《出三藏记集》、[隋]费长房《历代三宝记》、道宣《大唐内典录》、明佺等《大周刊定众经目录》、智升《开元释教录》、圆照《贞元新定释教目录》，到[宋]赵安仁等《大中祥符法宝录》及吕夷简等《景祐新修法宝录》，这些南宋以前具有代表性的佛经目录，一向注意析别正经、疑经和伪经，对混入藏内的疑经和伪经加以说明，尤将混入藏内的伪经视为"法秽"，必予剔除；而对社会上流传的更多的疑经和伪经，则索性视而不见，不予著录，以期达到弘扬正经、排斥疑伪经、维护佛教正统的目的。

但唐宋时期的敦煌佛教，在对待疑经和伪经的态度上，与正统佛教大不相同。它不分什么正经、疑经、伪经，只要标明是佛经便一视同仁，同等崇奉，兼取并用，无所轻重；无视正统佛教只奉受正经、排除疑经、伪经的一贯主张，打破了传统相沿的经藏标准和规范。本地官府、寺院及一般信徒等公私藏经中，不仅置备正经，也同样置备伪经和疑经，乃至讲经文、佛教变文、因缘、功德文、愿文、辞赞及其他杂撰。在当地观念中，经藏的概念实际上已经泛化，经藏的范围亦随之拓宽，大大突破了佛经目录学家的规范。在官府、民间及寺院中，疑经、伪经与正经并肩流通不受歧视；当地高僧、军政首脑及广大信徒，对那些疑、伪经关爱的程度、使用的频率甚至在正经之上。敦煌发现的伪经《金刚经纂》（P.3024v+S.2565v）大言宣称，"持此《金刚经纂》一遍，如转《金刚经》三十万遍"，表明敦煌信徒对伪经的崇奉，较之正经有过之而无不及。这是唐宋时期敦煌佛教的一个突出特点。由此，我们看到那些被正统佛教排除藏外的疑经、伪经在唐宋时期的敦煌反而广泛流行、十分走红。

现已获知敦煌流行的疑伪经不下六七十种，如：

《佛说佛母经》（S.0153v）

《佛说天地八阳神咒经》（北7629）

《佛说孝顺子修行成佛经》（北8300）

《佛说延寿命经》（S.2428）

《佛说续命经》（S.1215）

《佛说父母恩重经》（S.0149）

《佛说救护身命经》（P.2340）

《佛说要行舍身经》（S.1060）

《佛说救护疾病经》（P.4563）

《决罪福经》（S.4526）

《佛说无量寿宗要经》（P.2142）

《佛说十王经》（S.3961）

《佛说赞僧功德经》（S.1549）

《新菩萨经》（S.0136）

《佛顶心观世音菩萨救难神验经》（P.3236）

《救苦观世音经》（S.4456）

《佛说善恶因果经》（S.0714）

《佛说如来成道经》（S.1032）

《佛说消灾除横灌顶延命真言经》（S.2037）

《佛说安宅神咒经》（S.2110）

《佛性海藏智能解脱破心相经》（S.2169）

《现报当人受经》（S.2076）

《山海慧菩萨经》（S.2538）

《瑜伽法镜经》（S.2423）

《七千佛神符经》（S.2708）

《法王经》（北8278）

《佛说北方大圣毗沙门天王经》（S.5560）

《大丈夫经》（北7259）

《佛说禅门经》（北8224）

《佛说法句经》一卷十四品本（P.3924）

《破昏怠法》（北8387v）

《佛说劝善经》（P.3036v）

《首罗比丘经》（S.2697）

《佛说咒魅经》（S.0418）

《僧伽和尚欲入涅槃说六度经》（S.2754）

《七阶佛名经》（S.0059）

《佛说大辩邪正经》（P.2263）

《佛说天公经》（S.2714）

《普贤菩萨说证明经》（北8698）

《观世音三昧经》（北8281）

《佛说证香火本因经》（北8293）

《坛法仪则》（P.3913）

《妙法莲华经·度量天地品》（北6189）

《相好经》（S.4678）

《妙法莲华经·马鸣菩萨品》（S.2734）

《高王观世音经》（P.3920）

《佛说无量大慈教经》（北8228）

《救诸众生苦难经》（北8285）

《金刚经纂》（P.3024v+S.2565v）

《佛说斋法清净经》（S.4548）

《决定罪福经》（S.4526）

《像法决疑经》（S.2075）

《净度三昧经》（北8654）

《大通方广经》（S.4553）

16卷本《大佛名经》（北0818）

20卷本《大佛名经》（北0552）

《现在十方千五百佛名并杂佛号》（S.2180）

《地藏菩萨经》（S.431）

《大方广华严十恶品经》（北0076）

《三厨经》（S.2673）

《佛说妙好宝车经》（P.2157V）

《定光佛预言》（S.2713）

《佛顶心观世音菩萨大陀罗尼经》（P.3236-5）

《楼炭经略》（北潜2号）

《佛图棠［澄］所化经》（敦煌研究院新收藏）

《佛说提谓经》（S.2051）

《清净法行经》及《须弥四域经》①

　　上面，每种仅各举一个卷号作代表，其实有的抄本多达数十本、数百本。这些疑、伪经，有的属官府及官员所有，有的属寺院及僧官、僧尼所有，有的属社会平民所有。表明疑、伪经在敦煌社会各阶层中广泛流行。在寺院藏经目录中伪经与正经同等对待、同帙庋存。如S.2079《沙州龙兴寺藏经目录》将伪经《申日经一卷》收入"大乘重译经"类中，且与《稻芊经》同在一帙。北新329号《见一切入藏经目录》是后唐敦煌名僧道真为三界寺所修复配补佛经的目录。在这份目录中，开列了他所修复的172部佛经，其中就有《佛母经》《救护身命经》《八阳神咒经》《大佛名经》《阎罗王受记经》《父母恩重经》《无量大慈教经》《相好经》《要行舍身经》《续命经》《证明经》等十多部伪经。S.1612《丙午年（946年）十月廿七日比丘愿荣转经历》载愿荣转诵的28部经中，就有伪经《佛说救护身命经》《证明经》《佛说要行舍身经》《大慈教经》《佛说父母恩重经》《赞僧功德经》《斋法清净经》《法句经》《禅门经》《佛说大辩邪正经》等十部。龙兴寺是沙州都僧统驻锡的直属寺院，位居敦煌诸寺之首，道真和尚是沙州释门僧政，愿荣是沙州释门法律，此等寺此等僧对待疑伪经的态度，很能说明问

---

① 北周道安《二教论·服法非老第九》载，《清净法行经》云：'佛遣三弟子震旦教化，儒童菩萨彼称孔丘，光净菩萨彼称颜渊，摩诃迦叶彼称老子。'"又引《须弥四域经》曰：'宝应声菩萨名曰伏羲，宝吉祥菩萨名曰女娲。'"敦煌遗书中尚未发现此二经抄本，但莫高窟《大周李君修慈悲佛龛碑并序》（又名《李克让碑》，P.2551有此碑残抄本），云："至若吉祥菩萨、宝应真人，效灵于太古之初，启圣于上皇之始，或炼石而断鳌足，立□□□□，□□□□而察龟文，调五行而建八节；复有儒童叹凤、生震旦而郁玄云，迦叶犹龙、下阎浮而腾紫气，或因山起号，或□□□□，□□□□□风，删《诗》《书》而立训，莫不条分共贯，异派同源。是知法有千门，咸归一性。"表明此二经确曾在敦煌流行，并有着巨大影响。

题，足以表明敦煌诸寺及僧众意识中完全不存在什么正经、疑经、伪经的概念。至于俗人信众，尤当过无不及。这一现象充分表明，敦煌佛教界显然并不歧视伪经，完全没有什么"正经""伪经"的分别及去取扬弃的概念。在敦煌只要是佛经，不管它是正经、疑经或伪经，都同样受到尊奉，并肩流行，畅通无阻。

在正统佛经及疑、伪经并肩流行的同时，经咒、真言也越来越多的从本经中分离出来，独立成篇，单行流通，成为唐宋时期敦煌经藏中具有独立资格的成员。北周42号（？）就是一件《佛咒目录》专篇①，载有佛咒64种。从残卷标序"□""九""十"推测，原卷至少当有十个部分，残存部分，大约不到原卷的三分之一。由此推知原卷所载佛咒当在200种左右。现将敦煌遗书中留名的经咒、真言略举如下，敦煌流行的各种经咒：

《金刚经陀罗尼神咒》（北4355）

《金光明经咒》（北2005）

《金光明最胜王经咒》（S.5434）

《观世音菩萨咒》（S.5801）

《观世音菩萨头痛咒》（S.6978）

《金刚童子心咒》（S.2498）

《观音菩萨大悲随心陀罗尼神咒》（北7682）

《金刚儿咒》（北7681）

《观世音菩萨行道求愿咒》（北7679）

《阿弥陀咒》（北7682）

《金刚童子随心煞鬼咒》（S.2498）

《陀罗尼咒》（P.3137）

《金刚童子随心咒》（S.2498）

---

① 北周42号卷子的释录，见方广锠《敦煌佛教经录辑校》上册，江苏古籍出版社，1998年10月第2次印刷，第542~545页。

《七佛咒》（S.4456）

《佛顶尊胜陀罗尼神咒》（S.2498）

《十地菩萨咒》（S.2928）

《世尊所说咒语》（北8728）

《佛顶心咒》（P.3835v）

《青颈观音大悲心咒》（北8643）

《大佛顶神咒》（北7671）

《佛说护诸童子陀罗尼经咒》（S.0988）

《日光菩萨咒》（S.2498）

《月光菩萨咒》（S.2498）

《佛母咒》（北7681）

《大悲心结护身印咒》（P.4098）

《六臂童子咒》（S.2498）

《春时菩萨供养香咒》（P.2104v）

《十金刚结界咒》（P.2575）

《如意轮陀罗尼咒》（P.2941）

《入定咒》（S.2669v）

《除一切怖畏说如是咒》（P.2104v）

《求梦咒》（P.2322）

《八日念药师佛咒》（S.6330v）

《三时咒》（S.0281）

《地狱摧碎咒》（P.2104v）

《结界咒》（P.2104v）

《饿鬼地狱摧碎咒》（P.2104v）

《散食咒》（P.2104v）

《畜生地狱摧碎咒》（P.2104v）

《除睡咒》（S.2669v）

《大佛顶尊胜出字心咒》（P.2104v）

《驱恶鬼咒》（S5797）

《释迦牟尼佛心咒》（P.2104v）

《佛母咒》（北7681）

《千手千眼随心咒》（S.2498）

《元帅神咒》（北3414）

《佛说消灾吉祥陀罗尼咒》（P.6034）

《六波罗蜜咒》（北7686）

敦煌流行的各种真言：

《释迦牟尼佛真言》（P.3834）

《多宝如来真言》（北7677）

《释迦牟尼请佛真言》（北7672）

《十方神真言》（P.3162v）

《普礼十方诸佛真言》（北7578）

《大悲真言》（P.2105）

《释迦牟尼心中真言》（北7681）

《般若真言》（北7675）

《毗沙门天王真言》（P.3834）

《大力金刚真言》（P.4075v）

《报父母恩重真言》（P.2322）

《离怖畏如来真言（北7677）

《报父母施主恩真言》（P.2322）

《金刚解脱真言》（P.2322）

《金刚般若心中真言》（S.5586）

《金刚三身真言》（S.5621）

《金刚藏菩萨数珠真言》（P.2104v）

《弥勒佛真言》（P.3834）

《金刚莲华大摧碎真言》（北7668）

《咒生真言》（P.2322）

《妙色身如来真言》（P.3835v）

《得食真言》（北7667）

《金轮佛顶心真言》（北5751v）

《随心真言》（P.2876）

《文殊菩萨一字王真言》（P.2322）

《大身真言》（P.2876）

《文殊菩萨三身真言》（北7678）

《入髑真言》（P.3835v）

《文殊菩萨心中真言》（北7681）

《文殊破宿曜真言》（P.2322）

《普贤菩萨三身真言》（北7678）

《十方神真言》（P.3162v）

《四天王发愿了头真言》（S.0426）

《日光菩萨真言》（P.3834）

《铁身金刚童子心真言》（S.2498）

《月光菩萨真言》（P.3834）

《甘露王如来真言》（P.3835v）

《舍水真言》（北7677）

《大功德天富贵欢喜真言》（P.2322）

《大轮真言》（S.2498）

《五佛心避毒真言》（北7681）

《长命真言》（P.4670）

《五天献剑真言》（S.2498）

《净口真言》（P.5042）

《念养佛真言》（P.2322）

《安土地真言》（P.5042）

《广转身如来真言》（北7677）

《甘露真言》（北7677）

《佛吉祥天女真言》（北7677）

《变食真言》（北7677）

《二十八宿真言》（P.2322）

《请佛真言》（P.4679）

《忏悔出罪真言》（P.2322）

《念供养真言》（P.2322）

《消常住食真言》（P.4679）

《净饭时真言》（P.3162）

此外，还有不以"咒"或"真言"为名，径按梵音直译其名为"某某陀罗尼"者，亦不下数十种。

咒、真言及陀罗尼，译名不同，其义一也，具属"四陀罗尼"之一的"咒陀罗尼"。据说是佛菩萨在不同场合所说的"奥旨妙语"，在本经中多半只有很少几句。由于含义微妙，莫测高深，被称为"秘密言句"。密宗特重经咒、真言，认为经咒、真言具有超过本经万倍的功德。北4355《金刚般若波罗蜜经咒》（10世纪敦煌写本）末题："若有人诵此咒一遍，胜诵《金刚经》一万九千遍。"北3503《大身真言》题记亦称："诵此经（真言）一遍，胜诵本经功德一万九千遍。"北7348《大陀罗尼》称："念我语者，受我语者，用我语者，我若不救，誓当不转。若见此经，尽敬供养。"经咒和真言的地位既然如此高不可比，当然会受到人们的偏爱，得以广泛流行。在敦煌，经咒、真言之广泛流行还有势所必然的另一因素，即绝大多数信徒目不识丁，文字写成的佛经，他们既不能读，而冗长的经文又难通过口授、记住背诵。经咒、真言则篇幅短小，一般不过三五十字。口授方便，易学易记。至于真言、经咒讲些什么，一般信众没必要打破砂锅问到底，要紧的是只要知道念一遍真言、经咒，胜过"念一万九千遍"本经的功德就足够了。所以，经咒、真言成为佛经中最为流行的部分。P.3854（2）《道场僧□□人三日转经念诵数》将转经数与诵经数分别列记①，计转《大方广华严经》《六门陀罗尼经》等14部，各经所转遍数不等，合计共转经350遍；念诵《大佛顶陀罗尼》《大佛顶心咒》等14种，各咒念诵遍数亦不等，合计念诵46321遍之多。念诵经咒要比佛经转经率高出130多倍。至于广大信徒，对真言、神咒熟悉的程度和应用频率，同样比本经高得多。这一现象表明，在敦煌广大信徒中真言、咒语实际上成了本经的普及本。

除了正经、疑伪经、经咒、真言之外，还有那些偈、赞、法、符之类所有宣演、赞扬佛法的作品，例如讲经文、佛教变文、佛家辞赞（如《太子五更转》《法体十二时》《归极乐去赞》《十恩德赞》）、灵验记，乃至佛、菩萨、天王像，佛教壁画等等，在敦煌广大信徒心目中也都同佛经一样神圣庄严、具有法力，皆被视同佛经一般进行供养、诵读、抄写或施舍流传。略举数证如下：

①抄写流传变文以为功德例。北7707《大目犍连变文一卷》末题："太平兴国二年岁在丁丑（977年）闰六月五日，显德寺学仕郎杨愿受一人思微（惟），发愿作福，写尽此《目连变一卷》。后同释迦牟尼佛、一会弥勒，生作佛为定。后有众生，同发信心，写尽《目连变》者，同池（持）愿力，莫堕三途。"

②念诵佛教辞赞以为功德例。P.3113《法体十二时》卷末题记："时后唐清泰贰（三）在（载）丙申（936年）三月一日，僧弟子、禅师索佑

---

① "转"与"诵"是两种不同的读经方式。"转"是将某经装入转轮藏（俗称转经筒），每转动一圈，代表着读此经一遍；"诵"是出声朗读。

住发心敬写《法体十二时》一本，日常念诵。愿一切众生，莫闻怨任之声，早建佛日，令出苦海。"

③抄写佛教祈赞文以为功德例。P.2483《祈赞文一本》（含《归极乐去赞》《兰若赞》《印沙佛文》《临圹文》等12种），末有题记称："维大宋太平兴国四年己卯岁（979年）十二月三日保集发信心写《亲（祈）赞文》壹本，记耳。"

④抄写流传《灵验记》以为功德例。P.2094《持诵金刚经灵验功德记》末题："于唐天复八载岁在戊辰（908年）四月九日，布衣翟奉达写此敦煌广大信徒中经赞功德记，添之流布。后为信士兼往亡灵及见在父母、合邑等，福同春草，罪若秋苗，必定当来，俱发佛会。"

⑤供养尊像以为功德例。P.4060墨绘观音菩萨像一帧，后款："施主、会稽镇遏使罗佑通一心供养。"

⑥修造佛窟以为功德例。莫高窟第144窟西壁龛下五代（按：疑当为吐蕃统治时期）供养人北向第1身题名："管内释门都判官、任龙兴寺上座龙藏，修先代功德，永充供养。"

⑦塑制佛菩萨像以为功德例。莫高窟第180窟西壁龛外南侧菩萨像旁供养人题记："清信佛弟子张承庆，为身染患，发心造二菩萨。天宝七载五月十三日毕功。"

⑧绘制壁画以为功德例。莫高窟第160窟南壁窟口前上方中央墨书《功德记》："佛师高悬，度济有情。清信弟子、前河西招抚监张敬通，敬造斯窟像一躯及二上足；东壁绘释迦；西壁画一千佛变及二散花圣福，唯资亡考成佛果设。"

讲经文、佛教变文、佛家辞赞、灵验记及塑像、壁画之类本非佛经，但却是广大信徒学习佛经的直观教材。由此，讲经文、佛教变文、佛家辞赞、灵验记及塑像、壁画也就从佛教宣传品升格为佛经代用品，成了广大信徒尤其是文盲信徒心目中的佛经。

二、唐宋敦煌佛经使用取向的功利化

佛教的经，本是用来教导人们究明佛理，贯通佛法，养成佛性之用的，后世信徒逐渐将其神圣化。世俗佛教更在其神圣化的基础上进一步赋予其神通法力，佛经简直成了佛祖的化身，以至渐渐上升成为一种信仰——佛经信仰（方广锠先生称作"经典崇拜"），佛经竟同佛祖一样被人尊崇，受到供养，即所谓三宝供养之一的法供养。而在唐宋时期的敦煌，法供养则进一步变成了佛经（包括真经及伪经）、经疏、变文、佛家辞赞甚至佛经目录一总在内的泛佛经供养。S.1032《佛说如来成道经》末题："若有信此，天必复之；若当不信，寒冻无衣。若写一卷，家富丰财；若写两卷，聪明智开。教人读诵，横病不来。空中赞曰：不可思议。"告诉人们信仰佛经、读写流传以及教人读诵佛经都能得到极大的福佑。P.2987《西天大小乘经律论并及现在唐国内都数目录》列载佛经39种，经名下简注部数、卷数及大唐所译卷数。这么一篇疏阔简略的佛经目录也被视同法宝加以供养。该卷题记称："世有见前三宝，此是法宝。但供养，如一藏经在家，长福无量。"S.3565为同卷之另一抄本，将原来的文末"题记"改成"序言"，位置提前到卷名后、正文前，云："世有现前三宝，此事须殷重供养，得福无量，永无灾祸；出入行藏，常蒙观音覆护；灭罪恒沙，福□延永。"在这种泛佛经信仰驱动下，塑造、绘制各种佛像与抄写、供养、置备佛经，成为唐宋时期的敦煌僧俗十分热衷的两大事功。莫高窟发现的数以累万的各种佛菩萨塑像、画像、绣像、拓模像、印本像和数万卷佛教经、律、论、疏、讲经文、变文、佛家辞赞，便是当年敦煌信众热衷其事的物证。

佛经以文字为载体而赋形，只有识文断字的信徒才有条件直接阅读，消化领受。所以，寺院对出家童儿及沙弥、沙弥尼都要教他们学字识文，为他们创造读诵佛经的条件。至于目不识丁的信徒，他们不具备阅读佛经的起码条件，只能通过别人的讲述，耳食一二，间接、部分地接触佛经。在敦煌佛教信徒中，目不识丁的信徒占百分之九十五以上，是敦煌信徒中的绝大多数。难以逾越的文字障碍，使他们与佛经之间存在着无法消除的隔膜，理所当然地与佛经相对疏阔。但在佛经信仰及泛佛经信仰盛行的敦煌，情况却有不同。敦煌世俗佛教通过多种手段打破佛经同信众间的隔膜，在信众同佛经之间架起一座座便桥，大大改善、沟通了各阶层信徒同佛经的关系，使广大信徒包括文盲信徒都同佛经结下了密切的缘分。那就是通过请人写经、请僧转经、讲经以及个人供养经、施舍经、流布经、修补破故经等不同的途径，都可以为自身、先亡及在世的一切生灵除罪免灾，使其过去、现在及未来三世都能获得利乐、无愿不果。因此，写经、用经以及为佛经流通传播做有益的事，都成为最方便的利乐津梁，略举数例于下：

1. 读经。

北4466《般若心经》题记称："谁能读此金刚神经者，一日诵五遍，远行来者；诵九遍，[除]道路险苦；诵三遍，除却千劫已来无量罪……此经虽小，大有威神。亦胜《法华》，亦胜《涅槃》；亦如大海，亦如大山；入海采宝，随其多少，皆得重来；入山斫木，随其长短；谁能霸（把）此经，手中罗文成；谁能看此经，眼中重光生；谁能读此经，六国好音声。大罪得灭，小罪得除。若入刀山，刀山摧折；[若]入剑树，剑树崩缺；若入镬汤，镬汤自煞；若入炉炭，炉炭自灭；若入地狱，地狱枯竭……诵此经，破十恶、五逆、九十五种邪道。若欲供养十方诸佛，报十方诸佛恩，诵《观自在菩萨般若》百遍千遍，灭罪不虚；昼夜常诵，无愿不果。"

自写佛经而别人诵读者，亦可为写经人消灾灭罪。如北图李字071（北6190号）《妙法莲华经·度量天地品》末题："天宝三载（744年）九月十七日，玉门行人在此襟（禁）经廿日有余，于狱写了。有人受持读诵，楚（樊？）客除罪万万劫。记之……樊客记。"

识字的信徒可以直接阅读佛经，而不识字的信徒或虽识字却无暇读经或不耐读经的信徒（如官员、商人），又可以通过别人诵读我所置备的佛经，同样使他获得诵经功德。

2. 写经。

S.3691（33）《佛名经卷第十五》末题："敬写《大佛名经》贰佰捌拾捌卷，惟愿城隍安泰，百姓康宁；府主尚书曹公己躬永寿，继绍长年；合宅枝罗，常然庆吉。于时大梁贞明六年（920年）岁次庚辰伍月拾伍日写讫。""府主曹公"即五代时归义军节度使曹议金，为敦煌当地最高统治者。

P.3135《四分戒》末题："乙卯年（955年）四月十五日，弟子索清儿为己身忽染热疾，非常困重，遂发愿写此《四分戒》（一卷）。上为一切诸佛、诸大菩萨摩诃萨及太山府君、平等大王、五道大神、天曹地府、司命司录（禄）、土府水官、行疒鬼王、疫使、知文籍官院长、押门官专使、可嗑官［判］并一切幽冥官典等，伏愿慈悲救护，愿疾苦早得痊平，增益寿命。所造前件功德，唯愿过去、未来、现在数世已来所有冤家债主、负财负命者，各领受功德，速得生天。"

那些无暇写经或不会写经的信徒，可以请人或雇人抄写，也可以出资购买现成的佛经用来供养或施舍。例如：

P.2893《报恩经卷第四》题记："僧性空与道圆雇人写记。"

P.2912吐蕃统治时期《某年四月八日康秀华写经施入疏》云："写《大般若经》一部。施银盘子三枚共卅五两、麦壹佰石、粟伍拾石、粉肆斤。右施上件物写经。谨请炫和尚收掌货卖，充写经直，纸笔墨自供足。谨疏。四月八日弟子康秀华疏。"

写经供养，以求福佑，敦煌早在十六国时期已肇其端，至唐宋时期尤为盛行。上自当地最高长官，下及平民百姓，都热衷于写经供养，或自写或请人代写或雇人代写。这样，就为各阶层善男信女普遍与佛经结缘打开了又一扇方便之门。从这个意义来看，佛经已非识字阶层独有的专利。

3. 延请僧尼转经。

转经是将某种或多种经本装入转轮藏中，经过一定的法事程序，把转轮藏转动一圈，就相当于将该种或多种佛经诵读一遍。这是一种变通形式的简单易办的读经功德。P.3556《清泰三年（936年）正月廿一日曹元德回向疏》云："请大众转经五日。一十一寺每寺施麦三石、油五升，充转经僧斋时；绁壹匹，充法事。右件转经施舍所申意者，先奉为龙天八［部］，布瑞色卫护敦煌；梵释四王，逐邪魔帖清莲府。中天圣主，睿哲钦明；玄德化于遐方，垂衣伏宁于款塞。司空禄位荣宠，共七宿长晖；福荫咸宜，芳名以（与）五星争朗。阖宅长幼，喜庆来臻；远近枝罗，俱沾福佑。然后龙沙管内，灾殃雾散于他方；玉塞域中，疫瘴奔驰于异境。年丰五稼，家家透满于仓储；岁富三农，户户殷盈而廪实。东西道泰，世路就于和平；南北路开，关山通而结好。今将寡鲜，投仗福门。渴仰三尊，希垂回向。清泰三年（936年）正月廿一日，弟子归义军节度留后使、检校司空曹元德谨疏。"

又如，S.5855《归义军节度都头阴存礼为亡考七七追念请僧疏》："三界寺：请都僧录、周僧正、刘僧正、张僧正、法华大师、张大师、刘大师、松大师、大张法律、小张法律、罗法律、王法律、成子阇黎、曹家新戒。右今月廿日奉为故慈父都知，就弊居七七追念、设供。幸望法慈依时降驾，并巾钵。谨疏。雍熙三年岁［次］丙戌（986年）六月　日哀子、弟子节度都头阴存礼疏。"

4. 讲经。

P.2079《净名经关中释抄卷上》卷末题记："壬辰年（872年）正月一日，河西管内都僧政、京城进论、朝天赐紫、大德曹和尚，就开元寺为城隍禳灾，僧讲《维摩经》。当寺弟子僧智惠并随听写此上批，至二月廿三日写讫。"

讲经亦可"为城隍禳灾"，表明僧人讲经在敦煌不仅是一种宣传活动，而且具有通神法力性质了。

5. 供养、礼拜佛经。

P.2208背《大乘稻芊经随听手镜记》背题:"大中十三年(859年)八月廿日听经手抄记。此年三月廿日,因此台上设廨供养讫。"

又如,S.4240《大佛名经卷第四》下题:"曹元德礼已。"

上例表明,佛经不仅只供人读诵,同时又是礼拜、供养对象。

6. 施舍经。

北0163《阿弥陀经》末题:"施主清信佛弟子、三窟教主兼五尼寺判官法宗、福集二僧,同发胜心,写此《阿弥陀经》一百卷,施入十寺大众,故〔使〕三业清净,罪灭福生,莫逢灾难之事。比来生之时,共释迦牟尼佛同其一绘(会)。"

P.3878《撰集百缘经》背题:"孔目官氾佑祯施入报恩寺《撰集百缘经》一帙。"

向寺院施舍佛经也是一种功德,可获得所求福果。

7. 置备、流布佛经。

S.3115《佛说无量寿观经》末题:"盖骨笔传经,远求甘露之味;剪皮写偈,深种般若之因。沙门昙皎,普化有缘,敬写此经千部。冀使一闻一见,俱得上品往生;一念一称(按:"称",谓称佛菩萨名号),同入弥陀之国……"

北8224《佛说禅门经》末题:"……吾诵读此经,忽然得悟。发愿诵三万遍,及写三百卷,普及一切,受持读诵。沙门慧光聊述意怀,题之于后。"

P.3398《金刚经》末题:"大晋天福捌年癸卯(943年)十一月十一日,学仕郎阴彦清发心自手写此尊经,流传士信。"

8. 修补破故佛经。

北新0329号《见一切入藏经目录》:"长兴伍年(934年)岁次甲午六

月十五日,三界寺比丘道真,乃见当寺藏内经论部帙不全,遂乃启颡虔诚、誓发弘(宏)愿,谨于诸家函藏寻访古(故)坏经文,收入寺中,修补头尾,流传于世;光饰玄门,万代千秋,永充供养。愿使龙天八部,护卫神沙;梵释四王,永安莲塞。城隍泰乐,社稷延昌。府主大王,常臻宝位。先亡姻眷,超腾会遇于龙花(华)。见在宗枝,宠禄长沾于亲族。"

流布佛经、修补佛经属善行功德,都可得到美好的果报。无论穷人富人、识字的不识字的,都可以找到一些与佛经结缘的机会。在这一意识的促动下,佛经的传写、供养及流布自然火旺起来,敦煌藏经洞发现的数万卷唐宋写经即其明证。

目不识丁的文盲信徒,虽不能直接阅读佛经,却可以借助别人的口授,学会背诵数十字的简短经咒。6、7世纪以来,密教渐兴,经过玄奘、义净、不空等高僧的倡导宣传,到8、9世纪已成为北传佛教的主流。密教鼓吹经咒比本经具有更大的法力,由此,经咒、真言在我国北方大为流行,敦煌亦不例外。788—848年,吐蕃占领敦煌60年,藏传密教给敦煌带来更大的影响,念诵经咒更加盛行。其流风,在晚唐大中二年(848年)张议潮起义归唐以后,乃至五代、北宋一直盛行不衰。汉译佛经中有些经咒用汉字直译梵音,佶屈聱牙,读之不成文句,不懂梵文的人自然难明其义,至于连汉字不识的广大文盲信徒就更不知其所云了。唯其如此,更显出真言、咒语的高深莫测,为其披上一袭神秘外衣,更能引发信徒对其神通法力的无边驰想,从而加强了它的神秘性,烘托了它的神通法力。又因经咒一般都很短捷,易教易学,易熟易记,成了广大信众尤其是不能阅读佛经的文盲信众可以借助别人口授而熟记背诵的佛经,故为广大信众尤其是不识字的信众所钟爱。

敦煌佛教还接受了净土宗倡导的念佛法门,只要反复念诵"阿弥陀佛"或"观世音菩萨"名号,就可以灭诸罪障、所祈如愿,获得与诵经同等的效力。如此简易的佛、菩萨名号,人人会念,尤为信众特别是不识字的信众大开变通读经的方便之门。甚至可以说"阿弥陀佛"及"观世音菩萨"名号，也成了广大文盲信徒的"佛经"。

通过上述举例，我们在看到敦煌佛经广泛应用的同时，也看到了敦煌应用佛经之功利化、世俗化的部分情况。它毫不掩饰地在佛经之读、写、讲、供养、施舍、流布种种善事功德中注入种种世俗功利的目的。如祝愿皇帝、府主睿哲治化、万代千秋，或求国境帖静、城隍安泰，或求东西道泰、南北路开，或求境无灾障、域绝疾疫，或求年丰五稼、岁富三农，或求疾患早痊、增算添寿，或求怨（冤）家债主解怨释结，或求今生罪灭福生、来生同登佛会，等等。如果说祈求"来生同登佛会"还算有佛性闪光的话，那么这点佛性闪光却在世俗欲望的汪洋中淹没下沉了。

在现实生活中，敦煌僧俗信徒的世俗欲望何止上举种种，还有很多很具体的世俗欲望寄托于佛经的读、写、供养、施舍、流通之中。例如：

为亡灵追福超度　P.2881《妙法莲华经卷第一》末题："总章三年（670年）三月廿四日，清信女孙氏为亡母敬写《法华经》一部。愿亡者神生净域，面睹弥陀。法界含灵，俱登佛道。"

S.3855《妙法莲华经卷第七》末题："咸亨元年（670年）闰九［月］，崔安居为钟氏亡姊敬造。"

S.2215《妙法莲华经卷第二》末题："咸亨元年（670年）十二月，弟子氾怀信为亡妻赵、亡侄阿奴写。"

S.114《妙法莲华经卷第七》末题："上元三年（676年），清信士张君彻为亡妹敬写。"

P.2055《佛说善恶因果经》末题："弟子朝议郎检校尚书工部员外郎翟奉达，为亡过妻马氏追福，每斋写经一卷，标题如是：

第一七斋写《无常经》一卷　　第二七斋写《水月观音经》一卷

第三七斋写《咒魅经》一卷　　第四七斋写《天请问经》一卷

第五七斋写《阎罗经》一卷　　第六七斋写《护诸童子经》一卷

第七斋写《多心经》一卷　　百日斋写《盂兰盆经》一卷

一年斋写《佛母经》一卷　　三年斋写《善恶因果经》一卷

右件写经功德，为过往马氏追福。奉请龙天八部、救苦观世音菩萨、地藏菩萨、四大天王、八大金刚以（与）作证盟，一一领受福田，往生乐处，遇善知识。一心供养。"

求升官　S.87《金刚般若波罗蜜经》末题："圣历三年（700年）五月廿三日，大斗拔谷副使、上柱国、南阳县开国公阴仁协写经。为金轮圣神皇帝及七世父母、合家大小。得六品，发愿月别许写一卷；得五品，月别写经两卷。久为征行，未办纸墨，不从本愿。今办写得，普为一切转读。"

酬官事得免　S.3354《官事得免庆答文》云："顷者，枉罹视听，横被絷维。请佛日以照临，仰法云而垂荫，冀得理明人镜，事洁随珠。寒松肃而更贞，秋水皎而愈净。故于今日，庆答鸿恩。"

求分娩平安　P.2900《药师经》末题："上元二年（675年）十一月廿七日，弟子女人索八娘为难月（孕妇分娩期），愿无诸苦恼，分难平安。"

P.2805《佛说摩利支天经》末题："天福六年辛丑岁（941年）十月十三日，清信女弟子小娘子曹氏敬写《般若心经》一卷、《续命经》一卷、《延寿命经》一卷、《摩利支天经》一卷。奉为已躬患难，今经数晨，药饵频施，不蒙抽减，今遭卧疾，始悟前非。伏乞大圣济难拔危，鉴照写经功德，望仗厄难消除，怨家债主，领资（兹）福分，往生西方，满其心愿。永充供养。"

流落异乡，乞求平安，或早还乡关　S.2360《七阶佛名经》末题："清信弟子石禄山敬写此经，愿所有罪障愿皆消灭，合家大小平安；远行之子，早得见面。"

S.2992《观世音经》末题："清信弟子女人贺三娘，为落异乡，愿平安。申年（792年？）五月廿三日写。"

S.1963《金光明最胜王经卷第一》末题："清信女佛弟子卢二娘，奉为七代仙（先）亡、见存眷属，为身陷在异番，敬写《金光明经》一卷。唯愿两国通和，丘（兵）甲休息；应没落之流，速达乡井，共卢二娘同沾此福。"

北京大学图书馆藏102号《佛说天地八阳神咒经一卷》末题："甲戌年（914年）七月三日，清信佛弟子兵马使李吉顺、兵马使康奴子二人奉命充使甘州，久坐多时，发心写此《八阳神咒经》一卷。一为先亡父母神生净土；二为吉顺等一行无之（诸）灾彰（障），病患得差（瘥），愿早回戈（过），流传信士。"

求护居宅　S.4479《救诸众生一切苦难经一卷》末题："谨请比（毗）沙门天王护我居宅。请（清）信佛弟子刘英全一心供养。"

逢本命年，求避冲煞　罗福苌《古写经尾题录存·佛顶尊胜陀罗尼经》末题："信心弟子释门法律绍进，比爰年当相充（冲），月忌本命，恐有妖灾逼逐。此身迎新，敬写此经。愿怨家欢，更莫相仇。年衰厄月，逐经音而霞（雾）散；福集云臻，随佛声而赴会。田蚕倍收，六畜愿无宪厄。当来此世，同共众生，普获福分。"（罗氏《录存》，收入罗振玉《永丰乡人杂著续编》）

乞求长寿、宗族庆吉及百姓康宁　上海图书馆藏敦煌写经112号《佛说佛名经卷第二》末题："敬写《大佛名经》贰佰捌拾捌卷，惟愿城隍安泰，百姓康宁，府主曹公（曹议金）已躬永寿，继绍长年，合宅枝罗，常然庆吉。于时大梁贞明陆年岁次庚辰（920年）伍月拾伍日写记。"按：相同的写经题记还见于北0616号《佛名经卷第三》、S.4240及日本山本悌二郎旧藏敦煌写经《佛名经卷第四》、日本京都博物馆藏敦煌写经《佛名经卷第五》、日本二乐庄藏敦煌写经《佛名经卷第五》、上海图书馆藏敦煌写经109号及日本书道博物馆藏敦煌写经《佛名经卷第六》、日本东京大学文学部东洋史研究室藏敦煌写经《佛说佛名经卷第七》、北1227号《佛说佛名经卷第八》、罗振玉旧藏敦煌写经《佛说佛名经卷第九》、P.2312号《佛说佛名经卷第十三》、S.3691号《佛说佛名经卷第十五》、日本三井八郎右卫门旧藏敦煌写经《佛说佛名经卷第十五》、日本松山与兵卫旧藏敦煌写经《佛说佛名经》等卷。①

S.6667《佛说八阳神咒经》末题:"天福柒年岁在壬寅(942年)五月廿八日……弟子令狐富昌敬写《八阳经》一卷。奉为龙天八部长为助护；盲者聋者,愿见愿闻；跛者哑者,能行能语。次愿父母日增日盛；亡过父母,不历〔三〕途之难。永充供养。"

患病求瘥或辟除疾疫 S.3252《般若心经》卷末题记:"弟子押衙杨英德,为常患风疾,敬写《般若多心经》一卷,愿患消散。"

P.3115《佛说续命经》卷末题记:"天复元年(901年)五月十六日,母氾辰、女弘相病患。资福喜(续)命,敬写《续命经》一本。灵图寺律师法晏写记。"

P.3135《四分戒一卷》末题:"乙卯年(955年)四月十五日,弟子索清儿为己身忽染热疾,非常困重,遂发愿写此《四分戒》一卷……愿疾苦早得痊平,增益寿命……"

罗福苌《古写经尾题录存·新菩萨经》末题:"乾德五年(967年)七月廿二日,疫疾,写经榜门上。题记。"

S.980《金光明最胜王经卷二》卷末题记:"辛未年(971年)二月四日,弟子皇太子为男弘忽染痢疾,非常重困。遂发愿写此《金光明最胜王经》,上告一切诸佛、诸大菩萨摩诃萨及太山府君、平等大王、五道大神、天曹地府、司命司录(禄)、土府水官、行病鬼王、疫使、知文籍官院长、押门官专使、可嗑官判并一切幽冥官典等,伏愿慈悲救护。愿弘疾苦早得痊平,增益寿命。所造前件功德,唯愿过去、未来、现在数生已来所有冤家债主、负财负命者,各愿领受功德,速得生天。"(按:此系于阗皇太

---

① 俱见池田温:《中国古代写本识语集录》,大藏出版株式会社,1990年3月,第455页。

子李晅为其子李弘染疾所修写经功德）

是时，哈喇汗王朝侵袭于阗，于阗王族与敦煌归义军节度使曹氏数世联姻通好，故于阗王族家小移住敦煌避难，因亦写经禳患。李晅同一祈愿题记，还见于 P.3668《金光明最胜王经卷第九》及日本龙谷大学图书馆藏敦煌写经《妙法莲华经卷第六》卷尾。

为全城或全境禳灾 俄罗斯藏 ДX.566《大佛顶如来密因修证了义诸菩萨万行首楞严经》卷末题记："天复二年壬戌岁（902年）正月廿三日，归义军节度使张公［承奉］发心敬写。为城隍禳灾，贮入伞中供养。"

北新1429《大般若波罗蜜多经卷第二百七十七》末题："清信弟子、归义军节度监军使、检校尚书左仆射兼御史大夫曹延晟，撙割小财，写《大般若经》一帙并锦袱子，施入显德寺者。奉为军国永泰，祖业兴隆，世路清平，人民安乐……"

乞降雨丰收 北0686《金光明经卷第三》卷末题记："弟子信悟持此经。乾宁四载丁巳岁（897年）二月八日，因行城，于万寿寺请得，转读乞甘雨。其年甚熟。后五［年？］亦少雨，更［读］一遍，亦熟。不可思议。"

求出征得胜 P.2854《祈愿文》云："（前略）厥今转金经于宝地，集四众于莲宫，并画弥勒变一躯、毗沙门天王两躯，事无疆之福者，则我释门教授和上（尚）爰及郡首都督等，奉为尚书北征、保无灾难之所为也。唯愿以兹转经功德、画像胜因，先用庄严尚书贵位，伏愿波澄瀚海，雾廓燕山，克树功名，保无灾难。然后兵雄陇上，勇气平原，士马无伤，旋还本部，摩诃般若，利乐无边，大众虔诚，一切普诵。"

老人自求速死 P.2876《金刚般若波罗蜜经》卷末题记："天祐三年岁次丙寅（906年）四月五日，八十三［岁］老翁刺血和墨，手写此经，流布沙州一切信士，国土安宁，法轮常转。以死写之，乞早过世，余无所愿。"

甚至还有为役使或宰杀牛、羊、狗而求解怨释结、超度追福者，读来使人浮想联翩：

S.5544（1）《金刚经》末题："奉为老耕牛神生净土，弥勒下生，同在初会，但闻圣法。"

S.5544（2）《佛说阎罗王受记令四众送终生七斋功德往生净土经》末题："奉为老耕牛一头，敬写《金刚》一卷、《受记》一卷。愿此牛身领受功德，往生净土，再莫受畜生身。天曹地府，分明分付，莫令更有仇讼。辛未年（911年）正月。"

S.2650《般若心经》末题："为官羊一口写此经一卷。莫为怨对；弥勒初会，同闻般若。"

P.3448《佛说多心经》末题："奉为羯羊一口敬写尊经，流传万代，解怨释结。"

S.4441《心地法门经》末题："奉为母羊两口、羔子一口写经一卷。领受功德，解怨释结。"

日本书道博物馆藏敦煌写经《妙法莲华经·普门品》末题："天成五年（930年）庚寅二月十六日，信士弟子尹幸通发心彩画八阳菩萨、观音菩萨玖躯，兼写经两卷。缘父□□□所作罪业，三冬重煞（杀）牛羊犬等，总领功德，并得人身，莫令仇对，永充供养。"

由上举例可以看出，在敦煌佛教信徒心目中，"佛经"（此指"泛佛经"）无所不能，无论对活人、死人，无论是已经遭遇或可能遭遇的所有不幸，通过写经、读经或供养佛经都能一概化解。佛经简直同如来佛及观音菩萨具有同等大法力，在敦煌佛教信徒信仰中，除了大慈大悲、救苦救难的诸佛菩萨之外，又多了千百部（篇）佛经、咒语、真言、偈赞及禁符。唐宋时期，敦煌佛教信徒可以求助的指靠及解除各种苦难的救星空前大增。这对唐宋时期敦煌佛教的兴盛无疑起了极大的推动作用。

三、唐宋敦煌佛经传播方式的大众化

佛经的传播，若只采取文本形式进行流通，自然会受到文本属性的局限而不可能广泛流传于广大民众中。唐宋时期的敦煌，佛经文本的传播，并不是传播佛经的主要方式，更不是唯一的方式，还另有其他更为广泛、深入而又影响深远的大众化传播方式，那就是打破佛经文本形式的限制，对佛经文本加以改编，变成形象化、艺术化、通俗化和大众化的形式，使各阶层信众都能够轻松愉快地接触佛经，熟悉佛经的内容，领会佛经的义理，于不知不觉中受到佛经的熏陶。这种改编，大致有三种形式：

（1）将某些重要的佛经或佛经中的某些部分改编成通俗易懂的讲经文、变文；为某些最为流行的佛经如《金刚经》《金光明经》《阿弥陀经》《观音经》等编写各种动人的灵验记。

前者，见王重民先生等编《敦煌变文集》及潘重规先生编《敦煌变文集新书》；后者，如 S.381（3）《龙兴寺毗沙门天王灵验记》、P.2904《持诵金刚经灵验功德记》。这类《讲经文》《变文》、灵验记故事生动，情节跌宕，行文活泼，群众喜闻乐见；通过僧人动听的讲唱及大众的口耳相传，广泛流布于社会各个阶层，使人闻之于耳会之于心，对大众有极大的教化作用。

（2）将释迦故事或某些深奥义理改编成通俗易懂、句式整齐、音节铿锵、腔调动听、深情感人的唱辞、俗曲。

例如 S.2440《八相押坐文（押座文）》，P.3411《十恩德赞》，P.3409《禅师卫士遇逢因缘》，P.3065《太子入山修道赞》，P.4895《归去来》《入山学》，S.427《禅门十二时》，S.6631《归极乐去赞》《兰若赞》《辞父母赞》《九相观诗》《维摩五更转十二时》，P.3892《出家赞》《佛母赞》《高声念佛赞》，P.3839《西方净土赞》，等等。

上述两种形式，基本上都是通过僧人或其他讲唱者之口讲唱给人听的。另一方面，也可以写成文本，供人传抄读诵。在后一情况下，这类通俗辞曲虽同佛经一样采取了文本形式，然而，在语言风格、表述手法、气质神采及传感路径等方面，二者迥然相异。佛经语言生涩、句法板滞、枯燥乏味，难适口耳；通俗辞曲则语言流畅、句法活泼、富于情趣、适于口说耳听。对广大信徒特别是比例最大的文盲信徒来说，后者的感染作用远远优于一本正经的说教，因此受到广大信众的欢迎。在当时人的心目中，讲经文、变文、灵验记、佛教辞曲这类通俗化作品被视同佛经一样具有法力、受人供养，前引北7707（北图盈字76号）背《目连变文》只是演绎佛经中目连救母故事的讲唱文，并非佛经，但杨愿受题记自云："发愿作福，写尽此《目连变》一卷，后同释迦牟尼佛一会弥勒，生作佛为定。后有众生，同发信心写尽《目连变》者，同池（持）愿力，莫堕三途。"表明《目连变文》在敦煌被视同佛经一样抄写流传。又有径将"讲经文""变文"叫作"某某经"者。如P.3808《长兴四年（933年）中兴殿应圣节讲经文》，内容为讲唱《仁王护国般若波罗蜜多经·序品》起始一段经文者，而卷末题作"仁王般若经抄"；俄藏Ф.96《双恩记》，内容为讲唱《大方便佛报恩经》者，残存第三、七、十一等三卷。其第七卷，末题《佛报恩经第七》，其第十一卷前题"报恩经第十一"，末题"佛报恩经第十一"；台北图书馆藏敦煌卷子32号《盂兰盆经讲经文》，原卷末题"盂兰盆经"；P.2999本是演绎佛传的"变文"，原卷则题作"太子成道经一卷"。又多见讲经唱变者径称自己的讲唱为"真经""经文""圣教"，称听讲为"闻经""闻法"之例，如：

Ф.365《妙法莲华经讲经文》云："若要听得真经，须藉法师都讲。"又云："奉劝门徒用意听，还似匣中稳安置。闻经入寺近花台，还似收身匣里排。"

S.6551《阿弥陀经讲经文》开头的押座辞唱道："此日既能抛火宅，

暂时莫闹听经文。三乘圣教实堪听，句句能教业障轻。"又云："朝朝只是忧家业，何曾一日得闻经？"

P.2193《目连缘起》卷末解座辞云："今日为君宣此事，明朝早来听真经。"

上举所谓"真经""经文""圣教""闻经"云云，其实所指不过都是讲经唱变而已。这些，确实表明《讲经文》《变文》在敦煌僧俗心目中视之如"经"。

（3）将流行的佛经或其中的重要情节、故事，改编成彩绘壁画、绢帛画之类的艺术品。

根据各种佛经绘制的经变画，是佛经的"图解本"。于是，文本的佛经转化为光艳绚丽的画面，成为"图解式佛经"。它通过生动的故事、形象的画面，调动人的感官，直觉感受佛经意境，使人赏心悦目又能入目寓心，不论识字或不识字的人都能看也喜欢看。尤其是不识字的信徒（这是信徒中的绝大多数）不能读经却能看画。他们也只有通过观赏壁画才得直观进入佛经境界。对他们来说，壁画的作用远比佛经大得多。从这个意义来讲，敦煌壁画可以说是敦煌文盲信徒的佛经，是文盲信徒学习佛经的特制读本。如今，敦煌莫高窟、西千佛洞，安西榆林窟、东千佛洞，肃北蒙古族自治县五个庙石窟等处保存下来的约六万平方米的佛教壁画，在当时可说是敦煌佛经的形象性读本。在传播佛教知识、灌输佛教信仰、激发佛教感情、扩大佛教影响等方面，发挥着无与伦比的作用。

四、小　结

根据以上论述，我们对唐宋敦煌佛教的经典及其流通使用，可以进行如下的概括：

（1）敦煌佛教的经典，由正经、经咒、真言、论、疏、疑经、伪经及佛教杂撰等共同组成。突破了正统佛教"灭情去欲"思想的束缚，为佛教经典注入了面向人生、贴近现实、接纳求告的成分，大踏步行进在"入世合俗"的道路上，从而大大增强了佛教经籍的活力，反过来更加推动着敦煌佛教向世俗化方向的发展。

（2）敦煌佛教大大加强了佛经的神圣性和神通性，从而提高了佛经的价值和使用率，在很大程度上消除了佛经同广大信众的隔膜，为把佛经变成信徒的精神甘露起了巨大的作用。

（3）把佛经改编成通俗易懂的讲经文、变文、灵验记、歌辞、俚曲，或转化成绚丽悦目的画面、图像和造型，打开了佛经广泛传播的又一形式和通道，为广大文盲信众学习佛经开启了最为方便的法门。而讲经文、变文、通俗辞曲及壁画、彩塑，也成为广大不识字信众心目中的佛经，至少可以视为敦煌世俗佛教经藏的亚种或附类。

（4）从唐宋时期敦煌佛教经典流行使用的实际情形考虑，对唐宋敦煌世俗佛教经典的分类如果换个角度——从流布和使用的角度，重新加以分类，大致可以分为以下四类：

①供养类。大部分佛经主要是作为神圣品和神通物加以供养，而主要价值不在于读诵。尤其是那些大部头的和义理艰深的经律论，如600卷本《大般若波罗蜜多经》，200卷本《阿毗达摩大毗沙论》，120卷本《大宝积经》、100卷本《大智度论》及《瑜伽师地论》，80卷本《大方广佛华严经》，60卷本《中阿含经》及《昙无德律》，等等，在唐宋时代的敦煌，绝大多数信徒并不是拿来读诵，主要是用于供养。其原因：一是唐宋时期敦煌95%以上的信徒不识字，缺乏起码的读经条件，而且大多数信徒忙于世俗营生，也没有功夫去读大部头佛典。二是唐宋时期敦煌世俗佛教注重信行、不重义理哲思，那些探赜入幽、思辨机微的论著自然不为广大信众所习嗜。三是广大信徒无力置备大部头佛典，从上引P.2912《康秀华写经

疏》可知，请人写一部600卷的《大般若经》，要支付35两白银、100石小麦、50石粟和4斤脂粉，一般信众怎能有这种财力？且不说一般信众，即使专业的神职人员——僧尼，又有几人置办得起？试问又有多少僧尼通读过上述一类的大部头经律论？说到底，那些大部头佛经实际上只能成为极少数人的读物。对绝大多数信徒来说，那些大部头佛经充其量只能拆零择写一两卷以充供养。如此，那些大部头佛经最大的作用乃是用来供养，凭借着供养功德体现它的实用性，从而保持着它的神圣性和庄严性。

②读诵类。在僧尼及有文化的信徒中，主要是读诵那些文字不多，篇幅短小的佛经，例如《金刚经》《阿弥陀经》《心经》《观音经》（以上为正经），《新菩萨经》《劝善经》《十王经》《八阳神咒经》《父母恩重经》（以上为伪经），以及各种简短的真言、咒语，等等。这类篇幅短小的佛经同时也可作供养之用。而广大文盲信徒，由于不识字，除了通过别人口授、学诵真言、咒语之外，就连那些短篇佛经也不能读，所以大部分信徒是不读佛经的。从这个角度来说，除真言、咒语之外的那些尽管篇幅短小的佛经，对于占敦煌信徒95%以上的广大文盲信徒而言并不具有读诵意义。

③讲唱类。即讲经文、佛教变文及佛教辞曲之类，可列入杂藏。在唐宋时期的敦煌，这类著作很受欢迎，当地名僧大德都很重视并参与编撰、讲唱，为当地弘扬佛法作出了很大的贡献。敦煌变文 P.3051《频婆娑罗王后宫彩女功德意供养塔生天因缘变》的结束语云："佛法宽广，济度无涯，至心求道，无不获果。但保宣空门薄艺，梵宇荒才，经教不便（辨）于根源，论典罔知于底漠（谟）。辄陈短见，缀秘密之因由；不惧羞惭，缉甚深之缘喻。"王重民先生据此指出"保宣当是此变文的作者"，笔者曾对保宣其人作过考证，知其为五代后晋时敦煌灵图寺僧人，大约在后汉至后周时升任沙州释门法律。笔者还在 P.3165 文书中发现他撰写的七首《讲经通难致语》从而知其为五代时敦煌一位著名的俗讲僧。①

---

① 李正宇：《敦煌俗讲僧保宣及其〈通难致语〉》，见《程千帆先生八十寿辰纪念文集》，

④礼拜、观瞻类。主要指敦煌佛教造像、壁画、绢帛画及其他佛教遗画。它的作用主要在于供人礼拜、观瞻、感受、领会。从制作者及持有者方面来说，它同时又是重要的佛事功德。我国古代典籍目录中早有图像入录的先例，《汉书·艺文志·兵书略·兵技巧后序》记有"图四十三卷"，其《数术略》又载有《耿昌月行帛图》；《隋书·经籍志》以下著录图像著作愈来愈多。日本《大正新修大藏经》亦有《图像部》。那么我们把敦煌佛教造像、壁画、绢帛画之类纳入敦煌世俗佛教经藏之中可谓顺理成章；现代电子扫描技术已经解决了这类图像及文本的制作、保存，检索、阅读、复制、出版等相关问题。为我们把敦煌佛教图像及文本文献纳入敦煌佛藏提供了可能性与现实性条件。

以往正统佛教关于经藏的收录范围及部类规范，只反映正统佛学的意旨主张，并不足以反映敦煌世俗佛教的实际情况。对于敦煌世俗佛教经藏，我们应当根据实际情况量体裁衣，岂必拘执正统佛学的经藏规范去削足适履！

通过上面的探讨，我们看到唐宋时期敦煌佛教经藏的范围内容、价值意义及传播方式方法，与正统佛学的观念同中有异，变化很大。这种变化，反映出唐宋时期的敦煌佛教，已非佛学家笔下的"正统佛教"，而是与佛学家描绘的"正统佛教"大不相同的中国化、民族化、地方化、社会化和时代化的世俗佛教。它的中国化和民族化特点，使它不同于印度佛教；它的地方化和时代化特点，使它不同于别时异地的佛教；它的社会化特点又使它具有全民性，不同于以往研究家所说的"平民佛教""庶民佛教"或"民间佛教"。因为它席卷了敦煌社会的各个阶层，早已超出了"平民""庶民""民间"的层次局限，所以笔者认为最合适的界定应当叫作"世俗佛教"。

江苏古籍出版社，1992年9月，第210~219页。本书亦有收录。

唐宋敦煌佛教经藏的范围、内容、价值功用及其传播手段等方面的变化，从一个特定的侧面充分反映了敦煌世俗佛教的客观存在与日常活动，值得我们去重新认识和研究。理想中的"正统佛教"只存在于佛学家口中笔下，实际上是并不存在的。不然的话，朱士行、法显、宋云、玄奘、义净、悟空、道圆、行勤等人，何须一再跋涉西域求"真经"、求"正道"？但话说回来，这些西行求法的大德高僧，又何能真的跳出三界、出世绝俗，不仍然是身在庐山、入世合俗的吗？

佛学研究与佛教研究两者关系十分密切，但两者毕竟不是一回事，不能画上等号，更不能互相取代。佛学研究重在究明佛理，佛教研究则重在考察其信行奉持，二者侧重有所不同。这种不同，导致二者的差别与矛盾，使佛学研究与佛教研究得以互相区别。佛学家们的佛学研究，无疑具有十分重要的价值意义，也取得了很大的成果，今后仍将继续存在并日益发展。本文则从佛教研究的角度观察、讨论问题，与以往佛学家的认识颇有不同。是耶非耶，有待高明指正。

（此文原收入苏州戒幢佛学研究所编《戒幢佛学》第2卷，长沙岳麓书社，2002年12月。收入本书时有修订）

敦煌俗讲僧保宣及其《通难致语》

在敦煌遗书出土之前，人们只知道唐代长安有一位俗讲和尚——文淑。他的俗讲颇有影响，但其人遭遇坎坷，作品一无所存。所谓"俗讲"，后世无从一睹究竟。敦煌遗书出土后，人们从中发现有俗讲和有关俗讲的百余篇作品，如讲经文、押座辞、解座辞、劝善文、募化文、说因缘、变文、话本、词文、故事赋以及其他几种讲唱辞。值得庆幸的是，敦煌遗书中还保存当地俗讲僧人的若干零星资料。其中，五代时敦煌灵图寺俗讲僧保宣的资料，大体反映了他的生平和若干行事活动；他撰写并宣演的一篇变文和几篇《讲经通难致语》，更有助于增进我们对五代讲经活动的了解。

关于保宣，今人最初是从敦煌遗书 P.3051《频婆娑罗王后宫䌽女功德意供养塔生天因缘变》[①]中知道他是敦煌的俗讲僧人。他在这篇变文的

---

① 这篇变文共发现两个抄本：一为英藏 S.3491号，后部残缺；一为法藏 P.3051号，前部残缺。王重民先生据两本整理成全本，并作校记，收载于《敦煌变文集》下集第765~771页。

结束语中写道：

> 佛法宽广，济度无涯，至心求道，无不获果。但保宣空门薄艺，梵宇荒才，经教不便（辨）于根源，论典罔知于底漠（谟）。辄陈短见，缀秘密之因由；不惧羞惭，绎甚深之缘喻。

王重民先生在此文校记中指出，"保宣当是此变文的作者"[①]。

这篇变文前部有一段祝愿文称："内宫尔时以此开赞功德，我府主太保千秋万岁，永荫龙沙。""龙沙"指敦煌玉门关西北的白龙堆沙碛，唐人向以"龙沙"代指敦煌，从而知这篇变文作于敦煌。祝愿文所称"府主太保"，笔者推测乃沙州归义军节度使曹元忠。此人于后晋开运四年（947年）三月（P.3388）、后汉乾祐三年（950年）四月（P.2390-2）、后周广顺三年（953年）正月（日本龙谷大学图书馆藏敦煌遗书《佛说延寿命经》末题）及八月（莫高窟第469窟北壁龛西侧墨书题记）数度自称太保，至后周显德二年（956年）正月始获朝授"检校太保"加衔（《册府元龟》卷107《帝王部·来远门》）。变文末尾有抄写人题记云："维大周广顺叁年癸丑岁肆月二十日，三界寺[②]僧法保自手写记。"据此知保宣此作，必不晚于后周广顺三年（953年）。

笔者从敦煌遗书中又陆续发现保宣的一些其他材料，可据以为他的生平勾勒出一个大致的轮廓，得以成为我国文学史上唯一有幸留名、留踪并留下作品的俗讲僧人。唐代长安俗讲僧文溆，尽管留名留踪、却未能留下作品。相形之下，敦煌保宣则更有条件载入文学史册。

---

① 见《敦煌变文集》（下集），第769~771页。

② 三界寺为敦煌僧寺，始见于公元622—633年间（据Дх.2630卷末"西沙州三界寺僧"题记），下至公元1019年仍存在，时间延续300多年。参见李正宇：《敦煌地区古代祠庙寺观简志》，载《敦煌学辑刊》总第13、14期合刊，1988年7月。现有所修订后收入本文集。

一、有关保宣生平的资料

敦煌遗书 P.3036《劝善经》末题："天福叁年，宝宣记。"

宝宣即保宣，敦煌遗书中"宝""保"二字同音互用。例如，P.4075背《某寺丁丑年（太平兴国二年，公元977年）粮食破用历》①载："四月八日，官取黄麻五硕（石），又粟叁虬（斗），太宝就玉女娘子观②来著酒用。""太宝"即太保，指沙州归义军节度使曹延禄。此处以"宝"代"保'。

又，P.3058《愿文》云："太保保受，以（与）彭祖而同年。""保受"即宝寿，是恭维太保遐龄高寿。此又以"保"代"宝"。

P.3036《劝善经》宝宣题记"天福叁年"为公元938年，这是关于保宣生平明确的纪年资料，下距《频婆娑罗王后宫綵女功德意供养塔生天因缘变》的抄写年代广顺三年（953年）十五年。

天福三年不是保宣活动的最早年份。下面一条资料应该更早一些。敦煌遗书 P.3311《开蒙要训一卷》，下题：

沙弥宝宣。灵图大寺③朝南开，千罗宝盖满〔□〕来。

《开蒙要训》是唐、五代童蒙读物，保宣为沙弥时亦诵习之，故题名题诗于上。沙弥的品位原分三等：七至十三岁名驱乌沙弥，十四至十九岁名应法沙弥，二十岁以后受具足戒成比丘。此时的保宣只不过能写两句顺口溜式的诗，以此揣知其年龄大约不过十多岁。少年时期的保宣已爱好吟咏，同他后来成为敦煌俗讲作家当不无关系。

大约在后汉至后周间（947—960年），保宣升任沙州释门法律（亦称

---

① 破用历，即支出账。
② 玉女娘子观，唐宋时代敦煌道观，在敦煌城西南。参见李正宇《敦煌地区古代祠庙寺观简志》。
③ 灵图寺，敦煌僧寺，始见于唐乾封元年（666年），下至北宋天禧三年犹存。参见李正宇《敦煌地区古代祠庙寺观简志》。保宣即出家于此寺。

释门教授），仍居灵图寺。北图藏成字96号《灵图寺唱物历》①载"法律保宣　旧〔儭〕肆阡捌伯玖拾尺"。

本卷是沙州灵图寺唱卖儭物的账单，所记为某僧经手唱卖某物若干，得价若干，支付某人若干。此条只记保宣处旧儭若干，未记出唱与支付，当是原物仍存保宣名下尚待出唱者。保宣名前冠有"法律"二字，表明此时他已升任法律教授。

敦煌遗书P.2250背《沙州都僧统司支给诸寺僧人领用布历》载：

　　龙兴寺……晏静　图保宣勾

　　开元寺……富庆　图保宣勾

　　　　……法聪　图保宣勾

　　金光明寺……福憋　图保宣勾

龙兴、开元、金光明三寺皆敦煌僧寺；"图"即灵图寺。灵图寺的保宣为龙兴寺、开元寺、金光明寺等三寺僧人勾付布匹，知保宣必兼管都僧统司某些行政事务。在都僧统司担任职务的和尚，都是当地释门名流。保宣《功德意变文》及《讲经通难致语》（见后），大约都是这一时期所作。

还有若干旁证资料有助于考证保宣之时代。例如上引北图成字96号《唱物历》中与保宣同时列名其中的法律德荣和僧政愿清：

　　法律德荣　唱紫罗鞋两，得布伍伯捌拾尺……

　　僧政愿清　唱绯绵绫被，得布壹阡伍伯贰拾尺……

德荣，俗姓张，与归义军节度押衙张盈润为同胞兄弟（见敦煌遗书P.3390），亦出家于灵图寺，天福元年（936年）前后为该寺沙弥，敦煌遗书S.728《孝经》末题："丙申年（天福元年）五月四日，灵图寺沙弥德荣写过。"

公元936—938年间，德荣、保宣二人皆为灵图寺沙弥，年龄当不相

---

① 寺院所得儭施物，积至年所，可以明码标价出卖。谓之"出唱"，记载出唱的流水账本，叫作"唱物历"。

上下。凑巧的是，二人后来又都同为释门法律（见上引北图成字96号《唱物历》）。保宣任法律的时间无确指纪年，而德荣则有之，可据以大体推知保宣任法律的年代。敦煌遗书 P.3390《孟授上祖庄浮图功德记》云："师乃间生豪族，异世英雄……侄节度押衙［张］盈润，丱角之岁，成七步之才，弱冠之年，兼备六艺……侄释门法律德荣，戒严霜雪，行洁冰壶……"末署"于时大汉乾祐三年岁次阉茂仲吕之月蓂生三叶（戌年四月初三日）题记"。

按乾祐三年系误书，据"岁次阉茂"知为乾祐二年（950年）。此为后汉乾祐二年德荣任释门法律之证。保宣为释门法律，亦当在此前后。

愿清，俗姓梁，为归义军左马步都虞候梁幸德之子。P.3564《莫高窟功德记》云："厥有弟子释门僧政、临坛供奉大德、阐扬三教大法师、赐紫沙门香号愿清，故父左马步都虞候、银青光禄大夫、检校国子祭酒、兼御史中丞、上柱国，俗姓梁讳幸德。"幸德死于清泰二年，P.3718有写于清泰二年四月的《梁幸德邈真赞》①。敦煌遗书 P.5014《显德六年（959年）十月七日管内释门都僧政、通惠大师、赐紫沙门愿清疏》，提供了愿清任都僧政的确切时间。然而显德六年时他已有"通惠大师"和"都僧政"之号，当是年高德劭的晚年时期，他担任僧政的时间必在显德六年（959年）之前。

德荣、愿清二僧与保宣并世共事，从而可以肯定：保宣为五代后期的敦煌僧人。

---

① 邈真赞，又作邈生赞、图真赞、写真赞，是为死者画像撰写的赞辞。参见《敦煌文学》一书中的李正宇撰《邈真赞》，甘肃人民出版社，1989年8月。

二、保宣撰《讲经通难致语》（拟名）的价值意义

保宣除了《敦煌变文集》已收载的一篇讲唱变文《频婆娑罗王后宫綵女功德意供养塔生天因缘变》之外，敦煌遗书 P.3165 还有他撰写的《讲经通难致语》（拟名）七首，今移录如下：

其一：

（上缺）雄威而遐□□□□□。（此处约十九字模糊难识）墨军，威二天之贵材，□□□□□（此处约六字模糊难识）之欢，牧竖樵夫，共受无为之素者，则我尚书谓也。伏惟都僧统和尚，孤高懿德，惠（慧）秀烟霞。雄才负峻岳之猷，威孟（猛）叶（协）虎（虎）龙之踏（迹），内怀八藏，利七郡之苍生；口演三乘，化五凉之道俗。故得名传凤阙，玉案标奇。诏迁陇右之尊师，金擢河西之教主，而又恳瞋法门，苴（匡）滋遗教者，则我和尚（本篇写至此而止）

其二：

伏惟我缙筵法将和尚，道光上国，学总释门□□□□□（此处约十一字模糊难识）故得□□□□□（此处约二十七字模糊难识）但保宣□□玄风，伏惟／俯／赐慈悲，下某之少疑，对对出来。

其三：

但保宣僧中晚辈，释门迷遇（愚），八方徒中，才□能名。□□千门妙理，一未便（辨）而未知；十部幽宗，又心荒而心乱。□□讲论，辄届□□，□□疏荒，怀价波斯，铢□□卖，偿珍珠鲁□庭□□□□□（此处约十三字模糊难识），□便惠端，垂启仁恩，方可谈论。

其四：

　　保宣闻：周星西朗、玄风从此鸿（弘）扬；汉月东明，大教因斯广闻。自后英奇降世，盛转法轮，历践鹫岭，受称延圣。今者，三春中律，四序交欢，是我佛厌皇宫之晨（辰），太子逾城之节。倾城攀望，当连说成道之源，阗城勉诚，侧（"侧"字下原写"耳"字，旁点两点，以示废除，故不录）听修行之理。谈宣万法、无不归依；演畅千门，总生虔仰。况保宣生居末代，智性荒芜；学业不就于明师，蹭蹬阆行而过也。况且三乘奥典，全无至趣之由，八藏玄文，俱之（乏）披寻之意。赖遇　司徒政化，当座（坐）弘扬法船，似平生佛日，即今而晖曜。如斯妙乡（响），何日得闻？如此论场，甚时得见？有才有志，须出昌强，此时若不诠量，过后悔将何及！保宣志浅，不敢当人，虽所卑微，也须择亲，近止攀□，□□不逾，接下寻游，恐乖失事。众中有同师、同学、同见、同闻者净土寺吴法律阇梨，天生英俊，禀性聪灵，一类之中，标为第一。如来留教，深（？）知喻而知因，调御贵宗，探见根底。意欲褰衣渡海，遇海浪而值深波；折草量天，望天门而转远．然乃是事，此佛法内，亦有浅深。人类众多，利钝者，乃有高下；三千律宝，并无抵（低）昂。大教之中，不生人我。事愿依请，接引少才，共立论端，则是恩甚。

其五：

　　保宣闻：宝山虽极，仰惟英灵出众，俊（峻）德越伦；驱马八藏而俱通，具进便能而开演；问一答十，不滞刹那；（以下原稿数十字涂去）问难寻疑，若盆泻水；绋官来（"官来"二字未解，疑为"问未"二字）至，势若山摧；忽敌峰（锋）词，数梦曾寻；大教向大教（此"教"字疑衍），判罚无疑泾流，三乘就☐☐☐☐。昔闻三十六难，尚由（犹）不被（避）能当。

其六：

曰：准你薄艺小师，谁怕前次作闹？有疑任☐☐☐☐（此处约六字，模糊难识）其倒退之时，后复除枪使☐☐（以下模糊难识）。

其七：

保宣闻：山须万丈，约众广而☐☐☐至满，仰惟法师☐☐☐伏惟谈论，似秋风扫叶☐☐☐☐于荒莅（？），轻触孤台☐☐☐海江□河，岂能☐☐☐来雄☐☐☐☐☐（下残）。

上录保宣残文七首，虽多套语陈言，而于唐五代俗讲轨范之考订实大有关系，请申说如下。

孙楷第先生在《唐代俗讲轨范与其本之体裁》①一文中指出：六朝以来的寺院讲经，多由法师都讲二人分工共作。都讲唱诵经文，多由弟子后辈任之；法师乃为众解说，率皆高明上座。孙先生又说：

"更以诸书考之，则都讲于讲经时除为法师唱经或诵经之外，尚有质问之权，当时语谓之'难'。而法师则应据其所以诘问者解答之，当时语谓之'通'。是以，都讲之隽者，立义能难法师，而法师之职为开解，其隽者亦唯以摧锋拔关见长。"

当年，由于敦煌文献散存欧亚，难得通读，所以没发现"通"与"难"的直接证据。今得保宣之作，虽非通难正文，实为通难之前辞。原文失题，姑拟《讲经通难致语》以名之。

上引七篇，大略分为设难致语与通疑致语两种。

其二、三、五、七等篇为都讲设难致语。何以知之？谨举证如下：

---

① 原发表于1938年《国学季刊》6卷2号，1956年收入自选集《俗讲、说话与白话小说》一书，1982年周绍良、白化文先生收入《敦煌变文论文录》（上册）。

其二云"但保宣□□玄风,伏惟/俯/赐慈悲,下某之少疑",显为提问者的口气。

其三云"但保宣僧中晚辈,释门迷愚……垂启仁恩,方可谈论",是后辈弟子启请口气。

其五云"仰惟英灵出众,俊(峻)德越伦,驱马八藏而俱通,具进便能而开演;问一答十,不滞刹那",显为设疑之都讲对解疑法师的恭维语。

其七云"仰惟法师……"显系都讲面对法师而言。

其一、四、六等篇为法师通疑致语。何以知之?请举证如下:

其一云"……牧竖樵夫,共受无为之素者,则我尚书之谓也",又云"伏惟都僧统和尚,孤高懿德,惠(慧)秀烟霞"等语,为法会主讲人开讲时称扬当地行政长官和释门首脑的套语。敦煌讲经文、说因缘及佛教变文中多见其例。从而知本篇为法师开讲或通疑时的客气话。

其四云"众中有同师、同学、同见、同闻者净土寺吴法律阇黎……天生英俊、禀性聪灵,一类之中,标为第一",显为高座对次座奖誉的话。又云"事愿依请,接引少才,共立论端,则是恩甚",为主讲法师援请都讲佐赞配合的口气。

其七云"准你薄艺小师,谁怕前次作闹,有疑任……"显然是法师对都讲搭档的善意调侃。

从上面七篇作品看,可以知道保宣在俗讲中有时担任都讲,有时担任法师。设难是随讲而发,不可千篇一律;通疑是就难而答,事须随机应变。二者或属讲经过程中骤然提出的问题,或为随机作出的回答,所以无法预先起草。但设难和通疑前的客气话、调侃话,不妨预作准备,以免临场语塞失体。这大约就是保宣这一组短文的写作用意。

通过保宣这一组短文的分析,我们才发现现存的敦煌讲经文,绝大多数是法师讲唱的底本而不包括都讲的设难。例如:

《长兴四年中兴殿应圣节讲经文》(见《敦煌变文集》下集第

411~425页）云"适来都讲所唱经题，云《仁王护国般若波罗蜜经序品第一》者……"又云"未审此经何处说，甚人闻法唱将来"，以下紧接写一"经"字，但"经"字之下本应引录经文，却全部省略。这意味着经文另由都讲唱诵，法师在自己讲说底本上无须写出。

P.3133《金刚般若波罗蜜经讲经文》（见《敦煌变文集》下集第436~450页）云"都公案上复如何""都公案上／唱唱罗／""长行好为唱唱／罗／"，都公即都讲，长行即伴侣之谓，显然都是招呼都讲接唱经文的提示语。紧接提示语之后，仅有略而不详的"经：某句至某句"。这种对都讲诵读经文的有意省略，亦表明讲经文仅为法师的讲说底本。

P.2955《佛说阿弥陀经讲经文》（见《敦煌变文集》下集第480~481页）云"都讲阇黎道德高，音律清泠能宛转，好韵宫商申雅调，高著声音唱将来"，亦法师提示都讲唱诵经文之语。

除了上举作为法师所用底本的讲经文之外，另有三篇讲经文不仅有法师的讲唱，而且载有都讲之设难和法师之通难若干条，例如：S.4517《维摩诘经讲经文》（见《敦煌变文集》下集第517~561页）云：

问："如此之身，岂有我耶？"

答："我［有］六种，所谓：一横计我，二俱生我，三慢我，四五蕴假我，五世流布我，谓西国人相见，称于我，六人自在我。"……

又难云："一切众经，皆破我执。阿难何得称于'我'名？"

答："若言无我，恐众生起退败之心；权顺世流，从我辈兴进修之意。已除我执，贾（假）立其名。《经》中虽道于'我闻'，至上（人）全无于'我'见。聊申略解，不备广谈，听时速起信心，闻者早生于悟解"。

P.3093《佛说观弥勒菩萨上生兜率天经讲经文》（见《敦煌变文集》下集第647~655页）云；

八至十一世纪敦煌世俗佛教

问:"彼时天人,争(怎)解造塔?"

答:"亦是佛曾有教,意要利益未来,末世众生不信佛法者,忽因塔及见舍利,便发信心,愿求佛果,所以造塔,令人礼敬。"

……

问:"何以此天偏于五欲境而知足?"

答:"内宫天男天女,先为人时,曾持佛戒,互相观察,知非究竟,遂厌欲也。"

俄藏本 Φ.96号《佛报恩经讲经文》(《敦煌变文论文录》下册第812~849页有白化文、赵匡华校录本)亦有类似的问难与答疑。其例无烦再举。

上举三种,虽有部分问答,但又都缺设难或通疑的前辞。由此可见,亦非法师与都讲两方面共用的合成本。由于载有都讲的设难,似乎又不是法师自撰自用的底本。对这几件特殊写本,笔者推测大约是事后经人记录整理,就法师底本添进若干条(不是全部)都讲的设难而已。

根据以上的分析,可以得出这样的认识:现存敦煌讲经文,只反映了俗讲进行的大略,其中主要是法师的讲唱,至于都讲的助唱及设难,则没有载入或载入很少。那么,我们从现存的敦煌讲经文所读到的,多是当年俗讲法师的"一面之词",关于都讲的唱诵诘难,讲经文提供的感性知识很少。因此,我们今天对当年讲经情况的了解,还存在着很大的"片面性"。通过保宣这一组佚文的分析,我们对此才获得一个清醒的认识。这就是保宣《讲经通难致语》重要价值之所在。

附记:

1995年5—7月作者赴俄罗斯考察访问。7月3日,孟列夫教授陪同往圣彼得堡东方学研究所检读敦煌遗书,见 Дx.2167+2360号《敦煌某寺破用历残卷》(余所拟名),其天头写有《比丘保宣为故慈母建福文稿》(余所拟名），节抄于下：

> 厥有比丘保宣奉为故慈母之所建也。其惟慈母即前中丞、都头、检校左散骑常侍杨公之子，出事（适）故右马步都押衙兼二州八镇节度诸司都指挥使、检校礼部尚书、轻车都尉长男中丞之妻也。

据此乃知保宣之外祖父沙州杨某曾任御史中丞、都头、检校左散骑常侍，保宣之母杨氏，出嫁于沙州右马步都押衙兼二州八镇节度诸司都指挥使、检校礼部尚书、轻车都尉长男某，即保宣之父，姓名缺载，但知其人曾为"御史中丞"。

（此文原刊于《程千帆先生八十寿辰纪念文集》，江苏古籍出版社，1992年9月。收入本书时，偶有文字订正）

所谓"三教融合"
——以佛教为中心的考察

佛儒道"三教融合"或"三教合流",是中外宗教学者津津乐道的话题。不少学者以为"三教融合"是佛、儒、道三教①历史发展的必然趋势和最终归宿,甚至有人认为如今在某些地区三教已经合流。笔者对此持有不同看法。笔者认为,佛儒道三教各有追求,目标迥异,佛教的最高追求是来世成佛(涅槃),道教则追求长生不死、现世成仙,儒家志在"修身、齐家、治国、平天下"。三教各行其道,存在着根本性的矛盾。但在三教争胜的过程中,各自逐渐发现自身的某些不足,也发现了对手的某些长处。为了增强同对手较量的力量,不得不吸收对方某些有益于己的成分,从而弥补自身的某些缺陷,使自身充实完善,也让对方抓不到自己的把

---

① 所谓"儒教",其实不是宗教,与佛教、道教之"教",概念不同,严格地说应称为儒家。

柄，失去攻击的目标和口实，使自己立于不败之地，与此同时，又造成"我中有你"的格局，使自己包含对方，进而吃掉对方、战胜对方。结果，虽使彼此间的局部矛盾得到某种缓和，但根本性的矛盾仍然顽强地保持下来。

宗教研究家忽视了三教间的根本矛盾，片面强调了三教间某些局部矛盾的缓解，并对三教间某些局部矛盾得到缓解的现象加以放大演绎，于是形成了"三教融合"或"三教合流"的幻想和错觉。实际上"三教"的发展并非朝向"合流"的方向前进，也不可能最终合流。"三教合流说"之所以只是一种"幻想"和"错觉"，是由于忽视了"三教"根本宗旨的矛盾。"道不同，不相为谋"，而"融合""合流"也者，譬如酒、醋，合而为一即非酒非醋。三教果真"融合"，则三教俱亡而化生为别一新教矣。试观千余年来的所谓"融合"，至今佛自佛，道自道，儒自儒，虽历经千载而各自依旧分门立户，何"融合"之有？何"合流"之有？

本文以佛教为中心，透视佛与儒、道关系之发展，乃知徒有"三教融合"之空想，终无"三教融合"之结果，以证"三教融合说"之虚幻非实。不当之处，敬请指教。

一、三教关系从斗争走向调和，结果是调而不和

佛教同中国儒学、道教，三者的宇宙观、世界观、人生观各不相同，矛盾斗争是必然的。佛与儒、道的斗争到东汉末期已趋尖锐。最先是道徒造作"老子入夷狄为佛屠"乃始创佛教之说，以此贬低佛教。延熹九年（166年）襄楷《上桓帝书》已引此说[①]。西晋惠帝时，道士王浮撰造《明

---

① 见《后汉书·襄楷传》。

威化胡经》[1]一卷，后经道士宋文明扩演为十卷至十一卷[2]。佛徒则继起应对，三国时，魏国曹植著《辩道论》，斥道徒神仙之说虚妄无稽。吴国牟子著《理惑论》，站在佛教立场上张扬佛教，贬低儒、道，虽也指出佛与儒、道存在某些从同相应之处，但所张扬强调的却是儒、道与佛之相异。他说"佛道至尊至大"，孔子"虽圣，比之于佛，犹白鹿之与麒麟，燕鸟之与凤凰也"。他又说："书不必孔丘之言，药不必扁鹊之方，合义者从，愈病者良。"此说意味着孔子之言有不合义、不合用者，不可尽从，意在抬高佛法，贬低儒家，用儒家做佛法的垫脚石。他又说："至味不合于众口，大音不比于众耳；作《咸池》、设《大章》、发《箫韶》、咏《九成》，莫之和也；张郑卫之弦、歌时俗之音，必不期而拊手也。"这里把佛教抬高到"至味""大音"的地位，把儒家贬低为"郑卫之弦""时俗之音"，本欲缓和关系，却采取攻击态势；本欲说服对手，却来羞辱对手；本欲调和矛盾，反而挑起矛盾。以此"理惑"，只能是愈理愈惑，越理越乱。至于对道家的态度，就更加刻薄了。牟子自作设问曰："神仙之术，秋冬不食，或入室累旬而不出，可谓淡泊之至也……殆佛道之不若乎？"接着加以评说："指南为北，自谓不惑；以西为东，自谓不蒙；以鸥㝈（鸥鹅）而笑凤凰，执蝼蚁而调鱼龙！蝉之不食，君子不贵；蛙蟒穴藏，圣人不重……鲁尊季氏而卑仲尼，吴贤宰嚭，不肖子胥。子之所疑，不亦宜乎？"讥讽嘲笑，咄咄逼人，令道家不堪容忍，同样激化了矛盾。可以看出，牟子《理惑论》的实际作用并没有能够调和矛盾，反而成了佛教向儒、道发起进攻的战书。

道、儒二家也同牟子一样从尊我抑彼、以我化彼的立场出发，来"调和"佛我之间的矛盾。这种以我为主、消化对方的所谓"调和"，其实是要降伏、收服对方。我们从《弘明集》和后世佛教著作中可以看到不少

---

① [唐] 法琳:《辩正论·内异方同》，见《广弘明集》卷13。
② [唐] 玄嶷:《甄正论》。

这类例子。南宋刘谧著《三教平心论》，批评"各欲尊己而抑彼，遂至于驾空而失实"，宣称自己不偏不倚，但他倡导"三教可合而为一"的最终目的却是要使"若儒若道，皆可诱而进之于佛"。其结果，当然也同牟子一样仍不免调而不和。他在文中对道士王浮及傅奕、韩愈、程、朱、张载，攻之不遗余力，同样是在挑起矛盾、激化矛盾。类似这般的所谓"调和"，不仅是调而不和，有的甚至还会导致火并。历史上反复出现的废佛兴道或废道兴佛，虽非全由三教斗争而起，但都包含三教斗争的因素。佛与儒、道的矛盾斗争无休无止，一直存在，甚至帝王将相亦被卷入。北魏太武帝废佛崇道，道教在北方大张声势；差不多同时的南朝宋孝武帝亦下诏沙汰僧尼，诏曰："佛法讹替，沙门混杂，未足扶济鸿教，而专成逋薮……败道乱俗，人神交怨。"诏下，"刳斫之虐，鞭颜皱面而斩之人，不胜其酷也"。① 其后，南朝梁武帝弃道从佛，佛教又在南朝得势；北周武帝先是倾心佛教，继乃废佛崇道，后复轻蔑道教，最终又下令灭佛。唐宪宗、穆宗崇道，武宗废佛；后周世宗又废佛；宋真宗、徽宗崇道排佛；元世祖焚道经、罢道观、勒道为僧；明武宗崇佛，明世宗则崇道……历代崇佛排道或崇道排佛，反反复复，无止无休。究其原因，非由一端，而背后皆有三教斗争为之促激。

三教通过斗争既不能战胜对方，有时反而可能引起祸乱，于是转而倡导三教调和，如孙绰、张融、沈约、颜之推、陶弘景、傅翕、道安、王通、宗密、李翱、白居易、陈抟、张商英、杨时、李纲、刘谧、宋僧智圆、契嵩、宗杲、怀琏、宋孝宗（赵昚）、元僧祖钦、明本、明林兆恩、李贽及僧袾宏、德清、智旭等。但也一直有人坚持佛自佛、道自道、儒自儒，不可调和，如曹植、王浮、孙盛、慧琳、范缜、王度、蔡谟、顾欢、周颙、刘勰、甄鸾、道宣、傅奕、李仲卿、法琳、李师政、韩愈、张载、程颢、程颐、欧阳修、

---

① 以上两处引文俱见［唐］道宣：《历代王臣滞惑解》，载《广弘明集》卷六。

宋徽宗（赵佶）、胡寅、朱熹、张栻、吕祖谦、王守仁（阳明先生）、詹棱、胡居仁、罗钦顺（整庵），近代则有谭嗣同、梁启超、章太炎、杨仁山、欧阳竟无、熊十力等。

倡导"三教调和"的论者，观点虽不尽一致，但多是各从自己的倾向出发来"调和"三教矛盾的，其实是以我为主、汲取对方之善，充实自己，达到强化自身、销熔对方的目的。此路当然是行不通的。于是又有所谓"三教鼎立说"，主张分立共存、互不相害，如陈抟、智圆、契嵩、怀琏及退位后的宋孝宗等。隋代李士谦是此说的鼓吹者，他认为佛、道、儒三教共一德，如日、月、五星，共同照亮世界，益济生灵，不可排斥其中任何一教。看来颇为公平，但他把佛比作日，把道比作月，把儒比作五星①，其中自有优劣高低、褒贬抑扬，道、儒当然不能接受。此外又有站在尊儒立场上去"调和"佛、道的，如隋代的王通及明代的林兆恩。

在尊我抑彼、以我化彼的道路走不通的情况下，有人改变思路，挖空心思求其同，视而不见掩其异，勉强将彼此往一起捏合，如东晋孙绰著《喻道论》，牵强附会地将佛儒二教加以捏合。他说："'佛'者梵语，晋训'觉'也，犹孟轲以圣人为'先觉'，其旨一也。"以为周孔为外圣，佛为内圣，"周孔救极敝，佛教明其本耳。共为首尾，其致不殊"。以为周孔与佛虽生不同时，但"应世轨物，盖亦随时"，结论是"周孔即佛，佛即周孔"。他又从报应说、戒杀生、存孝道等方面阐释佛儒之间的"应感通顺"。例如关于"杀生"问题，他说佛教禁杀生，而儒家的理想亦是禁杀，但鉴于残杀"不可一日而息"，乃不得不"亡一以存十"，然而"钓而不网，弋不宿射，其于昆虫，每加恻隐；至于中国议狱、缓死、眚灾、肆赦、刑疑从轻，宁失有罪，流涕授钺，哀矜勿喜"，以及"三驱之礼，禽来则韬弓；闻声睹生，肉至则不食"，亦可谓"生育之恩笃矣，仁爱之道尽矣"②。其后，

---

① 《隋书·李士谦传》。
② 以上引文，俱见孙绰《喻道论》，载《弘明集》卷三。

沈约、颜之推、王通等人，继有发挥。然而，高谈儒佛二教之所同，毕竟难以抹杀儒佛二教之所异。所以终于不能弥合二教的裂隙。

其间，不乏自儒入佛者，如牟子、曹植、慧远、李师政、梁肃、杜鸿渐、李翱、白居易、宗密、王旦、杨亿、张商英、欧阳修、王安石、陈瓘、刘谧、屠隆、袾宏、憨山德清、藕益智旭及现代李叔同等人；也有弃道入佛的，如郗超、何黙、梁武帝（萧衍）、元代道士樊志印等；另一方面又有弃佛入道（如南齐智棱）、弃佛返俗的（如北周卫元嵩），还有变俗为僧复由僧返俗的（如唐宣宗李忱）。不少倡导过三教调和的人，到头来不是归于佛，便是归于儒，或者归于道，充分表明三教之终于不可调和。

二、三教"拼合"，并非真正的"三教融合"

三教调和不成，却有人异想天开，更欲融三教于一体。如南齐张融，临终时左手持《孝经》、《老子》，右手持《法华经》《小品般若经》，以示三教同奉，融三教于一身。

又有南梁朝道士陶弘景（456—536年），习"阴阳五行、风角星算"，从事合药炼丹，"辟谷导引"，著有弘道著作不下六十余卷，其所著《真诰》《登隐真诀》《真灵位业图》，为道藏名著，被视为道教上清派最大功臣，被后世道教尊奉为神仙；又注释儒家经典《尚书》《毛诗》《三礼》《诗经》《论语》《孝经》，并撰《学苑》等百余卷以阐发儒说[1]；又曾因"梦佛授菩提记，名为'胜力菩萨'，乃诣鄮县阿育王塔，自誓受五大戒"[2]。表明他兼崇三教，统三教于一身。死后，弟子依其遗命，为他穿上"冠巾法服"、挂铃佩符，作道士打扮；却又用僧人的"大袈裟覆衾蒙首"，其随葬明器

---

[1] 邵陵王萧纶《隐居贞白先生陶君碑》（载《云笈七签》卷107）及《佛祖统纪》卷37。
[2] 以上引文俱见《梁书·陶弘景传》。

除有车马之外，又有僧俑、道士俑，以僧俑立于墓门内左侧，道士俑立于墓门内右侧①。然而他本人修习的却是神仙长生之道，立身处世乃兼取儒家先圣之教（陶弘景先曾为吏，后虽隐居不仕，梁武帝常与就询国事，时人称为"山中宰相"）；他来世之愿，则是往生佛国极乐世界，似乎一身而兼三教。

与陶弘景同时，又有一位著名的佛教居士傅翕，自号"双林当来下生善慧大士"。一天，他戴道冠、穿僧衣、着草鞋去见梁武帝。武帝看他打扮非常奇特，不辨其身份，问他："是僧人吗？"他指指头上的道冠，意谓"不是僧"。梁武帝又问："是道士吗？"他指指脚上的草鞋，意谓"不是道士"。梁武帝再问："是俗人吧？"他却指所服僧衣，意谓"不是俗人"②。傅翕以此表明自己一身而兼佛、道、俗，却既非僧，又非道，亦非俗，不自属任何一方。他的动机和想法是善意的，然而他的做法却不免滑稽幼稚。后人有诗嘲之曰："袈裟新补片云寒，足蹋儒鞋戴道冠，欲把三家归一辙，捻沙终是不成团。"③此诗可谓一针见血。

这些主张三教融合的人，对三教如何进行融合，怎样才算融合并未进行理论的探讨。在张融、陶弘景、傅翕等人看来，似乎对佛、儒、道进行某些局部的调整，加上某些形式上的搭配，三教便可融合为一。殊不知"三教融合"乃是佛、儒、道三教脱胎换骨的改造，岂是头戴道冠、身穿僧衣、脚着草鞋就能使三教真的"融合"为一了的！

南宋以来，有人试图对自己掌握的教团进行三教融合的实践操作，出现过几个似乎融三教于一炉的新教门。如金代正隆、大定间咸阳人王喆创全真教，主张三教经典一体同尊，规定《孝经》《道德经》《般若心经》《常清净经》为道徒所必读；所建会堂，皆以"三教"冠名，如"三教七

---

① 见邵陵王萧纶《隐居贞白先生陶君碑》（载《云笈七签》卷107）、《梁书·陶弘景传》、《南史·陶弘景传》及《佛祖统纪》卷37。
② ［宋］普济：《五灯会元》卷2《西天东土应化圣贤·善慧大士》。
③ ［明］曹安：《谰言长语》。

宝会""三教金莲会""三教三光会""三教玉莲会""三教平等会";说法时则兼阐三教①。王嚞作诗亦云:"儒门释户道相通,三教从来一祖风。""红花(喻儒)白藕(喻佛)青荷叶(喻道),三教原来是一家。"②然而实际上其性质仍然是道教,后来该教与佛教的矛盾越来越大,以至发展到同佛教动武火并。结果表明,王嚞创立的所谓三教合流的全真教,并未能使三教融合为一。

其后,明代在黄河南北又兴起过罗祖教,闽中也出现过三一教,清代四川出现过刘门教,山东出现过黄崖教,皆以"三教融合"相标榜。又见有佛坛上出现释迦、孔子、老子三圣并坐的塑像③,但却以释迦居中为主尊,孔、老分居左右为胁伴,骨子里仍是尊佛、抑儒、道。所谓"三圣并坐",不过是在佛教神坛上增加两个儒、道傀儡,庸俗浅薄,拼凑杂拌,同陶弘景、傅翕制造佛不佛、道不道的"四不像"一样,都难免飞沫一溅,落地全消。个别教门侥幸流传了一二百年,仍然不免消失灭亡。

南宋真德秀题三教图云:"子曰、佛说、道言,所喻无非至理。三人必有我师,一以贯之曰'唯'。"看来是说三教皆合"至理"、都应信从,但他在题另一三教图时则云:"老子喜说虚无,释迦只谈舍利,夫子闻之,笑倒在地。"骨子里却是扬儒排佛、道。④

笔者认为,王嚞等人的"实践",不过是在"三教融合"幻想下演出的闹剧而已。如果把王嚞的全真教及其后的罗祖教、三一教、刘门教、黄崖教之类的"实践",视为"三教融合"的成功范例,能让"三教融合"

---

① 参见《王真人全真教主碑》,见《金石萃编》158。
② 王嚞:《重阳全真集》卷1。
③ 如甘肃天水市仙人崖石窟有一座三老殿,又称三教祠,神坛上塑坐像三尊,正中坐释迦,左右塑老子、孔子。左壁分别绘佛、老、孔说法图,右壁分别绘释迦涅槃变、孔圣教化图及老君施法图。(详见董玉祥《仙人崖石窟》上,载《敦煌研究》2003年第4期)此窟虽兼有三教内容,但神坛上释迦居中、孔、老侧位的安置格局,显然透露出佛为至尊的信仰倾向,知其性质仍属佛教石窟。
④ 真德秀题三教图二诗见[元]李翀《日闻录》。

论者坦然心安吗？宗教学家和历史学家理想中的"三教融合"肯定不是如此这般模样。

总而言之，"三教融合"的"实践"，都不免以失败告终。历史上除了出现过某些"四不像"的三教融合畸形怪胎之外，在宗教学家、历史学家眼中堪称"三教融合"的理想样板，则是迄今为止从来未曾出现于世的。

三、佛儒道互有吸收，是充实自我而非削弱自我

儒家祖师孔子说："三人行，必有我师焉；择其善者而从之，其不善者而改之。"①他的高足子贡也说："夫子焉不学？而亦何常师之有？"孔子无所不学，择善而从，才使他获得广博的知识，进而得以建立起自己的学术体系。孔学中有从尧、舜、禹、汤、文、武、周公那里学来的仁民爱物、忠孝仁恕、礼乐治世的思想，也有从《周易》学来的天命、阴阳、发展变化的思想。后世儒家则从道家的道、气学说和佛学中的般若及禅学中得到启发，创立了宋明理学，推动了儒学的发展。

道家从今文经学家的"天人感应"说和方士的《谶》《纬》学说那里汲取于己有用的东西，为道教的形成奠定了思想基础。早在东汉时已造作"老子入夷狄为浮屠"之说②，西晋时，道士王浮造《明威化佛经》，"乃称老子流沙教胡王为浮图，变身作佛，方有佛兴"③。敦煌出土本《老子西升化佛经》说老子"入摩竭（羯）国……立浮屠教，号清净佛"，又说"我令尹喜……降中天竺国，入乎白净夫人口中，托荫而生，号为悉达；舍太子位，入山修道，成无上道，号为佛陀"④。陶弘景《真灵位业图》谓孔

---

① 见《论语·述而》。
② 见《后汉书·襄楷传》。
③ 据《广弘明集》卷13法琳《辨正论·九箴篇下·异方同制》所引。
④ 《广弘明集》卷9甄鸾《笑道论·老子作佛》引《老子化胡经》"吾（老子）于尔时

子为太极上真君，颜子为明晨侍郎，老聃为韦编郎，周武王为田官北斗君，周公为西明公，召公为南明公……同佛教关于佛、菩萨、天人、罗汉、弟子等层次阶位进行比附，以建立道家的神灵仙班序列；道教徒又进一步学习佛经的"如是我闻"，编写了大量的道经，并借鉴佛藏的结构，建立了道教的经、律、论体系，使道藏日趋完备。

  佛教在东汉时传入中国，就是借助于中国固有的"神仙方术"思想才取得立足之地，又吸收了道家的"清净无为"思想，为它在中土的传播提供了鼓帆的东风；三国时，康僧会译经更吸收了中国儒学中的仁恕、孝道思想，将仁恕及孝道观念融入于他所编译的《六度集经》中。于是，《六度集经》中出现了"王治以仁，化民以恕"[①]，"若违仁从残，即豺狼之类矣"[②]这样的思想；又有"饭诸贤圣，不如孝事其亲"[③]，"令孝顺相承，戒行具高"[④]，"王逮臣民，相率受戒，子孝臣忠，天神荣卫，国丰民康，四境服德，靡不称善"[⑤]，将孝行纳入佛教戒行。这些显非佛典固有的观念意识，反映出译经大师对中国儒家仁、恕、孝道思想的主动吸纳。这种吸纳，给佛教增添了营养，也加强了佛教的适应机制。历代西域僧人来华传教，所译诸经多有借助中国学术观念加以附会阐扬，无疑有利于佛教在中国土壤上立足扎根。佛教还从道教神灵和儒家贤圣中吸收一批"有生力量"来壮大佛教阵营，把原属儒家的圣贤、道教的神灵吸收为"佛弟子"，说"尹文子即老子弟子也，老子即佛弟子也"[⑥]，又进而干脆把儒圣道仙改籍为佛教的菩萨或帝释的属员。如《清净法行经》说："儒童菩萨，彼称孔

亦遣尹喜下生从佛，号曰阿难，造十二部经"，与此不同。

① 康僧会编译《六度集经·戒度无极章》，《大正新修大藏经》第3册，第17页中。
② 《大正新修大藏经》第3册，第22页下。
③ 《大正新修大藏经》第3册，第12页中。
④ 《大正新修大藏经》第3册，第49页中。
⑤ 《大正新修大藏经》第3册，第4页上。
⑥ 见《弘明集》卷1《正诬论》。

丘；光净菩萨，彼称颜渊；摩诃迦叶，彼称老子。"《须弥四域经》说："宝应声菩萨名曰伏牺（伏羲），宝吉祥菩萨名曰女娲。"①《空寂所问经》说："迦叶为老子，儒童为孔子，光净为颜回。"②敦煌出土本《妙法莲华经·马鸣（鸣）菩萨品》（S.2734）载：社、稷、风伯、雨师、雷公、礔砺、日、月、五星、二十八宿、鬼神将军等，都属"帝释官僚"。佛教还从儒学中汲取了入世思想，逐渐向社会现实靠拢，向世俗化演变，促进了佛教在中国的广泛传播。到晚唐五代北宋时期，敦煌佛教便完全变成了世俗佛教；当代的"人生佛教""人间佛教"，又对世俗佛教加以规范和提高，进一步增强了佛教的活力和影响，使自己在同其他宗教的较量中取得更大的优势。

上举佛、儒、道从对手那里吸纳营养，皆出于自身之需要，属于主动、自觉的行动。后来，佛、道、儒摩擦增多，由摩擦进一步发展到论争。在论诤中互相揭短，以为攻讦。在互相攻讦中，各自也看到了自身的缺点和不足，从而促使自己进一步去吸收对方的长处。三教互相吸收的结果，的确促使自身发生很大的变化，以至今日之道教远非东汉的五斗米道和太平道，今日之儒学远非孔子及董仲舒时的儒学，今日之佛教亦远非释迦之世及东汉初传东土时期的佛教。但三教自身的变化，除了不断排除自身不少缺陷，使自身得到充实和完善之外，并没有削弱自己，更没有把自己化入对方而自我消亡；各自依然万变不离其宗，儒家仍然是治世之学，道教仍然是求仙养生，佛教仍然高张"皈依佛，皈依法，皈依僧"。总而言之，佛自佛，儒自儒，道自道；视而可识，指而可辨，并非界限不分，更没有融合为一。

佛、儒、道今昔之变化，乃是各自新陈代谢的过程和结果。而新陈代谢，正是生命活力之所在。任何机体，若丧失了新陈代谢的功能，那

---

① 《清净法行经》及《须弥四域经》之言，俱见《广弘明集》卷8道安《二教论·服法非老》所引。

② 据《广弘明集》卷13法琳《辨正论·九箴篇下·周世无机一》所引。

就只有走向灭亡。佛、儒、道千余年来新陈代谢带来的结果，是使各自增添了新鲜血液，日益充实，不断完善，增进了机体的活力，从而不断地加强着自身，在同对手的斗争中，加大了砝码，提高了身价，因而各自都有所前进，而不是各自的衰退，更不意味着各自的自我消解。

三教融合论者与此相反，把佛、儒、道各自的新陈代谢活动视为各自活力之不足，是各自的颓萎，甚至是向对手投怀送抱。根据这种观点进行判断，于是作出了佛、儒、道之融合已成三教发展的趋势和主流的论断。这个论断，与历史和事实相违背，所以是错误的。笔者认为，所谓的"三教融合"，并不是三教发展的必然归宿，谁也别想将三教打碎磨粉和在一起而成功地塑造出一个真正融三教于一体的新教。

从历史唯物主义的观点讲，前景不是三教之融合合一，从而出现一个融三教于一体的新宗教来化导中国，而是各种宗教之最终趋于消亡。而各种宗教的消亡，绝不是"三教融合"的结果，乃是社会、经济、科学、文化充分发展和人类获得充分自由的结果。当然，这是一个漫长的、渐进的过程，目前还无法预期其时限。

四、局部的调和，绝非整体的融合

三教既不可融合，斗争又可能导致两败俱伤，那么只好另觅他途。于是有人提倡消除敌对，化解矛盾，求同存异，和平共处。明憨山德清倡言："不知《春秋》，不能涉世；不精《老》《庄》，不能忘世；不参禅，不能出世。"[①] 栖云袾宏也说："儒、释二教圣人，其说法各有所主，固不必歧而二之，亦不必强而合之。何也？儒主治世，佛主出世。"[②] 不仅提出儒

---

① 《憨山大师梦游全集》卷39。
② 《竹窗二笔·儒释配合》。

释共存的主张，还为儒释共存的必要性进行了阐释。有人认为，憨山德清、栖云袾宏可谓"融三家于一炉"，其实二人始终是佛教高僧，并非三教的共同领袖，他们并不热衷于"三教融合"，却是主张三教分立共处的。

憨山德清、栖云袾宏的主张，仍不过是对三教矛盾的调和。而这种调和，仅仅表明三教斗争只是打个平手。既然不能吃掉别人，自己又不愿被别人吃掉，只好求同存异，和平共处，各守阵地。为了给和平共存创造条件，必须找出和平共存的理由。所谓"儒主治世，佛主出世"，"固不必歧而二之，亦不必强而合之"，不过是在"一致"幌子下实际上的分立。目前我国的佛、儒、道关系，就是这种各传各道，和平共存的格局。这一格局恰恰表明三教并未"融合"为一。由矛盾而引起斗争，由斗争之两败俱伤而走向调和，为实现调和而求同存异、分立共处。这就是千余年来三教关系发展的基本脉络。

调和三教的想法，早在牟子《理惑论》中已露苗头，他阐释佛为道德之元祖，佛教之道即"无为""自然""淡泊"，用以说明佛、道间存在着共同点；他还列举佛经中诸多与孔、老、诸子思想颇可相通的比喻，表明彼此之殊途同归；又说佛徒不仅要学佛经，也要学儒家《经》《传》及诸子之书，借以调和佛、儒、道的矛盾。此后各代，差不多都有学者倡言三教同旨者，由调和三教间的矛盾进而幻想三教融合为一。

"调和论"的倡言者和"融合论"的试验者，意欲淡化三教间的某些互为水火的差别，但谁也没有去对三教真格地动大手术进行改造、全盘整合；没有造就出一个兼有三家之长、剔除三家之短的新型宗教。所以，所谓三教融合，终究是句空话。

笔者认为：古来三教门徒所谓的"三教调和"及"三教融合"，本是厌倦三教斗争的心理反应，不过是一种希望和幻想，充其量只是对三教矛盾进行某些局部的调和与弥缝，虽然有人试图将这种"希望和幻想"捏制成模具，但毕竟造不出一个三教合一的灵魂并将这种灵魂贯入铸胎中。

结果犹如皮影、木偶，虽在艺人操纵下可以摇头晃脑，终究没有自己的灵魂意志。至于今人所谓的"三教融合"，则不过是对三教互有吸纳这一现象的夸大和曲解。

"排他论"斗来斗去，谁也没有成为最终的胜利者；而"调和论"磨破了嘴皮终于也未能把佛、儒、道调和到一起，至今仍然是佛自佛、儒自儒、道自道，各立门户，各守阵地。近时"佛教协会""道教协会""儒学研究会"及"孔孟学会"等等各立门户、各自安营扎寨；与此形成鲜明对比的是，却不见成立"三教协会"或"三教调和协会""三教融合协会"、"三教改造联合会"之类的组织，恐怕今后也不会诞生这样的行动组织。"佛教协会""道教协会""儒学研究会"及"孔孟学会"各自安营扎寨，显然并不意味着从此破除门户之见，相安无事，反而表明各自都在聚集力量并进行活动，预示着三教的矛盾与斗争依然存在，并将继续进行下去。假如像宗教学家和史学家所言"三教融合"是三教发展的必然趋势和主流的话，那么经过一千多年的趋流，除了神坛上偶尔出现过释迦、孔子、老子并坐的塑像之外，还有什么可以展示于众的成果呢？

综上所述，笔者的结论是：三教在互相斗争中互有吸收，各自丰富了自身，加强了自身，壮大了同对方斗争的资本，除此而外，谁也没有同对方沟通心灵，更不要说融三教灵魂血肉于一体了。所谓"三教融合"，终究只是幻想而已。

（此文系参加"宗教文化与人类文明"海峡两岸学术研讨会论文，2004年7月。收入《周绍良先生纪念文集》，北京图书馆出版社，2006年8月，又收入俄军主编《甘肃省博物馆学术论文集》，三秦出版社，2006年5月。收入本书时有所增补、修订）

吸纳消化　化彼为我
——谈莫高窟北朝洞窟"神话、道教题材"的属性

一

莫高窟西魏第249、285窟及北周第297窟出现诸如东王公、西王母、伏羲、女娲、雷神、开明、飞廉、青龙、白虎、朱雀、玄武、方士、羽人等形象，段文杰先生在《早期的莫高窟艺术》[①]《敦煌石窟艺术的内容及其特点简述》[②]《十六国、北朝时期的敦煌石窟艺术》[③]《略论莫高窟第249窟壁画内容和艺术》[④]等几篇文章中均有所讨论，最后以《道教题材是如何进

---

① 原载《中国石窟·敦煌莫高窟》，文物出版社、平凡社，1980年。后收入《段文杰敦煌艺术论文集》，甘肃人民出版社，1994年6月；又收入段文杰《敦煌石窟艺术研究》，甘肃人民出版社，2007年8月。

② 段文杰：《敦煌石窟艺术的内容及其特点简述》，《敦煌学辑刊》1981年，第1~15页，151~160页。

③ 原载敦煌研究院编：《敦煌研究文集》，甘肃人民出版社，1982年，后收入《段文杰敦煌艺术论文集》。

④ 段文杰：《略论莫高窟第249窟壁画内容和艺术》，《敦煌研究》（创刊号），1983年，第1~9页。

入佛教石窟的——莫高窟249窟窟顶壁画内容探讨》①一文作了归纳。段先生的基本观点是，这类传统神话及道教题材的出现"正是佛道结合思想的具体反映，也是早期佛教艺术中国化的特殊形式"②。段先生的观点，似乎可以概括为"佛道结合"或"佛道杂糅"说。近来，颜廷亮先生在《敦煌文化》一书中，支持段先生的观点，认为这些都是"属于道教神仙系统的人物壁画"，而道教神仙系统人物壁画之进入莫高窟，表明莫高窟洞窟从此"不再是单纯取材于佛教经典的洞窟"③。

1982年4月，史苇湘先生发表《敦煌佛教艺术产生的历史依据》④与段文杰先生的"佛道结合说"颇有不同，提出了"佛教假借移植说"。他说："我认为249窟画的应该是《观佛三昧海经》所载的曾和阿修罗有过一场战争纠葛的帝释天与帝释天妃"，认为"东王公、西王母的艺术形象，是佛教艺术对汉族固有神话形象的假借与嫁接，也就是说，佛教借东王公、西王母之形，表达帝释天和帝释天妃之实"。此文还对该窟窟顶其他佛教神灵如毗摩质多、日天、月天、坏散、身光、难毁、流炎、定明等也都依据佛经作了对应的阐释。

1982年底，贺世哲先生发表《敦煌莫高窟第249窟窟顶西坡壁画内容考释》⑤，赞同史苇湘先生"假借、嫁接说"的基本观点，只在画面人物及故事的辨识考证方面，有同有异，不尽一致。

1990年，宁强先生发表《上士登仙图与维摩诘经变——莫高窟第249

---

① 原载《1983全国敦煌学术讨论会文集·石窟·艺术编》上，甘肃人民出版社，1985年8月，第1~16页；后收入《段文杰敦煌艺术论文集》及段文杰《敦煌石窟艺术研究》。

② 同注①，第14~15页。

③ 颜廷亮：《敦煌文化》，光明日报出版社，2000年12月，第104~105页。

④ 史苇湘：《敦煌佛教艺术产生的历史依据》，《敦煌研究》试刊第1期，甘肃人民出版社，1982年，第129~151页。

⑤ 贺世哲：《敦煌莫高窟第249窟窟顶西坡壁画内容考释》，《敦煌学辑刊》1982年，第28~32页。

窟窟顶壁画再探》①，对该窟窟顶南、北、东三披全部及西披大部分人物、仙、怪图像一一进行溯源考证，作出了全属道教壁画的阐释，既不同于段先生的"佛道结合说"，更不同于史苇湘先生的"佛教假借移植说"。他对莫高窟第249窟窟顶壁画中国题材的各种形象进行考证后认为，该窟顶所绘乃是一铺道教的《上士登仙图》，指出此图所"反映的正是南朝流行的神仙道教思想。画中登仙飞升天宫的男女上士，正是南朝道士们梦寐以求的最后归宿"。他的评价是："敦煌249窟窟顶的《上士登仙图》，是我国现存的内容最为丰富、结构最为严谨、保存最为完好的早期道教绘画作品。"

同一事物，而认识颇有分歧，迄今未能达成共识，成为莫高窟壁画内容研究的一桩公案。笔者看来，这个问题还不仅仅是莫高窟壁画内容研究的一桩公案，它还关系到莫高窟艺术的宗教属性判断，进而关系到敦煌佛教发展趋向的判断，并且牵涉到佛道关系的认识及所谓"佛道融合"现象的重新评价，其学术意义不可小觑，值得深入思考。

二

立场不同，则视角有异；视角有异，则所见不一。从佛教立场看第249窟窟顶所画，认为是《观佛三昧海经》所载的帝释天、帝释天妃、日天、月天、人非人、毗摩质多、身光、难毁、流炎、定明等佛教神灵；从道教立场看，认为第249窟窟所画为东王公、西王母、伏羲、女娲、雷神、开明、飞廉、青龙、白虎、朱雀、玄武、方士、羽人等道教形象，是道教的《上士登仙图》；从"佛道结合"或"佛道杂糅"的立场看，则认为

---

① 宁强：《上士登仙图与维摩诘经变——莫高窟第249窟窟顶壁画再探》，《敦煌研究》1990年第1期，第30~37页。

第249、285、297等窟窟顶所绘某些图像，"正是佛道结合思想的具体反映，也是早期佛教艺术中国化的特殊形式"。

贺世哲先生曾明确指出："北朝的石窟是佛教'唯我独尊'的天下，佛教像其他宗教一样，一般也有排他性，它可以吸收外教的神灵为它主神的侍从，可决不容许外教的神灵凌驾于它的主神之上，或不改变外教诸神的性质与它的诸神同居于一室。"①

诚然，任何宗教无不标榜自己最为神圣，最堪信从，而认为其他宗教皆不可取。可见"排他性"是任何宗教无不皆具的禀性。我曾在《所谓"三教融合"——以佛教为中心的考察》文中论及，佛儒道三教各有追求，目标迥异：佛教的最高追求是来世成佛（涅槃）；道教则追求长生不死、现世成仙；儒家志在"修身，齐家，治国，平天下"。三教各行其道，存在着根本性的矛盾，只是在三教争胜的过程中，各自逐渐发现自身的某些不足，也发现了对手的某些长处。为了增强同对手较量的砝码，一方面不得不吸收对方某些有益于己的成分，从而弥补自身的某些缺陷，使自身充实完善；另一方面也让对方抓不到自己的把柄，失去攻击的目标和口实，使自己免被击败。这样一来，各自也就包含了对方的某些成分，形成了"我中有你"的格局，从而使彼此间的局部矛盾得到某种程度的调和。但局部的调和，绝非整体的融合。况且调和的结果仍旧是调而不和。于是又有人突发奇想，试图进行三教拼合，如善慧大士傅翕之戴道冠、穿僧衣、着草鞋，表明一身而兼佛儒道。② 这种四不像的杂拌拼合，哪里是真正的"三教融合"？不过落得后人嘲曰："袈裟新补片云寒，足蹑儒鞋

---

① 贺世哲：《敦煌莫高窟第249窟窟顶西坡壁画内容考释》，《敦煌学辑刊》1982年，第28~32页。

②《五灯会元》卷2《善慧大士传》：傅大士"披衲、顶冠、靸履朝见。帝问：'是僧邪？'士以手指冠；帝曰'是道邪？'士以手指靸履；帝曰：'是俗邪？'士以手指衲衣。"表明自己既非僧、又非道、亦非儒，兼得佛道儒之合和。

戴道冠，欲把三家归一辙，捻沙终是不成团。"①宗教研究家忽视了三教间的根本矛盾，片面强调了三教间某些局部矛盾的缓解，并对三教间某些局部矛盾得到缓解的现象加以放大演绎，于是形成了"三教融合"或"三教合流"的幻想和错觉。实际上三教的发展并非朝向合流的方向前进，也不可能最终合流。"三教合流"之所以只是一种幻想和错觉，是由于忽视了三教根本宗旨的矛盾。道不同，不相为谋，而融合，合流也者，譬如酒、醋，合而为一即非酒非醋。三教果真"融合"，则三教俱亡而化生为别一新教矣。试观千余年来的所谓"融合"，至今佛自佛，道自道，儒自儒，虽历经千载而各自依旧分门立户，何"融合"之有？何"合流"之有？②

莫高窟第249、285、297窟龛内塑像全属佛菩萨像，四壁所画尽属佛教经变、佛教圣众、佛教禅僧，供养人无不是佛教信士、信女，此数窟毫无疑义确属佛窟。佛教信士、信女花钱出力建造佛窟，为什么却在佛窟中绘制道教绘画，宣扬道教思想？看来以为第249窟窟顶所绘为道教《上士登仙图》的说法让人难以接受。根据宗教排他性的观点，足以否定佛教信徒会在佛窟中宣扬道教思想、绘制道教绘画作品的可能。

但是，如前所论，佛教尽管排斥道教，却可以吸纳道教中某些对佛教有用的成分，加以改造、转化，将它化入佛教机体，成为佛教因子。正如《清净法行经》所说："儒童菩萨，彼称孔丘；光净菩萨，彼称颜渊；摩诃迦叶，彼称老子。"《须弥四域经》所说"宝应声菩萨名曰伏羲，宝吉祥菩萨名曰女娲。"③《空寂所问经》说："迦叶为老子，儒童为孔子，光

---

① 曹安：《谰言长语》，台北：台湾商务印书馆，1986年。
② 李正宇：《所谓"三教融合"——以佛教为中心的考察》，收录于俄军主编《甘肃省博物馆学术论文集》，三秦出版社，2006年，第171页。本书中亦有收录。
③《清净法行经》及《须弥四域经》之言，俱见《广弘明集》卷8道安《二教论·服法非老》所引。

净为颜回。"① 伏羲、女娲、老子、孔子、颜回等道教祖师、儒家先贤、传说神圣都被改造成佛教的菩萨，纳入佛教体系。如此，伏羲、女娲、老子、孔子、颜回等即不再被视为伏羲、女娲、老子、孔子、颜回其人，而被佛教视为宝应声菩萨、宝吉祥菩萨、摩诃迦叶、儒童菩萨、光净菩萨了。

当然，佛教所吸纳的道、儒及神话传说人物远远不止伏羲、女娲、老子、孔子、颜回，还有范围更广、数量更多的神仙鬼怪，如敦煌文书 S.2734《妙法莲华经·马明（马鸣）菩萨品》所载：社、稷、风伯、雨师、雷公、礔砺、日、月、五星、二十八宿、鬼神将军等，都成了"帝释官僚"；S.3427《结坛散食回向发愿文》云："右弟子厶甲自结坛散食、诵咒转经、焚香燃灯三日三夜者，遂请下方窈（卉按："窈"校作"幽"，幽冥出现在下文 P.3135）冥神理（宇原校"理"作"灵"。敦煌方音"灵"读作"理"）、阴道官寮、阎摩罗王、察命司录、太山府主（君）、五道大神、左膊右肩、善恶童子、鉴（监）斋巡使、行道大王、吸气收魂、判命主吏、六司都长、行病鬼王、内外通申、诸方狱卒，又请四神八将、十二部官、太岁将军、黄幡豹尾、日游月建、黑赤星神、八卦九宫、阴阳之主、井电碓磑、门户妖精、街坊巷神、仓库执捉、山河灵异、水陆神仙、宫殿非人、楼台魍魉等并诸眷属，并愿舍于所乐，离于所居，来就道场，领斯福分。"与此文同类者，还可以举出 P.3135《四分戒》末题："乙卯年（955年）四月十五日，弟子索清儿为己身忽染热疾，非常困重，遂发愿写此《四分戒》一卷。上为一切诸佛、诸大菩萨摩诃萨及太山府君、平等大王、五道大神、天曹地府、司命司录、土府水官、行疒鬼王、疫使、知文籍官院长、押门官专使、可噬官［判］并一切幽冥官典等，伏愿慈悲救护，愿疾苦早得痊平，增益寿命。所造前件功德，唯愿过去、未来、现在数生已来所有冤家债主、负财负命者，各领受功德，速得生天。"又可以举出 S.980《金光

---

① 据《广弘明集》卷13法琳《辨正论·九箴篇下》所引。

明最胜王经卷二》卷末题记："辛未年（971年）二月四日，弟子皇太子［李晅］为男弘忽染痢疾，非常困重，遂发愿写此《金光明最圣王经》，上告一切诸佛、诸大菩萨摩诃萨及太山府君、平等大王、五道大神、天曹地府、司命司录、土府水官、行广鬼王、疫使、知文籍官院长、押门官专使、可噁官判并一切幽冥官典等，伏愿慈悲救护。愿弘疾苦早得痊平，增益寿命。所造前件功德，唯愿过去、未来、现在数生已来，所有冤家债主、负财负命者，各愿领受功德，速得生天。"（P.3668《金光明最胜王经卷九》卷末题记及日本龙谷大学藏敦煌写经《妙法莲华经卷六》卷末题记与此文全同）①

上举诸例，一再表明敦煌佛教除了佛教固有的阎摩罗王、察命司录（禄）之外，又吸收了道教的八卦北宫、阴阳之主以及不少非佛非道的神灵鬼怪如井电碓硙、门户妖精、街坊巷神，仓库执捉、山河灵异、宫殿非人、楼台魍魉等。这些并非佛教真经所载的神灵鬼怪，已被吸纳为佛教神鬼序列，受到敦煌佛教信徒的敬畏、事奉，表明佛教神鬼范畴之扩展、阵容之庞杂，远远突破了佛经所限。这样的敦煌佛教虽不合佛典的规范，但其性质毕竟仍属佛教，只不过是佛教发展过程中涌现出来的多种佛教形态中的一种。笔者根据它的性质特点加以概括，把它称为"敦煌世俗佛教"。

莫高窟第249、285、297等北朝佛窟所绘的天界图像，还没有窈冥神灵、阴道官寮、阎摩罗王、察命司录、太山府主（君）、五道大神、左膊右肩、善恶童子、鉴（监）斋巡使、行道大王、吸气收魂、判命主吏、六司都长、

---

① 于阗王李圣天之子名李晅（geng），为已故归义军节度使、托西大王曹议金的外甥，现任归义军节度使、瓜沙州大王曹元忠的姑表兄弟。李晅之子名李弘。辛未年（宋开宝四年，即971年）前后，于阗国屡遭哈拉汗王朝攻杀，战火连连，于阗王子李晅、李弘等避难来敦煌居住。此时李弘患痢困重，其父李晅写经发愿，祈佛求痊。

行病鬼王、内外通申、诸方狱卒，四神八将、十二部官、太岁将军、黄幡豹尾、日游月建、黑赤星神、八卦九宫、阴阳之主、井电碓硙、门户妖精、街坊巷神、仓库执捉、山河灵异、水陆神仙、宫殿非人、楼台魍魉等并诸眷属那样广泛，表明其时尚不足称为"世俗佛教"，但却显示出北朝时期的敦煌佛教及其信仰正在向世俗化举步迈进。

　　由此言之，莫高窟北朝窟出现所谓"道教题材"，实已被佛教吸纳、消化，化为佛教题材，其原有的道教属性已被改造为佛教属性。笔者所谓"吸纳、消化，化为佛教题材"，是指它已超出了"假借""嫁接"阶段，业已经过消化，升华为佛教因子。可以作出这样的认识：莫高窟第249、285、297等窟出现的所谓"道教题材"，已属吸纳消化而成的佛教题材，既不可按照"佛道结合"或"佛道杂糅"的观点释为佛道结合或佛道杂糅的产物，更不可按照道教观点释为"道教绘画作品"反映"道教思想"。莫高窟北朝洞窟出现超出佛经局限的新的佛教题材，意味着北朝时期的敦煌佛教，正在突破佛经的局限，朝向世俗化方向踱步。

（此文原刊于《敦煌研究》2013年第3期。收入本书时有所订正）

孝顺相承　戒行俱高
——论中晚唐五代宋敦煌佛教高扬孝道

释迦牟尼出家后，即全身心地投入修道，悟出"苦、集、灭、道"为宇宙之真理大法，从此便致力于传法弘教，既不继承父祖的王位和国政，亦不恭承家事、侍养父母。此即《四十二章经》所说的"断欲去爱"。佛教"断欲去爱"的概念包含甚广，不治世事、家事，不继父祖世业，不受孝道观念束缚，这只是"断欲去爱"的一个很小的侧面。孝道本身既是"欲爱"，又是"欲爱"所生之苗，故"断欲去爱"，当然包括断孝道。所以说早期的佛教基本上不含世俗孝道思想。后世的佛教僧尼秉承佛训，仍然是"断欲去爱"，"内无所得，外无所求"，"日中一食，树下一宿"；僧尼既已舍俗离家，就意味着由"人子"身份变成了"佛子"，自当舍身事佛，不得复以世俗恩亲为念。

中国传统观念则以为"夫孝，德之本也"①，又曰"人之行，莫大于孝"②。佛教不讲人世的孝道思想，同中国根深蒂固的传统观念尖锐抵触，所以成为佛教在中国传播、扎根的最大障碍。

三国时康僧会编译《六度集经》，最先吸收了中国的孝道观念，在他编译的经文中出现了"子孝臣忠，天神荣卫"，"孝顺相承，戒行具高"③，"饭诸贤圣，不如孝事其亲"④这样掺入孝道观念的内容。而托名后汉迦叶摩腾及竺法兰合译的《四十二章经》则云："佛言：饭恶人百，不如饭一善人；饭善人千，不如饭一持五戒者；饭五戒者万，不如饭一须陀洹；饭百万须陀洹，不如饭一斯陀含；饭千万斯陀含，不如饭一阿那含；饭一亿阿那含，不如饭一阿罗汉；饭十亿阿罗汉，不如饭一辟支佛；饭百亿辟支佛，不如饭一三世诸佛；饭千亿三世诸佛，不如饭一无念无住无修无证之者。"绝无"饭诸贤圣，不如孝事其亲"的含义。从而可知《六度集经》所谓"饭诸贤圣，不如孝事其亲"之言，为康僧会的发挥。

两晋以来，《睒子经》《盂兰盆经》《父母恩难报经》《孝子报恩经》等一批敷说孝道的佛经相继译出，倡言"一切世间知恩报恩之无过佛"⑤。然而佛家的孝道，却与世俗的孝道并不相同。佛家的孝道是以舍弃人间恩爱为前提，通过"学道拔亲，冥苦永断"⑥，"拯溺俗于沉流，拔幽根于重劫"⑦来报答父母生育长养之恩，以为这才是大孝，而认为世俗之孝，不过"瞬息尽养，无济幽灵"。但佛教的道理，毕竟不足以抗衡中国"生而事养，死则灵祀"的传统观念，乃不得不吸收中国的孝道观念，同世俗

---

① 《孝经·圣治章》。
② 《孝经·开宗明义章》。
③ 康僧会编译：《六度集经·布施度无极章》。
④ 康僧会编译：《六度集经·忍辱度无极章》。
⑤ 《大般若经》卷第430。
⑥ 刘勰：《灭惑论》，见《弘明集》卷8。
⑦ 慧远：《沙门不敬王者论》，见《弘明集》卷5。

的孝道观念逐渐沟通接轨。于是不仅为亡父母营办超度，求生极乐，而且也为在世父母禳灾祛病、祈求延年增寿、现世利乐。

唐德宗贞元四年（788年），吐蕃占领敦煌，推行吐蕃化政策，强迫汉族辫发纹身①，对汉族进行钳制压服。吐蕃统治者的高压政策反而激起当地汉族怀宗念祖之情及故国民族之思，思欲有朝一日"摅父祖之沉冤"。于是，忠孝观念成为敦煌遗民复国思想的化身，在当地汉族中形成强大的意识潜流。沦落在敦煌的唐朝破落官员，不少遁迹佛门，托身寺院，兴办寺学，传授汉文化，借助佛经中微弱的孝道思想着意发挥儒家忠孝之道，积蓄复国火种；世家豪门则在修建佛窟时，绘制佛经中有关孝养故事的壁画，并在窟内显著位置图画父祖身像、题写名衔，借寓神主，延续宗祠烟火，在佛窟中掺入了孝祠新义，有的干脆将所修洞窟题额为"报恩君亲"②或"报恩吉祥之窟"③。所谓"报恩"，是指报佛恩、报君恩、报亲恩。其中报君恩、亲恩，实即忠孝之道，而忠孝二事，孝为根本，忠乃孝之延伸。吐蕃占领时期，忠孝观念就这样乘此因缘走进了敦煌佛教、敦煌寺院和敦煌佛窟，为晚唐五代北宋时期敦煌佛教进一步高扬孝道作了充分的积累和准备。

晚唐至宋，敦煌佛教更大胆公开、理直气壮地倡扬孝道，采取多种形式宣传弘扬，使孝道思想进一步融入当地佛教，普及于僧尼及广大世俗信众，成为敦煌佛教及僧尼、信众一致认同的信行和美德。P.4660《故沙州缁门三学法主李和尚写真赞》称颂报恩寺李惠因和尚"事亲无怠，味法忘疲"，将"事亲"与"味法"并提；P.4640《敦煌三藏法师王禅池图真赞》云："今则我禅律公，仁行则忠孝芳菲，慈悲则戒香芬馥"，视"忠

---

① P.4638《大蕃故敦煌郡莫高窟阴处士公修功德记》有"熊罴爱子，拆襁褓以文身；鸳鸯夫妻，解鬟钿而辫发"之语。
② 见 P.4638《大蕃故敦煌郡莫高窟阴处士修功德记》。
③ 见 P.2991《报恩吉祥之窟记》。

孝"与"戒香"等伦；S.289《报慈母十恩德》前有小序云，"若有慈孝男女，深报父母之恩，得升天"，将孝亲报恩提到了善行之最的高度；P.2418《父母恩重经讲经文》则云，"世尊道：我见娑婆世界一切众生，虽具人相，不知耶（爷）娘有大恩德，不生（省）酬答，不解报恩，命终必堕三涂（途），永劫不复出离"，又将不孝列为永劫不复的重罪。可见敦煌佛教已坦然吸收了孝道思想，行孝事亲不仅视为个人美德，而且被纳入敦煌佛教教法及戒行的范畴。确切表明孝道思想亦被纳入敦煌佛教教法之内。同当时其他地区相比，敦煌地区特别突出，其表现：

第一，积极传抄、供养、读诵《睒子经》《正法念处经》《盂兰盆经》、《报父母恩重经》等有关孝道的经典，并把这类经典绘成壁画、绢画向广大群众进行直观宣教。

第二，在僧尼及世俗人群中传唱孝道歌曲及传诵孝道辞赞，如《父母恩重赞》《十恩德赞》《孝顺乐》《好住娘》《皇帝感·新集孝经十八章》《杨满山咏孝经十八章》《天下传孝十二时》《十二时行孝文》《故圆鉴大师二十四孝押座文》等。今举S.2204《父母恩重赞》以见其义：

父母恩重十种缘

第一怀躭（胎）受苦难，不知是男还是女，慈悲恩爱与天连。菩萨子。

第二临产是心酸，命如草上霜（露）珠悬；两人争命各怕死，恐怕无常落九泉。菩萨子。

第三母子是安然，莫忘孝顺养残年；亲情远近皆欢喜，冤家怀抱竞来看。菩萨子。

第四血入腹中煎，一日二升不虑餐；一年计乳七石二，母身不觉自焦干。菩萨子。

第五渐渐长成人，愁饥愁渴又愁寒；干处常回儿女卧，湿处母身自家眠。菩萨子。

第六乳哺恩最难，如饧如蜜与儿餐；母吃家常如蜜味，恐怕儿嫌腥不餐。菩萨子。

第七洗濯不净衫，腥臊臭秽母向前；除洗不净无遍数，尚思诸人有谗言。菩萨子。

第八为避恶业缘，躬亲负重蓦关山；若是长男造恶业，要共小女结成缘。菩萨子。

第九远行烦恼缘，一回见出母于先；父母心中百计较，眼中流泪似如泉。菩萨子。

第十怜悯无二般，从头咬取指头看；十指吸着无不痛，教娘怎忍两般怜。菩萨子。

忧愁烦恼道场边，逢人即道损容颜；且怀母身十个月，常怕起卧不安然。菩萨子。

儿行千里母行千，儿行万里母于先；一朝母子再相见，犹如破镜却团圆。菩萨子。

烧香礼拜归佛道，愿值弥勒下生年；各自虔心礼贤圣，此是行孝本根源。菩萨子。

第三，在斋会、法会上讲唱言孝佛经、佛教因缘故事、变文及中国传统的孝道故事传说，用以教导僧尼及在俗信徒。敦煌发现有《盂兰盆经讲经文》、《父母恩重经讲经文》《双恩记》《目连缘起》《目连变文》《大目乾连冥间救母变文并图一卷》《舜子变》《董永词文》《孝子传》。①

第四，举办各种尽孝斋会，如盂兰盆会、临圹念诵、追七斋会、年忌斋会、脱服斋会、远忌斋会等，为亡亲追福超度。

第五，吐蕃统治时期，世家豪门为避免吐蕃猜忌，将宗祠家庙的修建及祭拜巧妙地转型于佛窟，纷纷在莫高窟修建家窟，坊巷民社则集资修

---

① 王重民等编《敦煌变文集》、潘重规编《敦煌变文集新书》。

造社窟，图绘父祖身像，以"供养人"的身份享受子孙后辈的纪念和供养。晚唐以来，相沿成俗，此后不少家窟、社窟也兼有了家祠、家庙、社祠、社庙的作用，所谓"门道素邈，传尔后昆"①是也。

第六，更值得一提的是，敦煌僧尼及广大世俗信徒还特为亡亲、亡师写真画像、设立影堂（亦曰真堂）、四时祭拜。P.3718《后梁故沙州管内释门僧政、临坛供奉大德兼阐扬三教大法师、赐紫沙门张和尚（法号喜首）写真赞》所谓"绘真绵帐，四时奠谒，千秋瞻仰"。P.3541《后唐故归义军管内释门僧政张善才邈真赞》所谓"图形写影，无异生前；宗亲永祀，不绝香烟"是也。《梵网经》云："出家人法……六亲不敬，鬼神不礼。"《般舟三昧经》云："自归命佛、归命法、归命僧，不得事余道，不得拜于天，不得祠鬼神。"而敦煌佛寺及僧尼又祭祀亡灵、为亡人招魂、焚化纸钱、卜择墓地及葬日、吊孝②，此等"缘生事亡"、祭祀鬼神之举，对佛教不祭拜杂神及人间亡灵的教律无疑是很大的突破。

作为孝道观念的延伸，夫妇、子侄、兄弟、姊妹、亲戚、孝悌之类的人伦观念，也一同相伴进入敦煌佛教意识形态，并成为重要内容。敦煌遗书中保存不少亡僧尼碑铭、像赞，无不盛称其门第、先世、兄弟、子侄、亲戚，略举数例于下：

P.4640《吴僧统碑》云："（吴僧统）皇祖讳绪芝，前唐王府司马、上柱国、赐紫金鱼袋……慈母即南阳贵望也（此云与归义军节度使张议潮同宗）……元昆（此谓其长兄）蹈（韬）光，门传善则……将期永日，何遽早亡；次兄季连，试太子家令。"③

---

① S.2113背《唐沙州龙兴寺上座沙门马德胜宕泉创修功德记》。
② 葬日、吊孝，亦中国儒礼，古谓之"吊"，见《礼仪·士丧礼》及《礼记·曲礼上》、《杂记》等篇。
③《敦煌社会经济文献真迹释录》第5辑，第91~94页。

同号《索法律窟铭》云："其先，商王帝甲之后，封子丹于京索间，因而氏焉。远祖前汉太中大夫抚，直谏飞龙，既犯逆鳞之势……抚恐被诛，以元鼎六年自钜鹿南和徙居于流沙，子孙因家焉，遂为敦煌人也。皇祖左金吾卫、会州黄石府折冲都尉讳奉珍……上帝（此指唐肃宗）闻其雅誉；皇考顿悟大乘贤者，讳定国，英旄（髦）俊彦，早慕幽贞……耕田凿井，业南亩而投簪；鼓腹逍遥，力东皋而守分……；亡兄前任沙州防城使，讳清宁，高情直节，毓著功名……；故弟清贞，礼乐名家，温恭素质，一城领袖，六郡提纲……；其前亡兄子有三：次子押牙忠颢，勇冠三军，射穿七札，助收六郡，毗赞元戎……；少子有功将士、押牙忠信，天资秀异，神假英灵……奉元戎而归阙，臣子之礼无亏……；长子僧常振，天资爽悟，道径（镜）愈明……孝敬之怀罔极，助叔僧而修建，自始及终。"①

P.4660《唐故河西管内都僧统邈真赞》云："挺持莲剑，无玷无瑕；恭唯守节，孝悌不赊。千龄之后，孰不叹嗟！"②

P.3720《都僧统海晏墓志铭》云："和尚俗姓阴氏，香号海晏，则安西都护之贵派矣。皇父凉州都［防］御使、上柱国讳季丰……孙节度押衙充壮武将军、银青光禄大夫、检校国子祭酒、兼御史中丞、上柱国陈（阴）子升，则府主托西大王曹公第十三（二）之婿也。"③

P.3556《法律尼清净戒邈真赞》云："法律阇黎（清净戒）者，即前河西一十一州节度使张太保之贵孙矣……孤兄泣断于长波，贤姊悲流于逝水……"④

同号《故大乘寺法律尼、临坛赐紫大德沙门厶乙邈真赞》云："法律

---

① 《敦煌社会经济文献真迹释录》第5辑，第96~100页。
② 同上书，第129页。
③ 同上书，第185页。
④ 同上书，第178页。

阇黎者，即前河西一十州节度使曹大王之侄女也……鼎门之旌，实可豪宗……寿期有限，魄遂飞空。六亲哀痛，九戚罗（罹）凶……"①

　　人伦、亲情既是孝悌思想的基础，又是孝悌观念的存在形式，孝悌之道，只有通过人伦、亲情才得以体现。上举诸例，充分表明敦煌僧尼珍重人伦、顾念亲情的事实，从另一侧面反映了孝道观念已深入僧尼头脑，化入意识形态。晚唐大中年代，僧政惠苑为敦煌僧人李镇国及其子所建佛窟撰写《报恩吉祥之窟记》（P.2991）云："三皇之裔，五帝之前，孝哉宗子，邈与先贤，传芳万代，祚续千年。"以"孝哉宗子"称赞僧镇国父子，又以"传芳万代，祚续千年"为此窟致祝，可见在人子尽孝方面，僧、俗无别，事佛与事亲并重，而佛窟亦兼有宗祠之作用。大而言之，敦煌佛教亦不独弘扬佛法，而兼弘扬孝道；敦煌寺院亦不独是弘扬佛法的场所，又由此而兼为弘扬孝道的场所。或者可以说，敦煌僧人在佛教寺院中开辟出了弘扬孝道的阵地，使孝道思想进一步融入当地佛教，普及于僧尼及广大世俗信众，成为敦煌佛教及僧尼、信众一致认同的信行和美德。这方面，同当时内地其他地区相比，敦煌地区无疑十分突出。

　　（此文原刊于《石河子大学学报》（哲学社会科学版）2015年第5期。收入本书时略有增补、修订）

---

①《敦煌社会经济文献真迹释录》第5辑，第170~171页。

莫高窟艺术精神境界的发展

敦煌莫高窟艺术是佛教艺术，当然体现着佛教精神。佛教的基本精神，是释迦牟尼倡导并践行的厌世弃俗、解脱诸苦、最终达到成登正觉的境界。佛教传入中国后，有不少与中国国情不相适应、受到排斥、妨碍其传播甚至影响其生存的因素，如僧人出家弃家、去国离化、不事养父母、不礼敬君王、不耕不织、托钵乞食之类的行事和做法，同中国传统颇多抵触，因而遭到中国士大夫的攻击，被斥为"无君无父""悖伦逆常"，迫使佛教不得不进行某些必要的扬弃和吸收。又由于流行时代有着古今之异，流传地域有着南北之别，佛教又必不可避免地打上时代、地域的烙印，淘汰一些过时的、不适应所在环境的内容，增加一些适应新时代、适合新环境的内容。在汰旧增新的过程中，自觉地或不自觉地改造着自身。这一汰旧增新的过程，是中国佛教发展壮大的过程，也是佛教精神发生变化的过程。经过三百多年的磨合与调整，到4世纪中期（十六国时期）才使自己基本上适合于中国国情，从此走上了兴旺发达之路。事实表明，佛教同其他任何事物一样，都会在发展中发生变化，并不是一成不变的凝固事物。

作为佛教精神之反映的莫高窟艺术，也必然会不自觉地透露或自觉主动地反映佛教精神所发生的变化。本文关于"莫高窟艺术精神境界变化"的讨论，也就缘此而生。

唐人记载，公元366年，乐僔和尚最先在莫高窟开凿佛窟，其后续加建造，历时千年之久。莫高窟作为佛教艺术洞窟，在体现佛教精神的过程中，又必然会透露出佛教精神的某些变化。通过对莫高窟绘画题材、造型、布局的考察，可以看到这方面不少的实例，从而感受到在历史进程中其精神境界变化的巨大反差。

从北凉到元代，洞窟主尊一直是弥勒菩萨、弥勒佛和释迦佛造像，多为一尊，亦有二佛并座、三身佛及七佛同龛者，主尊数量虽有增减，弥勒或释迦为主尊的基本主题并无改变，而佛、菩萨造型和壁画题材却有很大变化。

首先是佛、菩萨及侍从、弟子的造型及衣饰的变化。早期的佛、菩萨及侍从、弟子像，大多身着披帛（如北凉275窟及北魏259窟思惟菩萨像），袒胸露臂，服饰简单，专家们谓之"西域式"，反映了佛、菩萨形象初从西域移植而来，中国塑绘匠人自出心裁的创造，同后来相比显然不是很多。隋唐以来，佛、菩萨及弟子、侍从的面部造型渐渐变成中国面相，换上了中国袍服，佩饰也日趋华丽繁复，尤以菩萨服饰的变化最为突出：云髻高挽，面施粉朱，绣襦罗裙，垂挂璎珞，臂钏、脚钏，屈胯扭腰，身姿婀娜，仪态动人，有的甚至运用了沥粉堆金的手法；同北朝时期佛、菩萨朴素无华、清静寡欲、坚忍苦修的形象相比，不啻天渊之别。从总的趋势来看，佛、菩萨的造型逐渐增添着人间的尊贵华丽，相对地弱化了先前的神圣庄严。佛、菩萨造型及服饰的这种变化，不仅反映出佛教在中国传播过程中产生的某些外在的变化，也反映出西域佛教向中国化方向转变的某些内在的变化。

从北凉到北周，洞窟壁画题材最突出显眼的是佛本生（释迦一生）及佛本行（释迦前生累世）故事画。这一时期洞窟壁画中已有天宫伎乐及供养人画像，但他们不过是作为洞窟主尊或佛传画的陪衬或陪侍。洞窟中的天宫伎乐多画在窟壁上端，高踞于下界之上，同下界判然拉开了距离（如北魏251窟、西魏249窟）。唐代以来说法图中的天宫伎乐，位置则大大下移，两者反差极大。早期的供养人画像，位置多处于主尊龛下（如北凉268窟）或中心塔柱佛尊龛下（如北周290窟），或主尊对面（东壁）及左右侧（南北壁）窟壁的最下层（如北周294窟），意味着供养人或匍匐在佛尊脚下，或侍奉于佛尊左右；这一时期的供养人画像，形体卑微渺小，着意于表示对佛的虔敬，与居中巍然端坐的佛尊成鲜明的尊卑对比，洞窟中充溢着佛国的神圣气氛。可以说，洞窟是佛国世界的化现，也是佛国世界的缩影，所要渲染的是佛的神圣庄严及佛法至上的观念。唐代以来，供养人移入甬道，使巡礼者未见佛尊先见供养人。而且供养人形体逐渐变大，有的甚至高过等身，巍然屹立，引人注目，人世气氛显然渗进佛窟。

把洞窟装饰为佛国世界，是从北凉到北周200多年间莫高窟洞窟的基本格局。这一格局，反映着信徒对佛的一片虔敬和对佛土的无限向往。但是，不言而喻的是，无限向往佛土的另一面，则是对现实世界的厌弃；倾心法界的另一面，则意味着对世间人生的淡漠与厌弃。所以"舍身饲虎""割肉贸鸽""身剜千灯"一类表现自我牺牲、坚忍苦修的佛传画最为盛行。这一时期，自我牺牲、坚忍苦修乃是莫高窟佛教艺术最为突出的主题和最为动人的精神境界。

隋代以来，本生画及本行画迅速消退，尤其是表现佛祖自我牺牲、坚忍苦修的画面迅速消退,代之而起的是各种经变画大量涌现。[①] 经变画虽然仍是宣扬佛化,却在画面中及人的视觉反映中出现了纷繁的人世场景,浓郁的人世气息扑面而来,而且愈到后来,佛窟中的人世气氛愈加浓烈。莫高窟壁画中出现的殿阁图、茅舍图、酒肆图、宴会图、淫舍图、作战图、射猎图、宰牲图、情侣图、婚礼图、育儿图、童嬉图、举丧图、店铺图、学堂图、占梦图、角技图、商旅图、牢狱图、审讯图、行刑图、墓园图、园林图、艺田图、扬场图、踏碓图、制陶图、酿酒图、锻铁图、修造图、辩难图、歌舞图、诊病图、洗浴图、览镜图、出行图等等,进一步将人生百态、人世百业搬进了洞窟,表明人们对洞窟内容的安排,更加"照着自己的样子,理想化,完善化"[②]。

此时的洞窟,已不独是佛国世界,也有了纷繁的人间世界,呈现出佛国与人世集于一窟的格局。洞窟的性质尽管仍然是佛窟,但气象格局则是佛、俗融通,相汇并陈,彼此合而为一了。由此反映出敦煌佛教逐渐融入社会,从"厌世弃俗"的原始教义走向反向的"入世合俗"。这对佛教"苦空集灭""厌世弃俗"的原始教义不仅仅是了不起的突破,甚至竟是无言的否定了,敦煌佛教亦由此演变成了"世俗佛教"。这一变化,一方面反映了人们对世间、人生的肯定和赞赏,一方面也折射出社会物质生活有了显著的改善,精神生活方面也有了新的追求[③]。

壁画题材的变化以及由此引起的洞窟格局的微妙变化,意味着莫高窟艺术的视点,逐渐从倾心专注于佛国,游目到纷繁多彩的人世。可以说,大量经变画的出现,使洞窟变成了人世的佛国。印顺法师说:"佛陀怎样

[①] 莫高窟北周296窟窟顶的福田经变,是隋代之前出现的经变画,篇幅不大,情节有限,位置高仰,不便目观,与隋代以来经变画的大量出现,篇幅巨大、情节复杂、位置近人、便于目观者不足相提并论。

[②] 印顺法师:《我之宗教观》。《妙云集》下编之六,第8页。

[③] 据楼宇烈《中国近现代佛教的融和精神及其特点》转引。见杨曾文、方广锠编:《佛教与历史文化》,宗教文化出版,2001年版,第572页。

被升到天上,我们还得照样欢迎到人间。"由此莫高窟佛教艺术进入了一个前所未有的新的精神境界。

隋代以来供养人像也发生了非常大的变化。一是供养人像的形体由渺小逐渐向高大转变,洞窟中出现了前所未有的高与身等甚至高过人身的供养人像,如唐130窟晋昌郡太守乐庭瓌像及其妻王氏夫人像、五代98窟供养人于阗王像等,身份高贵的人物还加画有护顶华盖(如乐庭瓌画像、于阗王画像);二是家族供养人群像及社会集团供养人群像也越来越多地出现在洞窟中(如第98窟),有的甚至"祖孙五枝,图素四刹"①。

98窟是归义军节度使曹议金修建的功德窟,该窟除了画有曹议金高达242厘米的巨大画像之外,还在甬道及四壁画有曹氏家族、亲戚长幼,军、州、县、乡官吏僚佐,管内释吏、僧尼大德等223人的高大画像,并题写了他们的官职、荣衔、亲戚及隶属关系,借以显示各自的身份地位。此种佛窟,既有着佛国世界的神圣庄严,又有着世间朝班的威势雄风。

对于敦煌社会达官贵人、仕女名流以供养人画像的形式群集于98窟的现象,笔者曾作过如下的评论:

> 一方面借以表达曹议金及其亲眷僚属基于佛教信仰而做出的善业功德;另一方面又表现出这些人出自世俗意识扬名显功的欲望。从佛教信仰来说,以曹议金为首的一班人作为信士集团自然希求名列佛国;从社会需要来说,以曹议金为首的一班人作为政治集团也要求显示自己高贵的身份、地位和实力、功业……这个集团拥有强大的力量,足以震慑群氓和某些意存不轨者;这个集团高贵的社会、经济地位,堪使黎庶延颈钦仰。若在朝廷,可能图形麟阁;但在敦煌,只好题貌灵岩……这二百多个供养人济济一堂的场面,直到千年后的今天,仍使中

---

① 见 P.3608《大唐陇西李氏莫高窟修功德记》。

外巡礼观光者驻足流连，看着他们的画像，读着他们的名衔，想象着他们的身世功业。这恐怕正是此窟窟主曹议金和二百多个供养人生前奢望及身后兑现吧。

笔者还曾指出：

> 98窟供养人画像对旧格局的大胆突破，一方面显示出世俗人自我意识的潜滋暗长；另一方面显示出在非自觉的世俗意识排挤下，神权势力逐步退缩。尽管曹议金等人主观上仍然自信是佛祖的虔敬信徒，但客观上他们毕竟日益远离了古老信仰的传统。主观与客观的矛盾，意味着人间世俗社会不断前进，在人同超人力的斗争中，一步步地摆脱着听天由命、无所作为的旧观念的束缚，越来越多地肯定着自身的存在和价值。①

总而言之，此窟表现出佛化被于人世、人世共仰佛化气氛，呈现出佛国与人世的和谐统一。前面所说：隋代以来莫高窟佛教艺术出现的前所未有的精神境界，莫高窟第98窟堪为典型。

五代时期，佛教在敦煌已经普及于社会各阶层，基本上成了当地全民同奉的宗教，敦煌社会亦随之成为节度使统治下的佛教社会。五代时期敦煌歌谣对此有充分的反映，略举数例于下：

> 古者三峗圣迹，萨诃仗锡因资（兹）……莫不远觅净土，即此便是阿弥。（P.3302《上梁文，儿郎伟》）

> 敦煌是神砂（乡）福地，贤圣助于（以）天威……太保（此指归义军节度使曹议金）深信三宝，寿命彭祖同时。（ДХ.1049《儿郎伟》）

> 伏惟我大王（此亦指归义军节度使、瓜沙州大王曹议金）宝位，千秋永坐金台。加以常行十善；月月奉持六斋。遂感四

---

① 李正宇：《莫高窟第九十八窟的历史背景与时代精神》，香港《九州学刊》第4卷第4期，1992年4月，第40~41页。

王护世，于国每施慈哀。（P.4055《儿郎伟》）

再看太保颜如佛，恰同尧王似重眉。（P.3500《歌谣》）

大王（此指归义军节度使、瓜沙州大王曹元忠）是上方菩萨，天耶（爷）下为神祇。（S.6181《儿郎伟》）

观音世（示）现宰官身，府主唯为镇国君……君圣臣贤菩萨化，生灵尽作太平人。（P.2187后晋敦煌僧愿荣题诗）

敦煌人视本土为"神乡福地"，称颂当地军政首脑"大王"是"上方菩萨"，"宰官"乃"观音示现"。表明五代时期的敦煌佛教与世俗社会相应比附，彼此互衬。这一时期的莫高窟佛教艺术，在很大程度上成为敦煌社会艺术的重要题材，也是五代时期敦煌佛教同敦煌社会进一步和谐共融的写照。

宋僧道诚尝言："造像梵相，宋齐间皆唇厚、鼻隆、目长、颐丰，挺然丈夫之相。自唐来，笔工皆端严柔弱，似妓女之貌，故今人夸宫娥如菩萨也。"① 莫高窟也是如此，从初唐以来，菩萨造型便开始向女性化转变，菩萨、天女一起日益靓妆、娇美。人性化的成分逐渐加强，而菩萨、天人的神圣性则日渐弱化，终于与人间仕女无大差别，佛教艺术进一步向世间艺术靠拢贴近，莫高窟艺术于是进入一个新的境界——佛境移入人境，佛、菩萨就在人间。

另一方面，人们在礼敬佛尊的同时，有时也会用世俗心态来观赏寺窟壁画、塑像；敦煌遗书 P.3197 号有卢茂钦《阙题诗》可为印证。诗云："偶游仙院睹灵台，罗绮分明塑匠裁。高绾绿鬟云髻重，手垂罗袖牡丹开。容仪一见情难舍，玉貌重看意懒回。若表恳诚心所志，愿将姿貌梦中来。"同号又有句云："怜君壁上新装（妆）女，似口（我）佳（家）中旧玉人。"从宗教信仰的立场来说，此种观赏角度，不仅超出了塑绘匠师原来的立

---

① ［宋］释道诚：《释氏要览》卷中。

意，而且近乎对菩萨、天女的亵渎。但它毕竟是作品内涵的一种外延，也是世俗审美观点对宗教艺术的一种选择性观赏，尽管它同宗教艺术创作的主观意图并不相伴。

综上所述，可以看出，莫高窟艺术的精神境界随着时代的前进，的确出现了很大的变化。这种变化，其实是敦煌佛教思想境界变化的反映。敦煌佛教从厌弃今生、追求来世，到向往人生、祈求安乐，是了不起的精神升华。莫高窟艺术正反映了这种精神升华，从而发挥其反映敦煌佛教现实的作用。

（此文原刊于敦煌研究院编《2004年石窟研究国际学术会议论文集》下册，上海古籍出版社，2006年，第595~601页。收入本书时略有修订。）

唐宋时期敦煌僧尼世俗生活面面观

敦煌佛教,从十六国时期以来已经出现世俗化倾向,到唐贞元四年(788年)吐蕃占据敦煌之日[①]开始,逐渐演变成了与传统佛教大相径庭的"世俗佛教"。根据敦煌文献、莫高窟壁画及莫高窟供养人题记等资料可知,"世俗佛教"在敦煌至少延续到沙州回鹘政权覆灭的北宋治平四年(1067年)[②],流传了280年。这280年的时段,本文略称为中晚唐至北宋时期。此后,西夏及蒙古、元朝统治敦煌,由于保存的文献资料不多,"世俗佛教"

---

① 吐蕃占领敦煌的起始时间有多种说法。本文取李正宇"贞元四年(公元788年)"说。详见李正宇:《沙州贞元四年陷蕃考》,《敦煌研究》2007年第4期。

② 沙州回鹘政权,是继沙州曹氏归义军政权覆亡之后统治敦煌的政权。这个政权的统治者为沙州回鹘,其统治敦煌的时间约为公元1036—1067年。1067年春,西夏再度攻占敦煌,从此进入西夏统治时期。详见李正宇《悄然湮没的王国——沙州回鹘国》。收入《1990年敦煌学国际研讨会文集·石窟史地、语文编》,辽宁美术出版社,1995年。

在敦煌流行的情况不太清楚，但也没有发现"世俗佛教"在敦煌不再流行的证据。

1996—1998年，由笔者牵头的"唐宋敦煌世俗佛教研究"课题组，承担国家社会科学基金资助项目《唐宋敦煌世俗佛教研究》，首次提出"唐宋敦煌世俗佛教"的命题。这一命题，与以往学者仅仅认为唐宋时期敦煌佛教有"某些世俗化倾向"的说法不同。我们认为，从唐贞元四年到宋治平四年（788年到1067年）这280年间，敦煌佛教不是仅有"某些世俗化倾向"的问题，而是演变成了"世俗佛教"。

1998年10月，课题组写出"唐宋敦煌世俗佛教研究"课题报告，对世俗佛教的性质、概念作了如下的概括："世俗佛教，是指饱含世俗意愿，兼容世俗生活，融通世俗目的，呈现世俗色彩的佛教。它与经典佛教或称传统佛教同属佛教范畴，却与正统佛教同中有异、互相区别。是佛教系统中信众最多、流行最广，但被正统佛教视为杂流不纯、甚至斥为异端的一个佛教形态。"[①]又说："正统佛教最突出的特点是教人出世弃俗，而世俗佛教恰恰相反，它所追求的却是入世合俗。这一点，成为区分二者最基本的标尺。"[②]此后，笔者陆续发表系列论文，详尽论证唐宋时期敦煌佛教的世俗特性（论文详见本书）。

释迦牟尼修道时、初转法轮时及涅槃前多次宣说他所证悟的"四圣谛"，认为"苦、集、灭、道"是世界、人生的基本真理。"苦"谓"三界六趣"（其中包括人间世界）充满种种苦难；"集"谓招致种种苦难的原因；"灭"谓苦难毕竟解脱的理想境界；"道"谓通往解脱苦难、到达理想境界的途径。这告诉人们：世界和人生是无边无际的苦海，除了生、老、病、死之苦，还有"忧悲恼苦""怨憎会苦""恩爱别离苦""所欲不得苦"（《增

[①] 引自"唐宋敦煌世俗佛教研究"课题组撰：《唐宋敦煌世俗佛教研究》，第一章第一节。"唐宋敦煌世俗佛教研究"课题组1998年10月打印本，第1页。

[②] 同上注，第2页。

一阿含经·四谛品》）。总之，不但过去苦，现在苦，未来仍然苦，人世和生存一切皆苦；而人们之所以堕入苦海，是由于本人前世和今生造下了种种恶业的必然结果；若要摆脱苦难，脱离苦海，其理想境界是不生不灭、安乐自由的"涅槃"善果；要取得"涅槃"善果，只有排除世间诸欲，一心修养佛性这条道路可走，除此之外，别无他途。这就是佛尊所教示的、佛学家所反复阐发的世界、人生的"四谛"。

中晚唐、五代、北宋时期的敦煌佛教，口头上仍然念叨这世界、人生的"四谛"，但实践上却对"四谛"说大打折扣，甚至貌合神离。晚唐北宋时期，敦煌佛教"四众"（僧、尼及在俗男女信徒）并不以世界为秽土、人生为苦海，反而恋生恶死，对现世和人生充满憧憬，因而珍视此生，并且竞竞不已地争取更好地生存。他们除了自身奋斗之外，同时又求助于亲朋的帮助、官府和社会的支持，当然也求助于佛、菩萨、天王的神通保佑。但他们并未把佛、菩萨、天王的神通保佑当作解脱今生苦难的唯一途径。因而他们并不躺在佛菩萨的怀抱里等待着佛菩萨的救助，而是自己想方设法去消除苦难，挣脱不幸，以期改善处境。信徒们将来世的解脱寄托于佛、菩萨。然而这种对"来世解脱"的追求，其思想基础却不是基于对"四谛"哲理的认同，而实际上是对现世利乐之追求的继续和延伸。这就同正统佛教"苦、集、灭、道"的教义大相径庭，甚至是背道而驰。这一现象，突出表明晚唐北宋时期的敦煌佛教同正统佛教巨大的差别。如果说，正统佛教基本上是"厌世恶生""出世离俗"，甚至"超世绝俗"的佛教，那么晚唐五代及北宋时期的敦煌佛教却是架空了"不执""无着""色空""性空"信条的"入世合俗"的佛教，所以我们把它叫作"世俗佛教"。

佛教"四众"之中，僧尼二众不仅是佛教信徒，而且是传播佛教的专门职业者，是佛教信徒中的骨干和表率，在"四众"中影响力最大。因而僧尼生活中的世俗行为，最具有代表意义。透过僧尼的世俗生活表现，可以推知"四众"的一般状况。在对中晚唐至北宋时期敦煌僧尼生活行事进行考察的过程中，可以处处感觉到敦煌僧尼沉浸于浓厚的世俗尘缘之中。按照佛教的教义，僧尼既已出家离俗、皈依佛门，就应当灭情去欲、割断尘缘。唐代名僧、律宗创始人道宣指出："真诚出家者，怖四怨之多苦，厌三界之无常，辞六亲之至爱，舍五欲之深著。能如是者，名真出家。"（《翻译名义集》）。而这一时期的敦煌僧尼，却有着强烈的世俗情缘。敦煌僧众广泛流行着一首叫作《辞娘赞》的唱辞：

> 好住娘，好住娘，
> 娘娘努力守空房，好住娘！
> 儿欲入山修道去，好住娘！
> 兄弟努力好看娘。好住娘！
> 儿欲入山坐禅去，好住娘！
> 回头顶礼五台山。好住娘！
> 五台山上松柏树，好住娘！
> 正见松柏共连天。好住娘！
> 上到高山望四海，好住娘！
> 眼中泪落数千行。好住娘！
> 下到高山青草里，好住娘！
> 豺狼野兽竞相亲，好住娘！
> 哺乳之恩未曾报，好住娘！
> 誓愿成佛报娘恩，好住娘！
> 爷娘忆儿肠欲断，好住娘！
> 儿忆爷娘泪千行，好住娘！
> 舍却爷娘恩爱断，好住娘！
> 且随袈裟相对时。好住娘！
> 舍却亲兄与热弟，好住娘！
> 且随师僧同戒伴。好住娘！

舍却金瓶银叶盏,好住娘!

且随钵盂青锡杖。好住娘!

舍却槽头龙马群,好住娘!

且随虎狼师(狮)子声。好住娘!

舍却织毡锦褥面,好住娘!

且随乱草与一束。好住娘!

佛道不远回心至,好住娘!

今生努力觅后因。好住娘!①

此辞"对父母兄弟、金瓶银盏、槽头马群、织毡锦褥的难割难舍,几乎是声泪俱下!透露出栖止寺院、身着袈裟的和尚、沙弥们,并未全身心地埋头于青灯黄卷;世俗生活及家庭人伦之乐依然使他们牵肠挂肚,他们不仅没有割断尘缘,反而尘缘甚浓"②。

敦煌僧人的世俗尘缘,不仅仅存在于内心意识之中,而且通过歌咏,铺陈张扬,公开坦露,毫不遮掩。敦煌遗书中发现数十件僧人歌辞《父母恩重赞》抄本。《四十二章经》云:"佛言:出家沙门,断爱去欲……人怀爱欲,不是道者。"③但敦煌僧尼虽深怀爱欲,却不以为有违佛戒,亦不被人视为"不是道者"加以讥斥,显示出敦煌佛教界及世俗社会均不以僧尼保有世俗尘缘意识并在相当程度上参与世俗生活为违戒。下面让我们选取若干剖面进行一些考察。

(一)僧尼奉行世俗孝道

中国传统观念以为:"夫孝,德之本也。"又曰:"人之行,莫大于孝。"(俱见《孝经》)而佛教僧尼既已出离俗家,即意味着"人子"身份已变为

---

① 据敦煌遗书 S.0019、1497、4634、5892,P.2713、2919,北图乃字74、碱字18等卷校订。
② 拙文《唐宋时期的敦煌佛教》,收入《敦煌佛教艺术文化论文集》,兰州大学出版社,2002年。本书亦有收录。
③ 此据《梵网经菩萨戒本疏》所引。今本《四十二章经》作"人怀爱欲,不见道者"。

"佛子"，当须舍身事佛，不得复以世俗恩亲为念。释迦离家后，即献身于传法弘教，既不继承父祖的王位和治国之事，亦不事养父母。三国时康僧会编译《六度集经》，便不得不吸收中国的孝道观念，汉译佛经中最早出现了"饭诸贤圣，不如孝事其亲"①，"子孝臣忠，天神荣卫"，"孝顺相承，戒、行具高"②的经文，对孝道予以肯定。当时，佛教界对孝道观念并未着力张扬。两晋以来，《睒子经》《盂兰盆经》《父母恩难报经》《孝子报恩经》等一批敷说孝道的经典相继译出，然而佛家的孝道，与世俗的孝道并不相同。佛教以为，世俗之孝不过"瞬息尽养，无济幽灵"，而佛家的孝道基本上是以舍弃人间恩爱为前提，用"拯溺俗于沉流，拔幽根于重劫"③，"学道拔亲，冥苦永断"④来报答父母生育长养之恩，这才是大孝，故云"一切世间知恩报恩之无过佛"⑤。但佛教的道理及佛家的自辩，毕竟不足以抗衡我国"生而事养，死则灵祀"的传统观念，乃不得不兼取世俗孝道观念。此后，佛教一面为亡父母营办超度，求生极乐，一方面也为在世父母求取现世利乐，如禳灾祛病、延年增寿之愿。佛家的孝道观念逐渐吸收中国世俗的孝道观念，与世俗的孝道观念逐渐沟通接轨。中晚唐至北宋时期，敦煌佛教更不遗余力地大倡孝道，采取多种形式宣传鼓吹。例如：积极传抄、供养、流通读诵《睒子经》《正法念处经》《盂兰盆经》《报父母恩重经》等弘扬孝道的经典，并把这类经典绘成壁画、绢画向广大群众进行

---

① 见康僧会编译《六度集经》之《忍辱度无极章》。按《四十二章经》只云："佛言：饭恶人百，不如饭一善人；饭善人千，不如饭一持五戒者；饭五戒者万，不如饭一须陀洹；饭百万须陀洹，不如饭一斯陀含；饭千万斯陀含，不如饭一阿那含；饭一亿阿那含，不如饭一阿罗汉；饭十亿阿罗汉，不如饭一辟支佛；饭百亿辟支佛，不如饭一三世诸佛；饭千亿三世诸佛，不如饭一无念无住无修无证之者。"绝无康僧会所谓"饭诸贤圣，不如孝事其亲"之意。从知此言为康僧会所加。

② 分见及《布施度无极章》。
③ 慧远：《沙门不敬王者论》，见《弘明集》卷五。
④ 刘勰：《灭惑论》，见《弘明集》卷八。
⑤ 见《大般若经》卷第四百三十。

直观宣传；在僧尼及世俗人群中传唱孝道歌曲，如《父母恩重赞》《十恩德赞》《孝顺乐》《皇帝感·新集孝经十八章》《杨满山咏孝经十八章》《天下传孝十二时》《十二时行孝文》《故圆鉴大师二十四孝押座文》；说唱《目连变文》《董永词文》《双恩记》《盂兰盆经讲经文》《父母恩重经讲经文》之类的行孝故事；举办各种法会如盂兰盆会、临圹念诵、追七斋会、年忌斋会、脱服法会、远忌法会等为亡亲追福超度；尤其值得一提的是，还为亡亲邈真画像、设立影堂、四时祭拜、"缘生事亡"，大大突破了佛教不祭拜杂神及人间亡灵的律条。

在僧尼中，行孝事亲不仅被视为个人美德，而且被纳入宗教信行范畴。P.4660《故沙州缁门三学法主李和尚写真赞》称颂报恩寺李惠因和尚"事亲无怠，味法忘疲"，将"事亲"与"味法"相提；P.4640《索法律窟铭》，说索法律"躭修十善，笃信三乘；惟忠孝而两全，兼文武而双美"，将"十善""三乘"与"忠孝"并论；P.4660《沙州释门都教授炫阇梨赞并序》对沙州释门都教授（即都僧统）张金炫和尚，"慈母丧目，向经数年，方术医治，意（竟）不瘥退。感子至孝，双目却明；后经数年，方尽其寿"的故事着意渲染；乃至僧人自称"孝子""孤子""哀子""哀侄"①，与俗人无别。凡此种种，表明敦煌佛教的确已将行孝事亲纳入了宗教信行范畴，打破了"出家弃俗""割绝世情"的戒条。《法苑珠林·出家部·述意》说僧人"形阙奉亲，内怀其孝"，而敦煌僧人则是"无阙奉亲，内外俱孝"，在孝养事亲方面与世俗无异。寺院作为弘传佛法的场所，又由此而兼为弘扬孝道的重要场所。

作为孝顺观念的自然延伸，则是兄弟、姊妹、夫妻、子侄的天伦情缘。

---

① 例如 S.4504《四分律比丘含注戒本》背题："孝子信智记。" P.2285《佛说父母恩重经》末题："丁卯年（847年）奉为亡妣写毕，孤子比丘智照。" P.2697《清泰二年（935年）比丘绍宗为亡父母大祥转经、设斋、放良、舍施回向疏》，末署"清泰三年九月十四［日］哀子比丘僧绍宗谨疏"。S.5718《天福十年（945年）金光明寺比丘庆遂为故叔僧政百日设供疏》末署"天福拾年五月廿二日，哀侄比丘庆遂疏"。

这些，在后面的论述中将会看到不少事例。

（二）僧尼"出家"却多住俗家而住寺者少

出家住寺是僧尼戒律的明确规定，《四分律藏》载：佛云"若比丘与未受大戒人共宿，过二宿至三宿，波夜提。"（见《四分律藏》卷十一，又《四分律比丘戒本》《十诵比丘波罗木叉戒本》《五分戒》《比丘尼戒本》等皆有此戒）《新唐书·百官志三》"崇玄署"条载："道士、女官、僧尼……凡止民家，不过三夜。出逾宿者，立案连署，不过七日；路远者，州县给程。"而中晚唐至北宋时期敦煌僧尼，绝大多数却是生活在俗家，只有极少数常住寺中，可以说是既已"出家"，亦可在家。这一现象，郝春文教授在其名著《唐后期五代宋初敦煌僧尼的社会生活》中列举过大量例证，进行了充分的论述①，已成学界共识，得到普遍认同，这里勿烦赘引。只补充说明两点：

（1）佛教最初无寺院，故释迦说法于树下。迨后，信士为出家人建立精舍，出家人才有了集中统一的居住修行之所，于是有了僧尼住寺而不与俗人同住的种种教戒。在特殊情况下，僧尼不得不与俗人短暂同住者，则限期不得超过三日夜，若超过三日夜，就是犯了"波夜提"罪。《摩诃僧祇律大比丘戒本》云："若比丘与未受具戒人同屋，过三宿，波夜提。""波夜提"亦作"波逸提"，《十诵律》说是"堕在烧煮、覆障地狱"之罪；《翻译名义集》把它比附为世俗的"配徒"之罪。

唐王朝也曾申令僧尼须住寺院，明令禁止僧尼居住俗家。《唐会要》卷四十九"释道杂录"载："开元十九年六月二十八日敕：'惟彼释道，同归凝寂，各有寺观，自宜住持……或妄说生缘，辄在俗家居止，即宜一切禁断。'"而中晚唐至北宋时期，敦煌僧尼多半出家不离家，虽挂籍于寺院（名挂寺籍），却常年住在俗家，无论佛戒、世律，都属违禁之行。但

---

① 郝春文：《唐后期五代宋初敦煌僧尼的社会生活》，中国社会科学出版社，1998年。

在敦煌，僧尼长期居住俗家并不受非议，无论官府、僧司乃至民众，都予以认可。僧司则只要求僧尼于每年四月十六日到七月十五日夏安居的九十天内齐集住寺，而其他时间则不限住寺与否①。P.6005《沙州都僧统司僧政、法律等为夏安居事帖诸寺纲管》云："奉都僧统帖，令僧政、法律告报应管僧、尼、沙弥及沙弥尼，并令安居，住寺依止……恐众难齐，仍勒上座、寺主亲自押署，齐整僧徒。"从"恐众难齐"之语揣度，即夏安居期间仍有僧尼住在俗家，并不到寺履行安居。该帖又云："自安居后，若无房舍，现无居住空房舍，仰当寺纲管即日支给。"表明僧尼的确有常住寺外而本寺原本就没有为他（她）安排住处的事实。六祖《坛经》云："若欲修行，在家亦得，不由在寺。"然而"僧尼当住寺院修行"的观念早已形成，既为僧尼而不住寺，毕竟不合传统。故六祖的高论，只能作为一种道理的阐发，却不可加以推行，若真的加以推行，则佛教将因散漫无组织而不成团体矣。而敦煌既保持了寺院和僧团的存在，又兼许僧尼"在家修行"，创造了僧尼不独限住寺内且亦遍布社会的新型模式。这种模式更加有利于佛教向世俗社会的渗透，促进了敦煌佛教的广泛传播。敦煌文献反映，晚唐至宋，敦煌除建有不少正规寺院之外，还有更多的村社、坊巷、私家兰若、佛堂，又有遍布于民户的佛龛香堂，此外还有莫高窟、东水沟、西千佛洞、黄鸭洞（以上属敦煌市）、五个庙、石包城（以上属肃北县）、榆林窟、水峡口、东千佛洞、旱峡（以上属安西县）等大小石窟群的千余座佛窟，这些民间的兰若、佛堂、佛龛、佛窟，许多是由散在民户的僧尼主持运行的，可以说是把寺院办到了居民家中。僧尼住在俗家所起的作用，等于寺院将僧尼派驻于俗家，让他们在无数个家庭中建立弘法基地，使弘法活动深入于社会最基本的单位，随着佛教向社会的广泛渗透，使佛教信仰普及

---

① 晚唐大中年代，日僧圆仁记述浙江"国清寺常有一百五十僧久住，夏节有三百已上人泊；禅林寺常有四十人住，夏节七十余人"，似乎也有类似敦煌的现象。见圆仁《入唐求法巡礼行记》卷一。

于全社会。到五代时期，敦煌社会基本上变成了节度使统治下的佛教社会。由此看来，敦煌不少僧尼出家不离家的现象，的确促进了当地佛教的蓬勃发展，不仅对佛教毫无损伤，反而给佛教增添了意想不到的活力。敦煌佛教得以普及于全社会，成为一方"国教"，虽非全由"僧尼多住俗家"而来，但"僧尼多住俗家"的特殊模式的确起了重大作用。

与其他地区加以比较，愈可看出其意义之重大。"僧尼多住俗家"可以视为一种模式，理当在我国汉传佛教史上具有一席之地。

（2）敦煌僧尼常年住在俗家之合法化，是从吐蕃占领敦煌时期开始的。S.3287《吐蕃子年（808年）沙州百姓氾履倩等户户籍手实残卷》，本卷残存五户，其中出家为僧尼者共7人（男2、女5）。计：

索宪忠户："女妃娘出度"，"男性奴出度"，"女意娘出度"，"男再佛出度"；

氾国珍户："（氾国珍次子不采）小妇出度""（氾国珍）妹性娘出度"；

梁庭兰户："女妃娘出度"。

"出度"，即剃度出家，指已获得僧尼身份，与在家俗人受"八戒"者不同（该卷氾国珍户载，其女"小娘年十二八戒"。"八戒"指"受八关斋戒"，而"八关斋戒"为在家俗人所受之戒，与"出度"为僧尼者不同）。《氾履倩等户手实残卷》所载二男五女既已出家为僧为尼，理应入住寺院，著籍于寺。但此件仍著籍于俗家者，则是其人出家不离家，住家不住寺。余考 S.3287号《子年百姓氾履倩等户籍手实牒》制作时间为公元808年（吐蕃统治敦煌第21年）[①]，从知僧尼出家不离家之事，当起自吐蕃占领时期。这种现象从蕃占时期延续下来，直到北宋初期。S.4125《宋雍熙二年（985年）沙州百姓邓永兴户状》载，该户内有"弟僧会清"，而僧会清亦在户

[①] 见拙文《吐蕃子年（808年）沙州百姓氾履倩等户户籍手实残卷研究》，收入《1983年全国敦煌学术讨论会文集（文史·遗书编上）》，甘肃人民出版社，1987年，第189~190页。

内受田，表明敦煌僧尼出家不离家的现象确实延续到了北宋。曹氏归义军之后，文献有缺，不知其详。

禅宗六祖惠能曾说："若欲修行，在家亦得，不由在寺。"（《坛经》）或者以为敦煌僧尼在家修行不住寺内，可能是受到惠能此言的影响。但"若欲修行，在家亦得，不由在寺"的思想，并非惠能的创新，古印度维摩诘居士早已通过自己的事例揭示过这个道理，况且惠能在"若欲修行，在家亦得，不由在寺"之后接着说："在寺不修，如西方心恶之人；在家若修行，如东方修善。但愿自家修清静，即是西方。"可见惠能所要强调的只是真心"修持"，并非提倡僧尼不住寺。至于到吐蕃占领敦煌之后公然出现僧尼在家修行之事，自当别有原因。盖"生缘"之念，僧尼亦不能免，而僧戒世法皆加抑制，不让"生缘"之念膨胀。吐蕃占领敦煌之后，压制的力度大为松动。这是因为吐蕃占领敦煌初期，正是赤松德赞（755—797年）赞普停止灭佛运动，恢复佛教活动的初期。此时，吐蕃佛教尚处在同苯教较量争胜阶段，一方面需要壮大佛教僧尼队伍，除了扩充寺院中的僧尼数量之外，也需要在寺院之外的广大世俗民户中剃度"家居"僧尼，使僧尼渗入民间；另一方面，此时吐蕃佛教的教义、教戒及僧尼规范均尚未臻完备，而对苯教世俗思想颇多吸收。吐蕃苯教有"出家僧侣"与"在家咒师"并存之制。敦煌佛教出现"在家僧尼"，应是受到吐蕃苯教"在家咒师"之制的影响。于是僧尼不住寺才得以公开合法。佛教出现"在家僧尼"，乃是对苯教"在家咒师"之制的吸收与借鉴。然而这一变化，说到底是世俗情缘在合适的社会条件下的顺势增长。

（三）僧尼不从"释"姓，仍冠俗姓，甚至保持俗名

经中本来有"杂类出家，皆舍本姓，同称释子"之说①。东晋道安倡言："凡剃发染衣，绍释迦种，即无殊姓，宜悉称'释'氏。"从此开始，

---

① 参见道诚：《释氏要览》卷上"姓氏"篇，《大正藏》第54册258页。

中国僧人乃弃俗姓、从"释"姓（如"释道安""释法琳"），以示出"家"离俗，归于佛门。而中晚唐北宋敦煌僧尼一反释门四百年传统，可以不用"释"姓，仍用俗姓。如S.2792《吐蕃辰年（788年）三月沙州僧尼部落米净辩牒》载沙州十三所僧尼寺院在籍僧尼310人，皆著法名而冠以俗姓，如"龙兴寺都统石惠捷""大云寺都统康智诠""莲台寺安道进""灵图寺索智澄""金光明寺张金曜""灵修寺（尼）徐法贞""普光寺（尼）王智净""大乘寺（尼）张法性"。又，Дх.1610《瑜伽师地论随听记》末题："大中十一年（857年）九月七日，比丘张明照随听写记。"P.5032《甲申年（984年）九月廿一日渠人转帖》载有"宋清兴阇黎"之名。此件为北宋雍熙元年文书。表明僧冠俗姓之风，一直延续到北宋。

上举皆属敦煌僧人俗姓与法名合用之例。此外，僧人出家之后仍然允许保留并使用俗姓俗名，如P.2515《辩才家教》末题："甲子年（964年）四月廿五日显（敦煌显德寺之简称）比丘愿成，俗姓王保全记。"尤有进者，敦煌僧尼还每以出身名门而自矜高，P.4640《沙州释门索法律窟铭》记索和尚"其先商王帝甲之后……远祖前汉大中大夫［讳］抚……皇祖左金吾卫会州黄石府折冲都尉讳奉珍"；P.4660《沙州释门张僧政赞》记张和尚为"敦煌甲族，墨池张氏"；同号《故沙州缁门三学法主李和尚写真赞》记李和尚为"五凉甲族，武帝（西凉武昭王李暠）宗枝"；P.3718《后梁沙州管内释门僧政张喜首和尚邈真赞》记张喜首和尚"即首厅宰相、检校吏部尚书张公（文彻）之中子"；P.3556《后周普光寺法律尼清净戒邈真赞》记清净戒"即前一十一州节度使张太保之贵孙"；同号《后周敦煌郡灵修寺阇梨尼张戒珠邈真赞》记此尼"即前一十一州张太保之贵侄"；同号《后周大乘寺法律尼某邈真赞》记此尼"即前河西十一州节度使曹大王之侄女"。如此夸耀祖系以增荣光之例，举不胜举。

中晚唐北宋敦煌僧尼喜冠俗姓，不用"释"为统姓，甚至可用俗名的现象，表达了僧尼不忘祖祢，牢记系姓的情志，从另一侧面反映了孝道观念在僧界的增长。非止此也，敦煌僧人还颇以名门望族自矜。北8418《姓望氏族谱》末题："大蕃岁次丙辰（836年）后三月庚午朔十六日乙酉，鲁国唐氏苾蒭悟真记。"悟真为敦煌名僧（晚唐时升任沙州都僧统），他不仅饶有兴致地抄存世俗流传的《姓望氏族谱》，而且还真的以"鲁国"郡望自矜门望。凡此种种，悉皆钟情世俗尘缘之表现。

（四）敦煌僧俗义结金兰、参与结社

佛教戒律明言，沙门者，息心世欲、割断尘缘者也，僧人既弃家入道，世间其他羁绊，皆当避而远之。父母、同胞之义且须割断，自不可与异姓侪辈义结金兰，故为缠缚，坏其僧守。但在敦煌，却有僧俗、异性侪辈共缔兄弟之义、结手足之胶漆者，此亦敦煌世俗佛教之一大异。S.6300《丙子年（976年）乾（敦煌乾元寺）僧随愿共乡司判官李福绍结为弟兄凭约》载：

> 丙子年二月十一日，乾元寺僧随愿共乡司判官李福绍结为弟兄，不得三心二意，便须一心一肚作（者）简。或有一人，所作别心，对大佛刑罚。其弟兄所有病患之日便须看来。一、人看端正，二、乃兄弟名德，有甚些些，□（不？）得倍（悖）逆。便仰□□同心，便欢悦之地。此师兄□弟，不凭文字，愿山河为誓，日月证盟，地转天回，勅（勒）凭为验耳。弟兄乾元寺白禅院大法师兼上座随愿（押字）弟子、书手李福绍（押字）

此文指山河为誓，引日月证盟，对大佛执罚，皆有违僧戒。P.3214有《丁卯年（907年）僧信惠祭契兄文》一篇，文云："宗枝虽异，心髓长洪（共）……先世因果，今生股肱。"把彼此的结契，归结于前世之注定，提高到了轮回境界。如是等等，皆违背佛教禁戒。但在敦煌，却无违僧尼规范，而视为正常行为。这样，僧俗异性互结金兰，便昂首步入了佛教僧团。这又是敦煌世俗佛教的一项革新。

为了"互怀睦善"，"济苦救贫"，"危则相扶，难则相救"，"追凶逐吉","益死营生","自不能置，须凭众赖"，促使人们互相结成性质、规模不同的社，敦煌见有亲情社、兄弟社、坊巷社、女人社、行业社等，通过合力之功来解决独立难办之事，敦煌僧尼亦参与其中。敦煌遗书保存有不少这一时期社邑文书及社司转帖，多有僧尼及信众具名，确切表明敦煌僧尼及信众加入世俗会社并参与活动。

（五）僧尼置业、竞利、雇工、蓄奴

佛教戒律规定，寺院为促进佛教事业的发展，可以聚财殖业，而僧尼个人则不得殖业兢利。《四分律删繁补阙行事钞》卷中二"随戒释相篇"有"畜钱宝戒""贸宝戒""贩卖戒"诸篇，对蓄捉、贩利、买卖"田宅园林，种植生种，贮积谷帛，畜养人仆，养系禽兽，钱宝贵物，毡褥釜镬，象金饰床及诸重物"，都作了详细明白的禁戒规定和解说，并指明：犯之者分别得波逸提罪（即堕罪，相当于徒流之罪）、提舍尼罪（须发露悔过之罪，相当于杖罪）、突吉罗罪（即恶作罪，相当于笞罪），为其"皆长贪坏道，污染梵行"故。又曰，"《律》言：佛告大臣，若见沙门释子……受金银钱财，则决定非沙门释子……佛世尊欲增尚弟子，令弃鄙业，远超三界，迎为世范，今乃反自坠陷，自蓄自捉，剧城市之商贾，信佛法之烟云，反自夸陈，妄排佛律，云'但无贪心，岂有罪失？'出此言者，妄自矜持，不思位是下凡，轻拔大圣；一分之利尚计，不及俗士高逸……岂唯蓄捉长贪，方生重盗之始。"要求僧人"勤修三业，舍营世事"。

唐后期五代北宋的敦煌寺院，各各拥有大量土地，有寺户（晚唐以来谓之"常住人户"，亦称"常住百姓"）为之供役，并出租油梁碾坊，牧养羊马，放债取利，自不待言。至于僧尼个人，亦颇多拥有土地房舍，蓄奴雇工，经营利贷，开店货卖，等等。举例于下：

1. 僧尼拥有土地房舍。

P.2685《沙州僧善护、遂恩兄弟分家契》载，兄弟二僧有城内房舍、库舍、碾舍、庑舍；城外房舍、院落、牛庑、空宅地、园林，并有农田

107亩，其他用具、农具、牛、马、车、被、绢等不必一一详列。僧人又有自家庄宅聚落，如"王僧政庄"、"氾法律庄"（以上俱见 P.3875背）、"张僧政庄"（P.3763）、"吴法律庄"（北8462背）、"吴僧政庄"（P.2030背及P.2032背）、"索僧政庄"（S.1519-1）、"张老宿庄"（S.4782）、"绍智庄"（S.5890）。

僧人田产房宅，有承受父祖者，亦有自己营置者，多余农田则出租取值，如 P.2858背《吐蕃酉年（828年？）索海朝租地契》载，"索海朝租僧善恩城西阴安渠地两突（合唐制20亩），每年价麦捌汉硕（石），仰海朝八月末已前依数填还了。如违不还，及有欠少不充，任将此帖掣夺家资，用充麦直。其每年地子（即土地附加税），三分内二分亦同分付。酉年二月十二日立帖。身或东西不在，仰保[人]填还。（以下保人、见人签名画押略）"亦有僧人租种他人农田者，如 P.3214背《天复七年（907年）高加盈出租土地充折欠债契》："天复七年丁卯岁三月十一日，洪池乡（敦煌绿洲北部之一乡）百姓高加盈，先负欠僧愿济麦两硕、粟壹硕，填还不办，今将宋渠下界地伍亩，与僧愿济二年佃种，充为物价。其地所着官布、地子、柴草等，仰地主祇当，不忏（干）种地人之事。中间或有识（指）认称为地主者，仍仰加盈觅好地伍亩充替。两共[对面平章]（下残）。"僧人既有田地，自须承担赋役，与乡司百姓无异。

随着僧人自有财产的出现，则财产方面的纠纷诤讼亦伴之而起。P.3774《吐蕃丑年（821年）十二月沙州僧龙藏（俗名齐周）诉兄财产纠葛状》为僧人财产诤讼的典型文件。该《状》云："齐周不幸，父母早亡，比日以来，齐周与大哥同居合活，并无私己之心。今见齐周出家，大哥便生别居之意。昨齐周与大哥以理商量，分割什物及房屋、牲畜等，所有好者，先进（尽）大哥收检，齐周亦不诤论。昨大哥取外人之言，妄说异端，无种喧竞，状称欺屈者，此乃虚言，妄入仁耳……"兄弟反目，亲情仇对，以至于此，亦与世俗等而无别。P.2222b《唐咸通年代僧张智灯诉状稿》云："僧张智灯状：右智灯叔侄等先蒙尚书恩造，令将鲍壁渠地回入玉关乡赵黑子绝户地，永为口分，承料役次。先请之时，亦令乡司寻问虚实，两重判命。其赵黑子地在于涧渠，咸卤荒渐，佃种不堪。自智灯承后，今经四年，总无言语；车牛人力，不离田畔，沙粪除练（敛），似将堪种。昨，通颊言：'我先请射。'忏悷苗麦，不听判凭，虚效功力。伏望（下残）"僧俗之间，各争产权，互不相让，至不得不诉之官府求断。无论世法之孰是孰非，而智灯身为僧人，失忍辱之持，生忿净之心，亦同俗人无别。

2. 僧尼放债取息，参与世俗逐利活动。

S.8443c《丙午年（946年）正月廿一日李阇梨少有斛斗出便与人名目》载："孟庆郎便黄麻二斗，至秋三斗（押）；王员满便黄麻二斗，至秋三斗（押）；孟阇梨便黄麻一斗，至秋一斗五升（押）……"此件共出贷黄麻二石六斗，至秋（八个月内）得本利共四石三斗四升。同号《丁未年（947年）正月三日李阇梨少有斛斗出便与人名目》载："孔丑子便麦三硕，秋肆硕伍斗（押）；退浑暮（慕）容略罗便麦肆硕伍斗，秋陆硕柒斗伍升（押）（行侧添记"欠七斗五升。"当是至秋还债时所欠数）……"本件后部有残缺，计其所存部分，共贷出小麦二十二石二斗。本件反映八个月内利率为50％，据此计算，至秋应得本利三十三石三斗。又如S.55340《己丑年（929年）陈佛德贷褐契》："己丑年十二月十三日，陈佛德于僧长千面上贷红褐两段、白褐壹段，以至三月十五日，着还出（红）褐叁段、白褐壹段。若于时限不还者，便看乡原生利者。"借贷期仅一个季度（三个月），而利率为33％，僧人逐利之心，何尝逊于俗人。

3. 僧人为人撮合买卖、借贷、雇佣、质典，担纲作保。

此为僧人参与世俗逐利活动的另一种表现形式。为促成买卖、博易为人撮合担保，或作见证，或代写契据者，吐蕃统治时期有"尼僧净情"、"僧寅照"、"尼明相"（S.5820＋S.5826《尼明相卖牛契》）、"僧龙弁"、"僧怀正"（Дx1355＋Дx3130《洛晟晟卖园舍契》）；晚唐时有"僧龙心"、"僧智昄"、"僧智恒"（S.1350《僧光镜买钏契》）、"僧张法原"、"僧善惠"（P.3394《僧张月光博易地契》）；五代时有"法师道广"（P.2161-3《张某博换宅舍契》）；北宋时有"僧智进"（北8347《郑丑挞卖宅舍契》）、"报恩寺僧丑挞"、"龙兴寺乐善安法律"（S.1946《韩愿定卖妮子契》）。

为借贷进行撮合、担保或作见证者，吐蕃统治时期有"僧神宝""僧谈颢""僧谈惠"[僧]道远""僧神寂""僧志贞""沙弥法珪"[僧]智舟""灯判官""僧净心"[僧惠云]"[僧]道远""僧法英""唐寺主"[僧智员]""僧惠眼""僧道珍"（以上俱见S.1475背诸件贷便契）、"僧宝积"（P.4686《孙清便素契》）、"僧义超"（P.3444+P.3491《阴海清便麦粟契》）、"僧法济"、"僧惠朗"（P.3444背《赵明明便麦契》）、"僧灵俊"（P.3730《吴琼岳便粟契》）；晚唐时"僧戒朗"（S.3437背《某人便麦契》），五代时有"上座宗福"（P.3124《邓善子贷绢契》）。

为雇佣、质典作见证、担保者，吐蕃统治时期有"僧海德"（北咸59背《僧慈灯雇汜英振造佛堂契》）；晚唐时有"僧愿成"、"见人并书契僧明照"、"德智谦"（P.3643-15）；五代时有"法律福海"（S.466《龙章祐兄弟出典地契》）、"开元寺僧愿通"（P.3964《赵僧子典儿契》）、"安寺主"（P.3150《吴庆顺典身契》）。其中"僧神寂""僧神宝""僧义超"等皆曾多次为人买卖、质典、借贷活动进行撮合，充任见证、担保。佛教戒律是不允许僧人贸易货卖及为人买卖、举贷"作诸方便"、"共立契保"的，《根本说一切有部毗奈耶》卷二十二"出纳求利索处第十九"云："若苾刍为求利故，收聚财物，作诸方便，驱驶车乘，往诣地方，立契保人，持输税物，乃至未得利来，但恶作罪，若得利时，便遭舍堕（罪）。"又云："若苾刍为求利故，以诸财货、金银等物，出与他人，若（抑）共立契保，乃至得罪，如前广说；若苾刍为求生利，将诸财谷举与他人，升斗较量，若（抑）共立契证，乃至得罪，如前广说；若苾刍为求利故，纳取珍宝、真珠、贝玉，计时取利，得不得利，亦如上说。"敦煌僧人之所行，显然有违佛《律》。然而僧人此等行为，在敦煌则并不受人非议，僧司亦不申禁，而且僧政、僧录、寺主、上座、法师等人也都参与货卖借贷并为人买卖、举贷"共立契保"。

4. 僧尼收养义子义女、蓄奴婢、家客及雇工。

P.3410《咸通年代沙州都僧政崇恩处分遗物凭据》载："娲柴小女，在哺乳来作女养育，不曾违逆远心。今出嫡（适）事人，已经数载。老僧买得小女子壹口，待老僧终毕，一任娲柴驱使，莫令为贱。"此僧既收养义女，又买婢女。S.2199《咸通六年尼灵惠遗书》载："家生婢子威娘，留与侄女潘娘。灵惠迁变之日，一仰潘娘葬送营办。"此尼有家生婢子，则是自家奴婢所生之女继为婢者。P.2583-7《吐蕃申年正月十五日比丘尼慈心施舍疏》云："身是女人，多诸垢障……或呵叱家客，口过尤多。如斯等罪，无量无边，卒陈难尽。今投道场，请为忏念。"从知尼慈心有家客。P.2415《乙酉年（925年）二月乾元寺僧宝香雇工契》载："乙酉年二月十二日，乾元寺僧宝香为少人力，遂雇百姓邓仵子捌个月，每月断作雇价麦粟壹驮。内麦地三亩，粟地肆亩，其地折柒个月，余残月取物。春衣长袖一，并襕、袴一腰，皮鞋一量（"量"当作"两"。"一两"，即一双），从入雇已后，便须逐月逐日驱驱入作，不得抛却做工。如若忙月抛［工］一日，勒勿（物）五斗；闲月抛［工］一日，勒勿（物）一斗。仵子手内所把陇（农）具，一勿（物）已上，忽然路上违（遗）失，畔上睡卧，明明不与（预）主人失却，一仰雇人祗当……如若有病患者，五日将里（理），余如算价，不许休悔……"又有典人做工者，P.3150《癸卯年（943年）十月慈惠乡百姓吴庆顺典身契》云："癸卯年十月慈惠乡百姓吴庆顺兄弟三人商拟（议），为缘家中贫乏，欠负深广，今将庆顺已身典在龙兴寺索僧政家。见取麦壹拾硕，黄麻壹硕陆斗准麦三硕贰斗，又取粟玖硕，更无交加。自取物后，人无雇价，物无利头，便任索家驱驰。比至还得物日，不许左右。或若到家被恶人构卷，盗切（窃）他人牛羊、园菜、麦粟，一仰庆顺袛当，不干主人之事；或若兄弟相争，延引抛工，便同雇人逐日加物三斗；如若主人不在，所有农［具］遗失，亦仰庆顺填倍（赔）；或若疮出病死，其物本在，仰二弟填还。两共面对商量为定。恐人无信，故立此契，用为后凭。又麦壹硕、粟贰斗。恐人不信，押字为凭。（以下典人、典人叔、同取物人、见人等签押略）"此契所谓"人无雇价"是真，而"物无利头"实为诳言，盖吴庆顺为索僧政终日劳作，何尝付利而已！至于何时有力还债，难以预计年月，若十年无力偿还，则须为索僧政无偿服务十年。"人无雇价，物无利头"之言终于不足掩饰尅剥之实。僧人作为社会中的一员，终究不能摆脱世俗利欲的熏染。《云溪友议》曾载李翱判僧状云："七岁童子，二十受戒。君王不朝，父母不拜。口称'贫道'，有钱放债。量决十下，牒出界外。"（《云溪友议》卷下）从这类事例来看，敦煌僧人在全国僧众中并非特殊的群体，所不同者在于，敦煌官府及都僧统司视僧人逐利放债为合法，不受责杖，不被逐出"界外"而已。

（六）僧尼饮酒，为匠人供酒，开设酒店，造酒卖酒

佛教戒律规定，除非疗病涂疮，则禁僧人饮酒，"佛告诸比丘、比丘尼：汝等若以我为师者，凡是诸酒，不应自饮，亦不与人，乃至不以茅端渧（滴）酒而着口中。若故违者，得越法罪"（《根本说一切有部毗奈耶》卷42《饮酒学处第七十九》）。"越法罪"乃当堕阿鼻地狱之罪。中晚唐以来，尤其五代至宋，敦煌僧人饮酒，平常惯见，不被视为违戒。敦煌寺院有记载用酒的专门分类账——《酒破用历》及《付酒本历》，见 S.1398背、S.5032背、S.6452（3）、P.4697、P.5032及 P.5032背等卷。S.6452（3）《壬午年（982年）净土寺酒破用算会牒》载该寺全年十一个月（缺九月）内用酒账目108笔，共用酒58瓮7斗15杓（合362斗15杓），另又用粟1石3斗换酒，换酒多少未详。全年中一天内用酒最多的是二月八日，一天用酒7瓮。是日为庆祝释迦出家成道的行城节。S.6981《辛未至壬申年（971—972年）净土寺愿通领得历》"壬申年二月二日"条载："于公廨司法律法晏领得二月八日酒本粟拾肆硕（石）。"此为准备二月八日庆贺释迦成道日的用酒，支付制酒用粟多达14石。P.2049背《长兴二年（931年）净土寺直岁愿达手下诸色入破历算会牒》，记载该寺全年支出麦粟的账目共94笔，其中用于卧酒（即造酒）及沽酒的麦粟开支为39笔，共用麦7石8斗，用粟21石2斗5升，占该寺全年麦粟开支量的13%。寺院供酒之场合、名目多种多样，如看僧（看望僧人）、看僧官、斋僧、众僧造局席、夜间局席、解火局席、僧人节料酒（僧人节日供酒）、屈肃州僧、破盆（盂兰盆）酒、窟上燃灯人饭食、大例送酒、午料酒、寒食酒、看行像社人、匠人饮用、寒食祭拜、零散看客、迎令公、迎仆射、看使君、看刺史、看刺史娘子、看都衙、迎县令、看判官、看乡官、迎于阗使、看于阗太子、看回鹘使、衙内人事、天使奄世、造文书、缝皮裘、屈都料、看博士、吊孝酒、脱服酒、暖房酒、渠口祭拜、造破历、墓头造顿、上梁、刈麦、掘葱、纳物、累墙、祭拜……除供佛不用酒之外，其他人事饮食场合几乎都要用酒。

上自僧统及各级僧官，下至一般僧众，饮酒之风，遍及敦煌僧界。S.1053背《己巳年（969年）某寺入破历算会牒》载"青麦壹石伍斗，僧统卧酒用"，是僧统造酒、饮酒之证；S.6452（3）《壬午年（982年）净土寺常住库酒破用历》载"（十月）八日，酒壹斗，李僧正、张僧正、高僧正、索法律等就院吃用"；P.2032背《后晋时代净土寺诸色入破历算会稿》载，"麦两硕一斗，油七升半，苏半升，粟一石九斗卧酒、沽酒，试经日造局席，看诸寺僧官及众僧等用"，是各级僧官及一般僧众饮酒之证；S.6452（2）《辛巳年（981年）十二月十三日周僧正于常住库借贷油、麦物历》载，"（三月）廿三日，酒壹瓮，阿师子（尼师）东窟头吃用"，"（四月）廿八日，酒五升，阿师子来吃用"。又，同上举P.2049背《长兴二年（931年）净土寺直岁愿达手下诸色入破历算会牒》载，"粟柒斗，二月二日至六日中间，供缝伞尼阇梨沽酒用"，是女尼饮酒之证。以上例证，举不胜举。由此可知，在敦煌僧界中，"酒戒"徒为空文，而世人视之，亦以为平常。

僧人不仅个人饮酒，还开设酒店，造酒卖酒，以酒取利。S.6452（5）《辛巳至壬午年（981—982年，即宋太平兴国六年至七年）净土寺付酒本粟麦历》，为沙州净土寺支付各家酒店"酒本"（造酒之资）麦粟的分类日记账，残存支付账目26笔，涉及酒店9家：氾法律店、盐子磨店（兼营卧酒）、刘万定店、富昌店、氾押衙店、兴子店、幸通店、定员押衙店、郭法律店，内载："辛巳年十二月廿六日，氾法律店酒本粟叁硕斗。""（壬午年七月）廿二日，郭法律［店］酒本麦壹硕贰斗，粟壹硕贰斗。""氾法律店""郭法律店"者，分别为两位沙州释门法律——氾和尚、郭和尚所开的"店"，此敦煌僧人开设酒店之确证。开设酒店，意在逐利。P.3774《吐蕃丑年（821年）十二月沙州僧龙藏诉状》有翔实的反映，《状》云："先家中种田不得丰饶，齐周（龙藏之俗名）自开酒店，并出［酒］本糜粟卅石造酒。其年除吃用外，得利刈价七十亩，柴十车，麦一百卅石。"齐周投入造酒之资本仅"糜粟卅石"，经营一年，除自赚得自饮自用酒，还赚得买酒人为齐周割麦七十亩（以劳务形式代偿酒资），又赚得买酒人为齐周提供烧柴十车（以烧柴代偿酒资），除此之外，酒本"糜粟卅石"，还增值为"麦一百卅石"。利润之饶，与田耕之重劳薄获，对比何其鲜明！而《梵网经》云酒者昏乱人之心性，故有不许沽卖之禁。《梵网经》虽在敦煌流行，敦煌僧官公然不顾，僧统司及官府亦不禁止，是无视《梵网经》不沽卖酒之禁也。

尤其令人匪夷所思的是，寺院定期检查僧人读经课业，对迟到或不到者，处以"罚酒"。S.371《戊子年（928年）十月一日净土寺试部帖》云："奉都僧统大师处分：诸寺遣徒众读诵《经》《戒》《律》《论》，逐月两度……月朝月半，维那告报。集众后到及全不来者……大者罚酒半瓮，少者决丈（杖）十五，的无容免者。"用"罚酒"来惩戒僧人课经之怠惰，激励课经之精进，正统佛教岂止视为荒唐滑稽，且将斥为亵渎经法矣。

北宋时，西北其他地区僧人亦颇多嗜酒者，但谓酒为"般若汤"，"盖廋词以避法禁耳。"（见宋·窦苹《酒谱》）至于敦煌，官府及释门皆不禁僧人饮酒，则僧人饮酒无所忌惮，所以无此虚饰之廋词。

（七）敦煌僧人听食"净肉"

关于敦煌僧人食肉的问题，近来有两种不同的看法。一是肯定敦煌从吐蕃统治到北宋期间僧人食肉。主要根据是这一时期的敦煌寺院账册中频频出现僧尼食"臊"的记事，一再反映僧尼不但"解斋"时食"臊"，连"斋时"也食"臊"，同时又反映寺院不但为本寺僧食置"臊"，还供给寺户、厮儿、工匠肉食，并为祭祀杂神及节日演艺提供羊只，足为这一时期敦煌僧人吃肉之证。[①]另一种意见与之相反，认为敦煌僧尼严格守持"不食肉戒"，并不吃肉。其根据是："臊"分两种，一种为肉制之"臊"，另一种为蔬菜所制之"臊"；敦煌僧尼所食之"臊"属后者，即蔬菜所制之"臊"。由此以证敦煌僧人不食肉。[②]笔者近撰《晚唐至宋敦煌僧尼听食净肉》（见台北《敦煌学》第二十四辑）详论"臊"为肉食，以证敦煌僧人食肉为公开而普遍的现象，并进一步考证敦煌僧人所食之肉为"净肉"而非"不净肉"，所持为小乘戒。至此，敦煌僧人吃肉问题终得澄清。详见本文集所收拙文，不烦详述。

（八）寺院及僧侣参加世俗节庆活动

敦煌寺院及僧尼，除了参加佛教的节庆活动如二月八日佛逾城节，二月十五日佛涅槃节，四月八日佛诞节，七月十五日结夏解坐，七月十五

[①] 张弓先生《敦煌秋冬节俗初探》最先指出：敦煌寺院破历记载的"解斋食品"之"臊"为"肉制品"，他说："所谓解斋，即解除常日斋忌：不限午食，不禁荤膻，以示贺节。"但他又说："解斋食品是为冬至节三日供佛祖的，不是供众僧吃用的。"见《1990敦煌学国际研讨会论文集·石窟石地、语文编》，辽宁美术出版社，1995年7月版，第593页；谭蝉雪《敦煌岁时文化导论》（台北新文丰出版公司，1998年12月版）多次指出：敦煌僧人吃肉。见该书第89、348、376、448页。但她又说，敦煌"僧人在节日中还可以炒臊、饮酒"，似将敦煌僧人吃肉限定为节日特许之食。

[②] 见高启安先生：《晚唐五代敦煌僧人饮食戒律初探——以"不食肉戒"为中心》，收入郑炳林等编《敦煌佛教艺术文化论集》，兰州大学出版社，2002年7月，第387~399页。

日盂兰盆节之外，还积极参加世俗社会的各种节庆活动。例如新正贺岁、新岁建福、上元燃灯、上巳祓除、寒食节（设乐，扫墓祭拜）、端午节、中元节（七日十五日）、仲秋设斋、白露课念、重九登高、十一戒火（十月一日）、下元节（十月十五日）、冬至节、腊八节、岁末驱傩等。仅举寒食节为例，以见一斑。寒食节本为中国传统节日，原系晋人纪念春秋时晋国忠臣介子推"抱木燔死"而形成的禁火节，后则演变为全国性的民俗节日。寒食节三天内灶不生火，皆食冷食；设乐踏歌，宴饮致贺。P.2049背《后唐长兴二年（931年）正月沙州净土寺直岁愿达手下诸色入破历算会牒》载："粟七斗，寒食祭拜……众僧沽酒用。""油叁升，寒食与索寺主缝伞贾（价）用。""油叁升，寒食祭拜……众僧食用。""面八斗五升，寒食祭拜……众僧食用。面壹斗，寒食与恩子（该寺厮儿）用。""面壹斗，寒食与恩子用。"P.2040背《后晋时期沙州净土寺入破历算会稿》："粟二斗，寒食买纸用。粟七斗，寒食祭拜及第二日众僧底（抵）生地畔用。""油贰升八合，造寒食祭拜盘用。"P.3234《癸卯年（943年）正月一日已后净土寺直岁沙弥广进手下面破用历》"面玖斗五升，造寒食祭拜盘及第二日看众僧及沙弥用。"以上记载，大致反映了净土寺多年间过寒食节的盛况。S.4705《十世纪敦煌某寺诸色斛斗破用历》载："寒食踏歌羊价麦九斗，麻四斗。"为该寺酬劳"寒食踏歌"演艺人员食羊的偿价，表明寺院亦积极参与节日娱乐。S.0381《龙兴寺毗沙门天王灵验记》载，"大蕃岁次辛巳年（801年）闰二月廿五日，因寒食，在城官僚百姓就龙兴寺设乐"，更表明龙兴寺还在寺内为社会娱乐提供表演场所。其他世俗节日，敦煌寺院及僧尼无不积极参与，而且加入不少佛教的内容，如置伞燃灯、拓塔印沙、礼佛诵经、举办法会等等，给世俗节日注入了不少佛教内容，把世俗节日同佛教节日得以沟通，既是世俗节日，又成佛教节日，既大大突破了佛教传统节日的局限，又提升了世俗节日的意义，借此又促使敦煌佛教进一步融入当地社会，进一步消除了佛教与世俗社会的隔膜。

（九）僧人干政从政

释迦舍弃王位，一心修道传法，为僧人作出楷模。后之僧人，既出离世俗，则"不干世事，不作有为"。《遗教经》云，"持净戒者……清净自活，不得参与世事"，当然尤不应当干预政事；《梵网经》甚至说"不得国王地上行，不得饮国王水"。但敦煌自吐蕃统治以来，僧人干政从政之事乃属平常。P.3726《杜和尚写真赞》作者智照自题衔为"释门、大蕃瓜沙境内大行军衙知两国密遣判官"，这是敦煌僧人从政最早的例子。吐蕃统治敦煌末期，张议潮密谋起义，都僧统洪辩及其弟子悟真皆积极参与其事，尤其悟真，更投入张议潮起义军，为张议潮"随军驱使，长为耳目，修表题书"，并于"大中五年入京奏事"（P.3720-3）。张议潮起义成功，建立新政权。第一任沙州州学博士就由僧人慧苑兼任①。此后屡有僧人奉命出使的记载②。S.4638《后唐清泰四年（937年）（实为后晋天福二年）十一月十八日都僧统龙辩、都僧录惠云、都僧政绍宗等谢司空（曹元德）牒》自称"释吏"，又曰："特蒙台慈，远垂恩赐，龙辩等诚惶诚恐，无任抃跃之至。例合趋诣幕下，面拜威容（宇按：是时曹元德出征甘州），伏为奉守城治，王格难违，不敢专擅远离、怠慢社稷。谨遣都头张信盈往彼，驰状陈谢。"此为归义军节度使曹元德出征甘州时，龙辩等受命"奉守城治"，于是龙辩等既为沙州释门首领，又兼军国留守，连归义军都头都得听从差遣驱使，可谓总僧俗两界之高位重权，确确实实地在从政干政。S.2575《后唐天成三年（929年）三月六日应管内外僧统龙辩、都僧统海晏置方等戒坛榜》云："窃闻龙沙境域，凭佛法以为基；玉关逈

---

① 杜牧《敦煌郡僧正慧苑除临坛大德制》云："敕敦煌管内释门都监察僧正兼州学博士、僧慧苑……可充京城临坛大德，余如故。"文载《全唐文》卷七五〇。杜牧此文当作于大中六年。此时慧苑已为沙州州学博士，可以推知为沙州新政权之首任州学博士。

② 如 P.3718 范和尚奉使于阗，S.4504 灵图寺僧善支充使西州，P.3051 背三界寺僧法宝充使西州等。

塞，仗王条而为本。"毫不含糊地直言敦煌佛教同时高举"佛法""王条"两面旗帜。

（十）僧人从军征战戍守

僧戒屡言出家人不得从军征战，甚至连"观战"及在军营住宿"二宿三宿"亦被禁止。《梵网经》说："佛子……不得军中往来。"又云："若佛子，不得畜一切刀杖弓箭鉾斧斗战之具，及恶网罗杀生之器，一切不得畜。"①《十诵律》曰："若比丘往军中。过二夜宿波逸提。若在军中至三夜地了时，波逸提。"②《四分律比丘戒本》云："若比丘二宿三宿军中住，或时观军阵斗战……波逸提。"③但敦煌僧人却可以从军征战。

在吐蕃统治时期，敦煌僧人公然从军参战。伦敦印度事务部图书馆藏敦煌吐蕃文书 Fr.12号《原籍表》④，为吐蕃统治敦煌中期兵籍残卷。该卷残存旗手、射手及从卒等共48名，其中有射手21人，这21名射手中，注明为僧人身份者十人。摘录如下：

曷骨萨部落	僧	董□土	射手
曷骨萨部落	僧	钟青青	射手
曷骨萨部落	僧	段教儿	射手
曷骨萨部落	僧	董□□	射手
曷骨萨部落	僧	张老振	射手
曷骨萨部落	僧	张宝宝	射手
曷骨萨部落	僧	张罗七	射手
曷骨萨部落	僧	曹□□	射手
曷骨萨部落	僧	李□安	射手

---

① 鸠摩罗什译：《梵网经》卷下。
② ［后秦］北印度三藏弗若多罗译：《十诵律》卷第十四《九十波逸提之六》。
③ ［后秦］三藏佛陀耶舍译：《四分律比丘戒本》。
④ 据姜伯勤：《唐五代敦煌寺户制度》，中华书局，1987年版，第45~47页节引。

  曷骨萨部落　僧　恭　子　射手

  本件，僧人名列军籍，且充射手，打起仗来，自然免不了伤残人身乃至取人性命，这显然违背《四分律藏》《十诵律》等有关不杀生、不伤害、不争斗之类戒律的规定，尤非僧人所当从事之业。但在吐蕃统治时期，敦煌僧人公然从军参战。表明彼时，僧人从军参战必属合理合法。盖国法急疾于佛戒，两者若有矛盾，舍佛戒而从国法也。本卷足以揭示吐蕃统治时期的敦煌在服兵役的问题上，僧人同俗人一样，并不因其具有僧人身份而享有豁免特权。

  大中二年（848年）张议潮推翻吐蕃统治回归唐朝后，僧人同服兵役的制度仍然被继承下来。P.3249背有一件《归义军军籍残卷》，笔者曾判断为大中、咸通间《归义军兵名簿》。①该卷残存8队，计队头8名，兵士175人。在175名兵士中，却见有"僧曹道珪""僧邓惠寂""僧李达""僧石胡胡""僧价明因""僧明振""僧法义""僧李智成""僧康灵满""僧裴昙深""僧王顺顺""僧杨神赞""僧建绍""王安多""僧安信行""僧□□□"等16人之具名，占兵士总数（175名）的9%强。表明晚唐归义军野战部队中确有不少身为僧人的战士，他们既同俗人一样从军入伍，编入战队，自然同俗人战士一样上阵拼杀，浴血疆场。

  敦煌僧人除了投入野战部队、浴血疆场之外，又有服役于城池防御及充当镇兵者。举例如下：

  （1）S.8677背《奉教授处分防北门头僧俗名目》载，胜词、灵义、虚悟、法灯、法弘、常诠、真诠、董师、富奴9人为防守敦煌"北门头"的"防人"②。其中胜词、灵义、虚悟、法灯、法弘、常诠、真诠、董师等8人皆系僧人。表明僧人亦承担城防守御任务。

---

  ①《敦煌学大辞典》，上海辞书出版社，1998年版，398页。

  ②见荣新江：《英国图书馆藏敦煌汉文非佛教文献残卷目录》，台湾新文丰出版公司，1994年7月版，第110页。

（2）S.528《三界寺僧智德状》云："智德忝是僧人，家无伫（贮）积，自恳（垦）自光，以给资粮……（智德）口承边界，镇守雍归。……今智德发日临近，现要缠裹衣食，尺寸全无……伏乞 阿郎念见口承边镇百姓些些……"文中所说"雍归"，乃指雍归镇，即今瓜州县南端石包城乡之石包城。所谓"口承边界，镇守雍归"，是说自愿前往边界雍归镇，充当镇兵，防戍守御。

僧人从军及应役戍守，与寺院自卫武装不同。寺院自卫武装（如河南少林寺武僧），职在保护寺院安全，不属国家武装，非有特殊情况不由国家调遣及为国出征。8—11世纪敦煌佛寺是否有自卫武装，敦煌遗书未见明确记载。P.2567背《吐蕃癸酉年（793年）二月沙州莲台寺诸家散施历状》所载寺院收受檀越施物中，有"八两银胡禄带（袋）一"①，"胡禄带（袋）一"，"大刀子三把，弓六张，箭二十一支，器械一副"，"越（钺）斧一"，上举诸物皆属兵器，意味着8—11世纪敦煌寺院却可以畜有刀杖兵器。《梵网经》卷下载："若佛子，不得畜一切刀杖、弓箭、鉾斧、斗战之具。"《沙州莲台寺诸家散施历状》既然表明佛寺可以畜有"刀杖、弓箭、鉾斧、斗战之具"，不妨推测佛寺可能会有少量的自卫武装。但同僧人之从军征战，性质大有不同，不可混同视之。

（十一）出家僧人亦可娶妻生子

《四分律删繁补阙行事钞》说有"四种出家"，其中第二为"身在家，心出家；虽受用妻子而不生耽染"。两晋以前，中国人出家为僧尼者极少，僧尼婚姻问题尚不突出。两晋以来，出家僧尼人数猛增，于是僧尼断婚姻、无子孙、弃孝养、绝宗祀的问题及其危险后果成了突出的社会问题。东晋孙绰（314—371年）《喻道论》引时论云："周孔之教，以孝为首；孝德之至，百行之本；本立道生，通于神明。故子之事亲，生则致其养，没则

---

① 胡禄带，当校作"胡禄袋"，即箭袋，箭囊。

奉其祀；三千之责，莫大无后；体［得］之父母，不敢夷毁……而沙门之道，委离所生，弃亲即疏；刊剃须发，残其天貌；生废色养，终绝血食；骨肉之亲，等之行路。背理伤情，莫此之甚！"①而佛教徒则起而辩论，东晋慧远指出僧尼属"方外之宾"，"遁世以求其志，变俗以达其道。变俗，则服章不得与世典同礼；遁世，则宜高尚其迹"。认为出家能"拯溺俗于沉流，拔幽根于重劫；远通三乘之律，广开天人之路"。所谓"一夫全德，则道洽六亲"②。此后，佛教理论家的抗辩一直持续不断。到唐代，尽管佛教理论家依然坚持僧尼不置家室的教义，却出现了僧人娶妻的事，谓之"火宅僧"③。晚唐五代时，敦煌亦有僧人娶妻者。仅举数例于下：

P.2032背12《后晋某年沙州净土寺算会牒稿》："布二尺，张阇黎新妇亡时，吊用。""张阇黎新妇"即张阇黎妻。

P.2032背3《后晋某年沙州净土寺算会牒稿》："布八尺，索校（教）授弟亡，吊索僧正小娘子用。""索僧正小娘子"即索僧正妻。

P.2040背《后晋某年沙州净土寺诸色入破历算会稿》："布九尺，高僧正新妇亡时，吊孝索校拣、索僧政、高僧政等用。""高僧正新妇"即高僧政妻。

S.4120《壬戌年—甲子年（962—964年）沙州某寺布、褐等破用历》："癸亥年（965年）二月……布肆尺五寸，索僧统新妇亡，吊孝及王上座用。""索僧统新妇"即索僧统妻。

P.3135《佛说续命经》卷末题记："天复元年（901年）五月十六日，母汜辰、女弘相病患，资福喜（续）命，敬写《续命经》一本。灵图寺律师法晏写记。"从知身为灵图寺律师的僧人法晏有女儿，名弘相。据此推知法晏必有妻室。

---

① 《弘明集》卷三孙绰：《喻道论》。
② 以上引文，具见《弘明集》卷五，慧远：《沙门不敬王者论》。
③ ［宋］陶毅《清异录》引唐郑熊《番禺杂记》云："广州僧有室家者，谓之'火宅僧'。"

僧正（僧政）、教授、僧统、律师，皆属高层僧人，有妻室非一。或以为这些高层僧人的妻室可能是出家前所娶者，不足为僧人娶妻之证。那么，下面一条资料，可为僧人娶妻之确证无疑，S.528背《沙州三界寺僧智德状稿》云：

> 三界寺僧智德　右智德忝是僧人，家无仁（贮）积，自恳（垦）自光以给资粮。且缘仆从不多，随宜且过。为沾僧数，不同俗人，其某出生便共董僧正同活。慈母在日，阿舅得婢一人，其母（此谓智德之母）亡后，智德作主，产得儿女三人，并他和尚（此和尚指董僧正）劫将。衣食分坏，针草不与智德……

智德自述，其母从阿舅处得婢一人，母亡后，智德乃收此婢为妻（所谓"智德作主"），而且共智德"产得儿女三人"。后却被董僧政夺占，因而提出诉讼。这就表明，作为"为沾僧数，不同俗人"的僧智德也娶了妻室，并且生了三个儿女。又据其"出生便共董僧正同活"的话揣度，智德之母又可能是怀着智德或带着出生不久的智德嫁给董僧政为妻，所以智德才得以"出生便共董僧正同活"。从而又透露出董僧正亦有妻室。

从上引诸例来看，敦煌上自僧统、僧政、阇梨，下至一般僧侣，都有娶妻生子者。当然，这并不表明敦煌僧人悉皆娶妻生子，僧人娶妻生子者毕竟还是少数。但这里须特别提请注意的是，僧人娶妻生子，在内地早亦有之。如《牟子理惑论》已载时人指斥沙门"或蓄妻子"，是东汉时已有僧人娶妻的事例。此后历代皆有之。但为僧而娶妻生子，在僧俗二界无不受到斥责非议。但在晚唐至宋这一时期的敦煌，僧人娶妻生子却公然存在于世，一不被释门禁止，二不受社会非议。如此情状，在中国佛教史上实在是石破天惊之事。北宋初，汴京相国寺比丘澄晖娶"艳娼"为妻，住在该寺星辰院内，人戏称"梵嫂"，有人以纸书"勅赐双飞之寺"

贴于院牌（院额）以讥之。[①]而敦煌僧之娶妻者，皆住俗家，未发现居住寺内者。[②]宋佚名《鸡林志》记高丽国亦有僧人娶妇者，但"不得居寺"。

敦煌允许僧人娶妻，可能是受到吐蕃密教的影响所致。吐蕃密教在元代推广到河西及内外蒙古，所以河西及内外蒙古多有僧人娶妻者。《元史·刑法志二·户婚》云："诸河西僧人有妻子者，当差发税粮、铺马次舍，与庶民同。"政府只令"河西僧人有妻子者"与庶民一样承担赋役，并不禁僧娶妇。元成宗大德七年（1303年）九月丙子诏"罢僧官有妻者"，也只是限制僧之娶妻者不得为僧官。到元顺帝至元元年（1336年）诏"凡有妻室之僧，令还俗为民。既而，复听为僧"，从而知元代僧有妻室亦属合法。

人之本性，本来是恋生恶死、就乐避苦、乐富贵而不甘贫贱，愿宽松而不乐局束。佛教教人无求无欲，忍苦修行，要人学习佛祖"剜身燃灯""割肉贸鸽""舍身饲虎"……并且为僧、尼及优婆塞、优婆夷规定了烦琐苛细、动辄得咎的戒律禁约，使本已遭受苦难的信徒，在自然和人为灾难之外，再加上佛教带来的重重枷锁，更叫人无法活下去。佛教若欲发展壮大，势必突破严苛而烦琐的律戒，转而"注重现世利乐，兼求来世解脱"。在佛教四众的世俗生活和宗教生活上都有突出而充分的表现。"四众"之中，尤以僧侣的世俗生活及宗教信行表现最有代表意义。

《涅槃经》云："佛则不听受蓄奴婢、金银、财宝、贩卖市易不净物等。"据此而论，敦煌僧人不免违律触戒；但《涅槃经》又说："若诸弟子……为欲建立护持正法，我听弟子受蓄奴婢、金银、车乘、田宅、谷米、贸易所需。"（上引俱见《涅槃经》卷六）据此而论，敦煌僧人亦未违戒触律。可以说敦煌僧人在是非、依违之间打擦边球。然而实质上是在对某些"超世绝俗"的戒律暗自实行着"世俗化"的修正。

《遗教经》云："持净戒者，不得贩卖贸易，安置田宅，畜养人民、

[①] 见陶谷：《清异录》卷一。
[②] [宋]佚名：《鸡林志》载，高丽国亦有僧人娶妇者，但"不得居寺"。敦煌与之略同。

奴婢、畜生；一切种植及诸财宝，皆当远离，如避火坑……合和汤药，占相吉凶，仰观星宿，推步盈虚，历数算计，皆所不应。"俗谚云："天下熙熙，皆为利来；天下攘攘，皆为利往。"唐宋时代敦煌僧人之竞竞于殖产争利，于此可见一斑。文中所举种种现象，在敦煌僧界普遍存在，不被视为违戒。由此可见敦煌佛教已非世俗化深浅程度的问题，而是完全变成了世俗佛教。

此前已有学者觉察到唐宋时期的敦煌佛教与正统佛教的某些差异，但以为那不过是下层民间佛教的污泥浊水，既非唐宋敦煌佛教的主流，更不是唐宋敦煌佛教的精华，充其量只能称作"庶民佛教"或"平民佛教"、民间佛教。但笔者根据敦煌遗书、莫高窟壁画及莫高窟供养人题记等丰富的资料足以确认，吐蕃统治时期及晚唐、五代、北宋时期敦煌佛教，乃是普及全民的、入世合俗的新型佛教，笔者称之为"世俗佛教"。这种佛教，不仅流行于下层民间，同样流行于上层社会，当地王侯、高官、将军、豪门、贵妇、公子皆为其信众，显然突破了"庶民"、"民间"、"下层"的局限，此所以独树一帜，与众不同。

晚唐至宋敦煌僧人听食"净肉"

佛教传入中国起初百余年，中国僧人只是剃须发、披红衣，而无律法以规行持，与俗人无太大差别。曹魏时，中天竺僧昙柯迦罗来华，译出《僧祇戒心》一卷，两晋时，又有鸠摩罗什、昙摩流支、卑摩罗叉、佛陀耶舍、竺佛念、法显、觉贤等人，陆续译出《十诵律》《四分律》《僧祇律》《五分律》等。上举诸《律》全属小乘律，而小乘律法是允许僧尼食用"净肉"的，《十诵律》载，释迦牟尼在王舍城方黑石圣山讲堂，向阿难等大比丘众七百人宣说，"我不听啖三种不净肉：若见，若闻，若疑……我听啖三种净肉：何等三？不见，不闻，不疑。不见者，不自眼见为我故杀是畜生；不闻者，不从可信人闻为汝故杀是畜生；不疑者，是中有屠儿，是人慈心，不能夺畜生命。我听啖如是三种净肉"。(《十诵律》卷37) 而大乘经则禁食一切肉。如《涅槃经》载："(佛言) '善男子！从今日始，不听声闻弟子食肉。若受檀越信施之时，应观是肉如子肉想。'迦叶菩萨复白佛言：'世尊云何如来不听食肉？'（佛言）'善男子！夫食者，断大悲慈种。'迦叶又言：'如来何故先听比丘食三种净肉？'（佛言）'迦叶！是三种净肉，随事渐制。'迦叶菩萨复白佛言：'世尊！何因缘故，十种不净乃至九种清静而复不听？'佛告迦叶：'亦是因事渐次而制。当知即是现断肉义。'"（《涅槃经》卷4《如来性品》）当时僧人或从大乘经教，戒一切肉食；或从小乘律教听食"净肉"，甚至也有食不禁肉的。梁武帝依大乘经"不得复食一切肉"的精神，著《断酒肉文》，禁止僧人食肉，以皇权之力加以推广，北朝亦仿而行之，中国僧界才普遍兴起断肉食之风。虽然如此，僧人食肉的事仍时有发生。对这样的僧人，僧界及世俗人士都持否定态度，甚至斥为"伪滥僧"。

但在吐蕃统治及晚唐、五代、北宋时期的敦煌，僧人食肉却很普遍而且公然无讳，僧界既不谴责，官府亦不禁止，俗人更见怪不怪，成为唐宋敦煌世俗佛教极为突出的一大特点。本文将对唐宋时期敦煌僧人食肉的现象试作探讨，不妥之处，敬请批评指正。

一、唐宋时期敦煌寺院置腥、僧人普遍食腥

敦煌文献中颇多反映敦煌寺院置腥及僧人食腥的记载。其中，本地寺院账历最为集中地保存了这批资料。在寺院账历有关寺僧、寺户、工匠食料及寺院的应酬、招待账目中，频频出现僧食炒腥（多写作抄腥）、调腥、菁腥之类的记事，据高启安先生统计有"近30条"，并列举过不少这类事例。① 这里摘数条，以见一斑：

---

① 高启安：《晚唐五代敦煌僧人饮食戒律初探——以"不食肉戒"为中心》，见郑炳林等编《敦煌佛教艺术文化论文集》，兰州大学出版社，2002年7月，第389页。

（1）P.2049背《长兴二年（931年）正月净土寺直岁愿达手下诸色入破历算会牒》："油半抄，（二月）九日收佛衣日，炒腽用。""油半抄，初日交库，斋时炒腽用。""油壹胜（升），砲上燃灯及秤面，炒腽用。""油壹抄，算西仓，写账诸僧斋时炒腽用。""油半胜，冬至解斋炒腽用。""油贰胜，算会，愿达逐日炒腽用。"①

（2）P.2040背《后晋乙巳年（945年）前后净土寺诸色入破历》："油六胜（升）一抄，众僧斋时及第二日屈人，众僧收佛衣等抄腽用。""油肆胜（升），煮餺餶及抄腽，（七月）十七日造破盆用；油壹抄，抄腽造小破盆子用。""油壹升，冬至及第二日解斋调腽用。""油半升，载苇子车牛来日，调腽用。""油三升，十二月行解斋，抄菁腽用。""油壹升，岁交库两日，行解斋，调腽用。"②

（3）P.3490《辛巳年（921年）净土寺诸色斛斗破用历》："油五升两抄，北院修造中间肆日，众僧及功（工）匠斋时、解斋夜饭抄腽、馎饦等用。""油贰升，后件修金刚中间四日，工匠及人夫等抄腽、馎饦等用。""油半抄，驼（驮）淤日造馎饦、炒腽，众僧斋时用。"③

（4）P.4906《十世纪净土寺诸色破用历》："面贰斗，抄腽油两合，造局席看邓镇使及工匠用。""油三合，砂（炒）腽及造小胡并（饼）子用。"④

（5）S.5008《十世纪某年敦煌某寺油破用算会牒》："油半升，付慧智抄菁腽用。"⑤（按："慧智"当是尼名）

从上引资料看，敦煌僧人食腽的场合、名目很多，诸如"算会日""交

---

① 唐耕耦等编：《敦煌社会经济文献真迹释录》第3辑，北京：全国图书馆文献缩微复制中心，1990年，第381、382、383页。

② 同上书，第418、419页。

③ 同上书，第186、187页。

④ 同上书，第233页。

⑤ 同上书，第555页。

库日""写账""驼淤日""载苇子车牛来日""冬至""冬至解斋""收佛衣""造破盆""造小破盆""砲上燃灯""众僧斋时""造局席""屈人""看邓镇使""看工匠"等场合都要吃膴,此外其他账目中又有超出上举名目之外的其他一些场合。可以说相当充分地表明敦煌僧人食膴之普遍而公开。

"膴",字本作膴,东汉以来俗写作"膴",古读呼各、火酷二切,今读 hù。《说文解字》云:"膴,肉羹也。"先秦儒家经典无此字,始见于《楚辞·招魂》。《仪礼·公食大夫礼》有"腥、膴、膮"之肴,郑玄注云"腥、膴、膮,今时膴也。牛曰腥,羊曰膴,豕曰膮,皆香美之名也"。王引之《广雅疏证》以为膴、腥、膴、膮诸字"一声之转","声相近也"。而笔者考之,"膴"即"醢",应为楚国方言字。①

《楚辞·招魂》"露鸡膴蠵"王逸注云:"有菜曰羹,无菜曰膴。"与许慎"膴"为"肉羹"之说同中有异。所同者,皆谓"膴"为肉食之属;所异者,王逸将膴、羹加以区别,谓膴乃纯肉之食,所谓"无菜曰膴";而羹则添加蔬菜,所谓"有菜曰羹"。王逸以"有菜"、"无菜"以别膴、羹,亦有是有非。考春秋以来下至东汉,膴分两种:一为肉膴(直名为膴),即"无菜"者;一为菜肉掺杂之膴,可以称之为"菜膴"。肉膴是以肉为主料,酌加盐、酢(又名苦酒,今名醋)、姜、葱、胡荽、橘皮、豆豉、饴糖之类为佐料,有时还可以加些米或面。②《齐民要术·羹膴法》所载鸭膴、鳖膴、羊蹄膴、兔膴、鳢鱼(黑鱼)膴、鲤鱼膴等,据此言之,王逸说"无菜为膴"亦是;菜膴者,以蔬菜为主料,而以肉为辅料,酌加盐、酢、姜、葱、胡荽、橘皮之类佐料。如《齐民要术·羹膴法》引《食经》

---

① 《尔雅·释器》:"肉谓之醢。"醢,呼改切,阴声;膴,呼各、火酷二切,皆入声。醢膴二字声类相同或相近,韵则对转。二字声通义假。盖先秦京洛方言曰醢,楚方言曰膴(由楚辞用"膴"字可知),其字为二,其义则一也。

② 见《齐民要术·羹膴法》。春秋战国乃至东汉,"膴"的添加佐料较少《周礼·醢人》郑玄释制醢之法,只说于肉中"杂以粱、麹及盐"。

所载"芋子酸臛"就属菜臛，法用"芋子（芋头）一升"及"糯米三合"为主料，"猪羊肉各一斤"为辅料，另加葱白、盐、豆豉汁、苦酒（醋）、生姜为佐料。总之，菜、肉皆有。可见菜臛并非无肉，只是菜多肉少而已。王逸为与纯肉之臛加以区别，乃呼此为"羹"，亦差称是也。但王逸"有菜曰羹"之说，亦有不尽然处：一是与实际情况不尽相符，如前举《食经》"芋子酸臛"中就有菜（"芋子一升"），但仍名曰"某某臛"而不名曰"某某羹"。二是"有菜曰羹"之说，潜藏着"有菜非臛"及"无肉曰羹"的暗示，颇易导人以谬。

我们从《齐民要术》的记载中可以看出，不论是以肉为主料做成的肉臛或是以菜、肉掺和做成的菜臛，皆可称之为"臛"，如前举《齐民要术·羹臛法》所载鸭臛、鳖臛、羊蹄臛、兔臛、鳢鱼（黑鱼）臛、鲤鱼臛、鮀（鮎）臛及同书《羹臛法》篇所载"芋子酸臛"者是；臛又可以称之为羹，如《齐民要术·羹臛法》所载猪蹄酸羹、酸羹、胡羹、瓠叶羹、鸡羹、笋䈚鸭羹、食脍鱼莼羹、醋菹鹅鸭羹、菰菌鱼羹、笋䈚鱼羹等。这些所谓的羹，其实都是有菜有肉合制而成的臛。唯独全用蔬菜、既不掺肉亦不加肉汤的蔬素菜肴，那就只能叫作羹而不得名之为臛了，如《齐民要术·羹臛法》所载胡麻羹，及同书《素食》篇所载葱韭羹、瓠羹等蔬素菜肴，只名为"羹"不名为臛，遍检《齐民要术》亦不见有纯用蔬菜制成的"某某臛"。由此可以得出结论：凡言"臛"者必有肉，或肉多或肉少，至少亦有肉汤加入；若无肉或肉汤，则唯名"羹"而不名"臛"。由此知敦煌寺院账目中的臛必属肉食无疑。

P.3231（11）《癸酉至丙子年（974—976年）平康乡官斋籍七件》，为敦煌县平康乡官三年间举办的七次长斋月斋会设食预案及责任分工的安排。由于是长斋月斋会，故所有食品全为素食，不置肉食。该卷保存了94笔记事，其食料及食饮品名目有麦、麻、面、油、蒸饼、馒饼、饦饼、䭔饼、馉、糕糜、菜馍子、羹饦（饦）、酢粥、白粥、酥粥、浆水粥、米浆水、生菜、煮菜等，多达20种，其中有羹而无臛。假若臛为素食，想必不致三年之久、七次斋会竟不一置常食、喜食之臛。由此反向思之，亦可推知臛乃肉食。

今时菜谱中，"臛"这个古词基本消失，而"羹"这个古词则大量保留下来。唯新疆维吾尔族常食一种名为"臛（hù）儿炖"的肉菜，制法是先用佐料烹炒牛肉（即炒臛），加入土豆块，再加水，合炖而成。我推测维吾尔语"臛儿炖"本为汉语"炖臛"的借词，维吾尔族按维吾尔语语法译之，故宾语提前，结构变为宾＋动，作"臛炖"，复于"臛"后加缀音"儿"，遂成"臛儿炖"。此殆古名"某某臛"犹存于今者。

或以为S.5008《十世纪某年敦煌某寺油破用算会牒》"油半升，付慧智抄菁臛用"之菁臛，即《周礼·醢人》及《仪礼·公食大夫礼》的"菁菹"。菁菹的主料菁是什么呢？东汉郑众说菁菹即韭菹（见《周礼·醢人》郑玄注引）①。郑玄不从其说，指出："菁，蔓菁也。"唐贾公彦《疏》云："郑司农（众）……以菁为韭菁（韭菁即韭菜花），于义不可。后郑（郑玄）不从。"接着，贾氏肯定郑玄的见解，重申："菁菹也者，即今蔓菁也。"这里，郑玄及贾公彦均指明"菁菹"的主料不是"韭菁"（韭菜花）而是蔓菁。

进一步要弄清的问题是，"菁菹"之肴属荤属素。余按，《周礼·醢人》云："凡祭祀，共荐羞（馐）之豆实……以五齐（赍）、七醢、七菹、三臡实之。"郑玄注"七醢"为"醢（肉酱）、蠃（螺）、蠯（蛤）、蚳（蛙）、鱼、兔、雁"等七种肉分别制成的，可见七醢全属肉食；又注七菹为"韭、菁（蔓菁）、茆（莼菜）、葵（冬葵菜）、菭（芦笋）、笋（竹笋）"等七种蔬菜分别制成的，可见七菹全为素食。而菁菹也者，据《周礼》《仪礼》、诸家注疏，参以《齐民要术·作菹、藏生菜法》之所载，知是将蔓菁洗净、剖切，用盐腌制而成，属腌菜之类。

---

① [清]段玉裁以为"菁"乃韭菜花，"菁菹"有别于"韭菹"。疑所引郑众云"韭菹"有脱文，应校作"韭华菹"。

“菁葅”无肉，所以名“葅”而不名“醢”；敦煌文献中的“菁臛”，则以“臛”为名，“臛”即“醢”也，则“菁臛”之意即“菁醢”也。于是可以推知“菁臛”必当有肉。前引《食经》之“芋子酸臛”，为其用料兼有蔬、肉，故名为“臛”，“菁臛”亦以“臛”名，是为同属。因而推知“菁臛”当为蔓菁与肉合制而成，属荤菜。与纯蔬素之“菁葅”判然相别。假使“菁臛”为无肉之素食，那就不得冒称“菁臛”，只能叫作“菁羹”或“菁葅”了。

今人见S.4687《乾元寺董法律等斋饼历》有“每人菁一升，萝卜十个”之语，以为“菁”与“萝卜”分别以“升”“个”计量，当非同属块根之物，遂疑敦煌之“菁臛”主料非蔓菁[①]。宇按：萝卜有长、圆两类。古时，江南、河朔多长大者，西北多圆而小者。（参见《授时通考》卷60“蔬二·萝卜”）圆而小者，块头大小基本均匀，故计量可以“个”数之；而蔓菁，大小极不均匀，若以“个”计，不若以器量之为均，故敦煌以升斗量之。如此，则S.4687《斋饼历》曰蔓菁“一升”宜也。

根据上面的论述可知，敦煌文献凡言“臛”者，如“抄（炒）臛”、“调（tiǎo）臛”、“菁臛”，俱属荤菜而非素菜。[②]唐宋时期，敦煌有“耕田人打兔，跖履人吃臛（hù）”之说（见P.2653《燕子赋》），亦表明“臛”为肉食；而敦煌文献中却未发现蔬素称臛的任何证据。

敦煌寺院账历又载有盂兰盆节抄臛“造破盆”的记事，如前举P.2040背《后晋乙巳年（945年）前后净土寺诸色入破历》中就有“油肆胜（升），煮饽饦及抄（炒）臛，（七月）十七日造破盆用；油壹抄，抄臛，造小破盆子用。”按：盂兰盆节为佛教超度先人亡灵的节日，盂兰盆则为超度法

---

① 高启安前文。见郑炳林等编《敦煌佛教艺术文化论文集》，第391页。

② “炒臛”指用油炒肉，《一切经音义》卷61云“无汁而爒（炒）曰臛”是也；“菁臛”指以蔓菁为主料，以肉为辅料，以盐、葱、姜为佐料制作的加菜臛；“调臛”则指将炒就的肉加入菜蔬、油、水、调料合成再加工；“菁臛”，已见前述。

会献给佛、菩萨的食供，必不得有肉食。人疑"造破盆"竟实之以"臛"，则"臛"必非肉食。此殆由不辨"佛盆""破盆"之别而致生疑也。

盖敦煌盂兰盆节所造食盆，分为三种：一曰佛盆，二曰破盆，三曰小破盆。这在敦煌寺院账历中有明确的记载。如：

S.4782《吐蕃寅年乾元寺堂斋、修造两司都师文谦诸色斛斗入破历算会牒》："面三石玖斗五升，油贰斗肆升，豆□斗，麦柒斗，已上充七月十五日佛盆及破盆用。"①

P.6002（1）《吐蕃辰年某寺诸色入破历算会牒》："面三石玖斗伍升，油贰斗陆升半，粟拾壹石肆斗，已上充七月十五日佛盆、破盆等用。"②

P.2049背《后唐同光三年（925年）沙州净土寺直岁保护手下诸色入破历算会牒》："粟壹石肆斗，马家及寒苦卧酒，（七月）十七日破盆用。""油贰斗三升，七月十五日煮佛盆用。油壹升，造破盆用。""面两石三斗，七月十五日造佛盆用。面壹石陆斗，造破盆用。"③

P.2049背《长兴二年正月净土寺直岁愿达手下诸色入破历算会牒》"豆贰斗，七月十五日买苽，破盆用。"④

P.2032背《后晋时代净土寺诸色入破历算会稿》："面两石三斗，油贰斗壹升，七月十五日造佛盆用。面两石肆斗五升，油叁升半，粟两石六斗卧酒，造破盆……""面两石叁斗，七月十五日造佛盆用。面两石一斗，造破盆用。面二斗，造小破盆用。""面两石叁斗□□□□□造佛盆用。面壹石陆斗，七月十七日造破盆用。面贰斗，造小破［盆］，众僧吃用。"⑤

S.6452（3）《壬午年（982年）净土寺常住库酒破历》："（七月）十六

---

① 《敦煌社会经济文献真迹释录》第3辑，第311~314页。
② 同上书，第315页。
③ 同上书，第359、360~361、362~363页。
④ 同上书，第387页。
⑤ 同上书，第465、499、506页。

日，破盆酒两瓮。"①

"佛盆"为七月十五日盂兰盆节献给佛、法、僧的食盆，是为佛教之法食，故必不许用肉，所以敦煌寺院账历中绝不见有"抄䑋造佛盆"的记事。

"破盆"是七月十七日盂兰盆法会结束后施舍给饿鬼及其他游魂浪鬼的食物。破盆的制作，不一定必在七月十七日，也可以在七月十五日或十六日，而"破盆"之用，则必在盂兰盆法会结束后的七月十七日夜晚散施。"破盆"可以有酒肉，也可以无酒肉，所以敦煌寺院账历中有时见有"抄䑋"及用"酒"造破盆的记事。

"小破盆"是七月十七日盂兰盆节全部斋仪罢后供给僧众解斋的食物。上举 P.2032 背《后晋时代净土寺诸色入破历算会稿》"面贰斗，造小破〔盆〕，众僧吃用"是其明证。敦煌僧人解斋时可以吃肉喝酒，所以敦煌寺院账历中有"抄䑋"及用"酒造小破盆"的记事。

在僧人不禁食肉的背景下，敦煌寺院造"破盆"和"小破盆"用䑋，是很正常的事，不足诧异。另一方面，我们从"佛盆"绝不备䑋，而"破盆""小破盆"均可备䑋的反差对比中，反倒可以领悟到"䑋"为肉食的信息。

笔者特别注意到 P.2049 背《长兴二年正月净土寺直岁愿达手下诸色入破历算会牒》"油贰胜，算会，愿达逐日炒䑋用"的记事。此牒末尾所署日期为"长兴二年辛卯岁正月　日"，知愿达算会时间在是年正月之内，而正月为三长斋月之一（正月、五月、九月为三长斋月）。由此知敦煌僧人吃䑋不避斋月；笔者又注意到 P.3234 背（2）《十世纪某年敦煌某寺油入破历》载："十二月，付众僧抄（炒）䑋油一斗一升。"若按每次炒䑋用油半升计之，则这个月内僧人炒䑋吃䑋不下22次；又假设一天之内吃

---

① 《敦煌社会经济文献真迹释录》第3辑，第225页。

腥只一次，那么这个月内会有22天吃腥。其中必有属于"六斋日"者（每月初八日，十四日，十五日，二十三日，二十九日，三十日为六斋日），由此推知敦煌僧人吃腥又不避六斋日。

我们通过敦煌寺院僧人食腥的记载以及对"腥"的考释，可以肯定地说：敦煌僧人在很多情况下时常吃肉。这是这一时期敦煌佛教僧侣饮食生活的重要特征之一。事实如此，既不可回避，亦不必为之曲说回护。至于如何看待僧人食肉的问题，请留待后面加以讨论。

今人往往弄不清什么是腥，什么是羹，什么是肉腥，什么是菜腥，以及菜腥与菜羹有何区别，由此给古代饮食文化研究带来一些分歧意见，由此进一步影响到对敦煌僧人食戒问题的探讨。本文只就与论题有关的问题略作讨论，至于涉及古代饮食文化研究方面的分歧意见，这里就不多说了。

二、敦煌僧人食肉的其他资料

敦煌僧人食肉的问题，不独在食腥账历中反映出来，在敦煌遗留下来的其他文书中也有反映，下面略作介绍：

敦煌各僧寺、尼寺都有羊群，又有寺户为之放牧，以供寺僧所需羊皮、羊毛、羊奶、酪酥及肉食。敦煌文献中就有寺户牧羊人向寺院缴纳羊肉的记事。S.1519（1）《辛亥年（951年）某寺诸色斛斗破用历》载：

十二月……十六日……又面壹斗，牧羊人纳羊腔，与用。①

关于"羊腔"，高启安先生有过准确的解释。他说："'羊腔'指羊宰杀后除掉头蹄和内脏的部分。"②但高先生把这里的"纳羊腔"解释为寺院

---

① 《敦煌社会经济文献真迹释录》第3辑，第177页。
② 同前注高启安文，第393页。

向官府缴纳的羊腔，不表明寺僧食用羊肉。①

在敦煌寺院账历中，凡是向官府纳物的账目，无不写明"纳官"或"纳官用"之类的说明性词语，而本条不言"纳官""纳官用"，仅说"牧羊人纳羊腔"，显然是说寺院牧羊人向寺院缴纳羊腔，看不出有寺院向官府缴纳羊腔的含义。据其所载，只能理解为牧羊人向寺院送纳羊腔，为寺僧提供肉食。那么这条记账，应当视为寺院僧人食用羊肉的证据。

P.3246《辛巳年（921年）十月十五日放羊死、损、现存数抄录》是敦煌某寺羊群的算会账，开头写道："辛巳年（921年）十月十五日，共放羊人葱（总）计池（吃）、死、损、吏唤（换）与（已）后现存，抄录于后……"②"池"为"吃"的借字，虽未指明是牧羊人吃或是寺僧吃，却也不能排除牧羊人向寺院纳送羊肉以供僧人食用的可能。S.1519（1）《辛亥年（951年）某寺诸色斛斗破用历》所载"牧羊人纳羊腔"，正表明寺院牧羊人确有向寺院缴纳羊肉以供僧人吃用的事。

又如：S.4373《癸酉年（913年）六月一日碨户董流达园碨所用抄录》："羊一口，酒两瓮，细供四十分，去碨轮局席看木匠及众僧吃用。"高启安先生指出："这是在修碨轮的工程完毕后举行的宴会活动，看起来有僧人参与了吃肉。"但他又认为"这条材料并不能证明僧人亦食肉。前面几句话对羊由谁来吃记得很明确，恰好说明羊只由工匠和碨户食用。"③

本条对羊、酒及细供的用途所作的说明，是"看木匠及众僧吃用"。根据"细供四十分"推测，参与局席的应有四十人。账上所记为"木匠"和"众僧"，其实还一定会有高先生所指出的操持碨轮并张罗局席的碨户董流达。木匠是技工，在修碨工程中肯定只是极少数；碨户也仅董流达一人。此外参与局席人数最多的，就是出力承担非技术性劳动的众僧了。

---

① 同前注高启安文，第393页。
② 《敦煌社会经济文献真迹释录》第3辑，第579页。
③ 同前注高启安文，第395~396页。

这是由于此硙属寺院财产,硙的修理及修硙费用皆由寺院承担,所以该寺派去了众僧出力干活。一般说来,一项工程中出力干笨活的人总是绝对多数,这就是账上所说的众僧。在敦煌不禁僧人食肉的情况下,"木匠及众僧"共食此羊,乃属正常之事,理解为"众僧"同样参与了吃羊肉局席,既与账簿载笔相符,亦于事理为得。假若羊肉只是供工匠、硙户极少数人吃用而众僧未吃,那么执账僧当不会在账上记为"看木匠及众僧吃用",让众僧徒担吃肉的空名;退一步说,假设僧人恪守不食肉戒,而执账僧竟妄语"木匠及众僧吃用",岂不是对本寺众僧的玷污、诽谤?须知"妄语""谤僧"皆是罪过。所以我的理解是众僧与木匠及硙户董流达全都参与了吃羊肉局席,执账僧把众僧与工匠一同列为吃羊者应是据实秉笔。

P.2040背《后晋时期沙州净土寺入破历算会稿》:"麦壹石贰斗,先年都知羊腔价入。"都知或为归义军马步都知,或为知某都司之僧官,未曾确指,今则难知为僧为俗。但可以肯定的是,该寺确曾出售羊腔。

敦煌文献中又有关于僧尼可食马肉的资料。P.3212《辛丑年(941年)五月三日尼惠深牒》云:"惠深常乐去时(旁注"八月十日"),黑草捌(驳)死,随(遂)分肉菜,买(卖)得一两硕来。"①

宇按:"捌"音 bō(古读入声,拟音 bək),用为"驳"的借字,"黑草捌"即"黑草驳",为毛色黑多白少的母马。S.2174《天复玖年(909年)董加盈兄弟三人分家契》载,弟怀盈与兄怀子停分物有"三岁黄草捌壹头"②。"黄草捌"即黄草驳,为毛色黄多白少的母马。"驳"字有时又写作"剥",P.3410《大中年代沙州僧崇恩处分遗物凭据》云:"上尚书(张议潮)剥草马壹匹。"③"剥草马"即"驳草马",为毛色黑白夹杂的母马。

"随分肉菜":"随"当为"遂",同音借字;"遂分"者,谓随即予

---

① 《敦煌社会经济文献真迹释录》第2辑,第312页。
② 同上书,第149页。
③ 同上书,第152页。

以剖分也;"肉菜"云者,以肉为菜肴之谓也。尼惠深将剖分的马肉称作"肉菜",表明僧尼可食马肉。

或谓尼惠深《牒》中紧接"随分肉菜"之后又云"买(卖)得一两硕来",是说惠深将马肉换为一两石粮食,表明自己未食马肉。笔者以为,惠深是否将马肉全部卖掉,片食不留已用,今已无法证明,可置而勿论。但据文中旁注"八月十日"之语,知此马死于八月十日,此时敦煌尚处在次高温季节(公历9月上旬,敦煌地面平均温度摄氏27度),而惠深恰在此时正欲动身去常乐县,数百斤马肉食之不及必将变质,势不得不将马肉及时卖掉。所以,即使惠深把马肉全部卖掉,也不足证明尼惠深恪守"断肉"之戒。

S.2575《后唐天成四年(929年)三月六日应管内外都僧统司置方等戒坛榜》载:"甘汤美药,各任于时供承;非食醇醪,切断不令入寺。"又云:"如或同欲嗜味,曲允他情,斯事透露之时,司人须招重罚,新戒逐出坛内,父娘申官别科。"所云"非食醇醪"及"同欲嗜味",其中应包含肉食在内,似乎表明敦煌在举行授戒仪式期间,严禁新受戒者食肉。但此中不免透露出平时并不严禁僧尼食肉的消息。敦煌流行的《发愿忏悔略出文》(P.3210)有忏悔"饮酒食肉,吃用五辛"之语,透露出僧尼平时必有"饮酒食肉,吃用五辛"的行为。

三、寺院祭赛用肉,为厮役、工匠、艺人提供肉食

僧人不仅自己吃肉,还用肉设祭以及供给厮役、工匠肉食。举例来说:

S.5008《十世纪中期某寺诸色入破历算会牒》:"油壹斗五升,于史堆

子买杀羊壹,荫子用。"①

荫子当是寺院隶属人户或寺厮儿女人。本条所载,表明寺院为本寺人户、厮儿提供肉食。

同件又载:"麦柒斗,开口羊价用。"②本条前有"麦贰斗,马圈口佛盆用"的账目,马圈口在敦煌城西南25里甘泉水(今名党河)上,古来在此筑坝引水入宜秋渠,灌溉敦煌城西北农田。本条所说的"开口",指打开宜秋渠口。盖头年冬季封堵渠口,不使河水入渠,以免冲决渠堤,淹没村庄、道路。次年开春再打开渠口(即所谓"开口"),引水入渠,以溉农田。当地风俗在打开渠口时,须在渠口处祭祀水神,以祈丰收并免遭水旱。某寺当有庄田在宜秋渠下,故亦参与宜秋渠口的赛神活动。本条记载该寺为购买赛神羊支付羊价麦柒斗。

S.4373《癸酉年(913年)六月一日硙户董流达园硙所用抄录》又载:"请食(石)匠除硙,五人逐日三时用面三斗,十日中间条(调)饭羊一口。""至十日工作了,羊一口,付石匠用。"③该寺十天之内供给工匠两只食用羊,表明寺院为工匠提供肉食。

同件又载:"(八月三日)麦七斗,渣(闸)头赛神羊,买用。"本条表明寺院不仅允许硙户赛神用羊,并且为之支付购羊费用。

S.4705《十世纪敦煌某寺诸色斛斗破用历》载:"寒食踏歌羊价麦九斗,麻四斗。"④本条表明寺院购羊赏食踏歌艺人。

上举敦煌寺院供给工匠肉食及用羊肉献供祭神的资料,反映出敦煌寺院及僧人并不忌讳用肉。

此外,寺院还接受信徒及官府施舍牛羊,高启安先生曾举出若干例证:

---

① 《敦煌社会经济文献真迹释录》第3辑,第556页。
② 同上书,第556页。
③ 同上书,第183页。
④ 同上书,第289页。

P.2863《李吉子等施入疏》,"故(殺)羊三口,施入铸钟。""故(殺)羊一口,施入铸钟"。

P.4783《癸卯九月廿三日施牛两头出唱如后》受施"陆岁耕牛壹头,乳牛一头"。

P.3478《福嵒奉献施舍支分疏》受施"乳牛一头"。

S.542(5v)《丑年十二月大乘寺寺卿唐千进点算现在及欠羊牒》,"丑年七月官施羊:大白羯一口,大母白羊叁拾玖口"①。

此外还可以举出 P.4783《癸卯年(943年)九月斋施出唱记事》一则:"癸卯年九月廿三日,故慕容刺史三周斋,施陆岁耕牛一头,乳牛一头……"② 慕容刺史即慕容归盈,生前任瓜州刺史,卒于后晋天福五年(940年)。本条所记,乃其后人为他去世三周年忌日举办斋会,施给某寺两头牛。

戒律允许寺院受施牛羊马驼以用于弘扬佛法,但不得用为僧食;若僧人食用信士所施之畜,则属非戒。敦煌寺院多有羊群,其羊多为官府及信众所施。所施之羊既经杂入群中,势难分辨。故知寺僧食用之羊,未必皆非施物。上举寺院受施功德牛羊,虽非僧人食牛羊肉的资料,却与僧人食牛羊肉有曲折的关联,故在此顺便提及。

四、敦煌僧人所食之肉为"净肉"

从寺院账目明白直书本寺炒膘、调膘、制作菁膘,以及众僧吃膘,寺院受纳羊腔之类的记事可以看出,敦煌僧人食肉必是当时无须掩饰之事,寺院账册之所以明白直书者,知其并不稍有忌讳。

当我们看到寺院炒膘、调膘、菁膘,众僧吃膘、吃羊,寺院受纳羊

---

① 同前注高启安文,第392页。
② 《敦煌社会经济文献真迹释录》第3辑,第93页。

腔之类的记载频频出现时，却从未发现过哪怕只有一条反映寺院或僧人自行宰杀牛羊的记载。这意味着什么，不能不引起人们思考。

笔者从上引《惠深牒》"黑草捌（驳）死，随（遂）分肉菜"之语，获得了解读此事的最初启示。在尼惠深方欲动身去常乐县、正需要驮运马匹时，此马突然死去，表明此马之死，非由宰杀，应属自死。尼惠深将自死而非为我食肉而宰杀的畜肉充作肉菜，完全符合上座部（小乘）戒律的精神。《十诵律》记如来之言云："我听啖三种净肉：何等三？不见，不闻，不疑。不见者，不自眼见为我故杀是畜生；不闻者，不从可信人闻为汝故杀是畜生；不疑者，是中有屠儿，是人慈心，不能夺畜生命。我听啖如是三种净肉。"此马既然不是"为我故杀"，其肉属"净肉"，佛祖是允许僧人食用的。这里可能表明尼惠深在食肉问题上持小乘戒，以"净肉"为可食。

敦煌寺院记账中又有寺户牧羊人向寺院缴纳羊腔的记事。牧羊人在遥远的牧场将自死的羊或宰杀活羊，剥皮、去除内脏之后将羊腔缴纳给寺院，寺中僧人自然"不自眼见为我故杀是畜生"，当然也属净肉，可食。

至于寺院炒臛、调臛、菁臛所用的肉，既可用牧羊人缴纳来的羊腔，又可以从市上购得，僧人皆"不自眼见为我故杀是畜生"，同样属"净肉"，可食。

将上述分散的事例加以集中，一个概念便突出显示出来，那就是：敦煌僧人所食之肉乃属"净肉"。而大乘律禁食一切肉，唯独小乘律允许僧人食净肉。由此又导向这样一个判断：敦煌僧人在食肉问题上遵用小乘律。用这个概念回头审视敦煌寺院炒臛、调臛、菁臛，众僧吃臛、吃羊，寺院受纳羊腔，尼惠深以自死马肉充肉菜这一系列现象以及这一系列现象给今人带来的迷惘，便都豁然明白了。

学界皆知，唐宋时期的敦煌佛教，就其教法主流而言，属于大乘佛教，但在食肉问题上，却遵用小乘戒律，这一点，以往似为学界所忽略。

五、敦煌僧人普食"净肉"的起因、持续流行及评价

敦煌僧人食"净肉"的风气由何而生、何时而起，谈一点个人的看法。

吐蕃占领敦煌之前，没发现敦煌僧人可食"净肉"的迹象。而到晚唐、五代及北宋时期，敦煌僧人食"净肉"却成了极平常的事。时间逻辑表明，吐蕃统治敦煌的六十年恰恰处在这一变化的转折时期，不能不考虑吐蕃统治的影响。

吐蕃人基本上从事畜牧业，向以肉食为主，故吐蕃佛教不禁僧人食肉。吐蕃占领敦煌之后，不少吐蕃僧人来到敦煌，还派来"蕃大德"掌管敦煌佛教大权，他们必然会把吐蕃佛教不禁僧人肉食的风气带到敦煌；另一方面，敦煌以西不少地区一向流行小乘教，据《大唐西域记》载，焉耆国、屈支国、跋禄迦国、缚喝国、揭职国、梵衍那国、揭盘陀国、乌铩国、佉沙国……皆习学小乘教。此书还特别介绍了焉耆国的情况："伽蓝十余所，僧徒二千余，习学小乘教说一切有部……戒行律仪，洁清勤励，然食杂三净，滞于'渐教'[①]矣。"（《大唐西域记》卷一"阿耆尼国"条）玄奘虽见焉耆僧"食杂三净"，还仍然给予"戒行律仪，洁清勤励"的评价，并不因其"食杂三净"而予以否定。后来高丽求法僧慧超行经龟兹，也看到"此龟兹国足寺足僧，行小乘法，吃肉及葱韭等也"。（《慧超往五天竺国传》）敦煌多有西域僧侣频繁往来，故得常见西域僧侣食肉。当吐蕃僧人把听食一切肉的风气带到敦煌时，敦煌人并不特别惊怪，一般汉僧很容易受其影响，不免渐有效尤。敦煌僧界以往形成的"断肉"传统在食肉风气强力冲击下势难继续维持，而敦煌汉僧中的高僧大德，却不

[①] 此处所谓"渐教"，谓佛祖在食肉问题上"随事渐制"的教导。《涅槃经·如来性品》云："（佛言：）'从今日始，不听声闻弟子食肉。若受檀越信施之时，应观是食如子肉想。'……迦叶又言：'如来何故先听比丘食三种净肉？''迦叶！是三种净肉，随事渐制。'"

甘心食肉之禁遭到彻底破坏。鉴于大乘经典虽有禁食一切肉的教导，而小乘经典却也有听食"净肉"的佛训，在僧人食肉问题上本来就存在着进退取舍的余地和游移的空间。为了抵御吐蕃佛教听食"一切肉"的颓风，另一方面也为"断肉"传统守住最后一块阵地，于是以退为守稍作让步，采取了小乘戒律听食"净肉"的办法加以变通。《十轮经》载佛所说偈云："破戒诸比丘，犹胜诸外道。"敦煌僧人能够守住拒食"不净肉"的小乘戒，终归不致"破戒"，倒是一种护戒之举。如此说来，吐蕃统治时期之所以首揭敦煌僧人听食净肉的帷幕就是可以理解的了。

敦煌佛教从禁食一切肉到听食"净肉"的转变，奠定了"教法从大乘，食肉从小乘"的格局。这样的格局，却极大地推动了敦煌佛教世俗化的进程，后来终于形成一种前所未有、别处所无的敦煌世俗佛教。我曾经用八个字概括过敦煌世俗佛教的基本性质和特征，即"诸宗皆奉，不尊一宗"①。这在僧人食肉的问题上也体现出来。

沙州反蕃起义赶走了吐蕃统治者，归义军首领即"训以华风""轨俗一变"（语见《张淮深德政碑》），而吐蕃统治给敦煌佛教带来的食肉之风本应予以革除，为何仍然保持下来并且延续下去，我推想约有以下两个原因：

（1）敦煌起义成功之初，最紧迫的要务是团结内部，收复周边地区，打破孤岛被围之势以巩固新政权。而敦煌僧界以都僧统洪辩为首的释门骨干，曾积极参与逐蕃起义的密谋，不少僧人还加入起义队伍东征西战②；在吐蕃长达六十年的统治时期，僧界食用"净肉"已成习惯，民众亦视为平常，"听食净肉"实际上已化入当地佛教民俗，一旦强行断肉，反而会

---

① 拙文《唐宋时期的敦煌佛教》，见《敦煌佛教艺术文化论集》，兰州大学出版社，2002年7月，第374页。本文集收入第一篇。

② P.3249背《归义军兵名簿》为唐大中、咸通间归义军兵名册，残存8队175人名，中有僧人士兵16人，占士兵总数的9%强。参阅《敦煌学大辞典》第398页"归义军兵名簿"条。

激起僧界反对，破坏内部团结，引起政治危机。出于安定内部、稳定人心的需要，归义军首领对当地僧人食肉一事也就随缘方便一仍其旧，后之历代归义军首领亦踵前不替。这样，敦煌僧人听食"净肉"的风气便得以延续下来。

（2）历代归义军首领之所以不禁僧人食净肉，除了政治的需要之外，也有佛教本身的原因，那就是佛教世俗化大势的推动。食肉与否，并不决定佛性之有无。说到这里，不能不提到律宗大师求那跋摩与宋文帝的一段对话：

> 宋文帝尝谓求那跋摩曰："弟子常欲持斋不杀，迫以身殉于世，不获从志。法师既不远万里，来化此国，将何以教之？"跋摩曰："夫道，在心不在事；法，由己非由人……帝王以四海为家，万民为子，出一嘉言，则士女咸悦；布一善政，则人神以和。刑不失命，役无劳民，则使风雨适时，寒暖应节，百谷滋繁，桑麻郁茂。如此持斋，斋亦大矣；如此不杀，德亦众矣。宁在阙半日之餐、全一禽之命，然后方为弘济耶？"帝乃抚几叹曰："夫俗人迷于远理，沙门滞于近教，迷远理者，谓至道虚说；滞于近教者，拘恋（挛）篇章。至如法师所言，真谓开悟明达，可与言天人之际矣！"（慧皎《高僧传·三·求那跋摩传》）

求那跋摩的这段名言，或许有助于我们理解归义军首领对敦煌僧人食肉问题的态度。特别是禅宗六祖惠能高张"即心即佛"之说，倡言"世间若修道，一切尽不妨"，食肉远非"一切"，不足对"修道"造成窒碍。与其"拘挛篇章"，何若"布一善政"？律宗大师言之在先，则敦煌行之于后，亦可谓踵贤矣。

从梁武帝以来，我国僧人便基本断却肉食。虽有少数僧人暗自食肉的事件发生，但一旦发现，总会受到谴责。唐代还对僧尼"饮酒食肉，设食五辛"作出了罚苦役的规定。（见《唐六典·礼部·祠部郎中员外郎》）

唐人房千里《投荒杂录》载：

> 南人率不信释氏……间有一二僧，喜拥妇食肉……或请僧设食，翌日，宰羊豕以啖之，且曰"除斋"。（据委宛山堂本《说郛》卷21节引）

这里所说的岭南僧人"拥妇食肉"，情况可谓严重。但岭南地区并非佛教发达之域（从"南人率不信释氏"之语可知），而敦煌为著名的佛教发达之区；岭南僧人食肉者毕竟只是"间有一二僧"，远非整个地区的普遍现象，而敦煌则大不相同。敦煌僧人公然普食"净肉"却被视为合律合法，而且时历两百多年，地涉沙、瓜二州。像敦煌这样的大乘佛教发达之区而僧人普食"净肉"，自梁武帝以后内地从来不曾有过，因而成为中国本土佛教史上绝无仅有之例，也成为敦煌世俗佛教最为突出的一大特点。

佛教世俗化的核心，是人本思想的逐渐加强。佛教世俗化的过程，就是佛教信仰中人生功利成分逐渐滋长的过程。早期的中国佛教，唯佛为归，寄望来世成佛。上海图书馆藏敦煌写经052号《妙法莲花经卷第五》末题："乙卯之岁（415年？）四月中旬，清信女姚阿姬为一切众［生］顶戴供养。愿所往生处，离苦获安。"① 又，敦煌研究院藏《大慈如来告疏》末题："兴安三年（454年）五月十日，谭胜写传教人。愿生生之处，长直（值）弥勒。"② 上举两件早期写经题记，一再表明信徒十分倾心于来世（所谓"往生处""生生之处"）。为了来世脱离苦海，信徒会牺牲自己，舍身事佛，几乎到了无视现世之我的境界。梁武帝就曾三次舍身，还自断酒肉，克制身口之欲，并推而广之，首先令出家僧尼断绝酒肉。与此同时，在各阶层信徒中，自我意识却在潜滋暗长，逐步觉醒。日本京都博物馆藏大谷探险队所获新疆吐峪沟文书《优婆塞戒经卷七》末题："岁在丁卯（427年）夏四月廿三日，河西王世子、抚军将军、录尚书事大且渠兴国，

---

① 池田温：《中国古代写本识语集录》，日本大藏出版株式会社，1990年3月，第82页。
② 同上书，第87页。

与诸优婆塞等五百余人共于都城之内请天竺法师昙摩谶译此在家菩萨戒,至秋七月廿三日都讫。秦沙门道养笔受。愿此功德,令国祚无穷,将来之世,值遇弥勒。"①这里尽管仍然希求"将来之世,值遇弥勒",但也祈求今世的"国祚无穷",提出了今生人世的要求。后来,世俗的愿望愈来愈多,日本书道博物馆藏敦煌北魏写经《观音经》末题:"……清信士佛弟子尹波,寔由宿福不勤,触多屯(迍)难。扈从主人东阳王殿下,届临瓜土……辄兴微愿,写《观音经》卅卷,施诸寺诵读。愿使二圣慈明,永延福祚;九域早清,兵车息钾(甲);戎马散于茂苑,干戈辍为农用;文德盈朝,哲士溢阙,锵锵济济,隆于上日;君道钦明,忠臣累叶;八表宇宙,终齐一轨;东阳王殿下,体质康休,洞略云表;年寿无穷,永齐竹柏;保境安蕃,更无虞寇;皇途寻开,早还京国;敷畅神讥(机),位升宰辅;所愿称心,事皆如意;合家眷大小、亲表内外、参佐家客,感(咸)同斯佑。又愿一切众生,皆离苦得乐。弟子私眷,沾蒙此福,愿愿从心,所求如意。大魏孝昌三年(527年)岁次丁未四月癸巳朔八日庚子,佛弟子、假冠军将军、乐城县[开国伯]尹波敬写。"②这里几乎全部都是世俗人生的种种愿望。隋唐以来,信徒们世俗人生的要求更有加无已,北图鸟字62号《般若心经》(9世纪敦煌写经)卷首添写的持经功德文曰:"……谁能读此《金刚》神经者,一日诵五遍,远行来者;诵九遍,道路[无]险苦……阳(烊)铜灌积住(坚柱),白银作屋脊,琉璃作屋椽,日月作僚(寮)窗……此经虽小,大有威神,亦胜《法华》,亦胜《涅槃》;亦如大海,亦如火山。入海采宝,随其多少,皆得重(总)来;入山斫木,随其长短。谁能霸(把)此经,手中罗文(纹)成;谁能看此经,眼中重光生;谁能读此经,六国好音声。大罪得灭,小罪得除。若入刀山,刀山摧折;若入剑树,剑树崩缺;若入濩(镬)汤,濩(镬)汤自煞;若入炉炭,炉

---

① 池田温:《中国古代写本识语集录》,第83页。
② 同上书,第114页。

炭自灭；若入地狱，地狱楛碣（枯竭）……"①可以看出，此文基本上抛弃了现世苦修、唯求来世的信条，却以现世人生的种种利乐来吸引人们信佛读经，非常典型地反映了佛教信仰趋向世俗功利的转变。对于经常遭遇不幸和苦难的人们来说，最迫切需要的无疑是免除眼前的种种苦难。此后，敦煌佛教进一步同世俗功利密切结合，到吐蕃统治时期终于形成别具一格的世俗佛教。

为了摆脱眼前的种种苦难，获得今生的幸福安乐，个人要奋斗，也需要其他外力的帮助。于是佛教就给人带来了神佛佑助的希望，但同时也用许许多多的戒律对信徒加以约束限制。有些约束限制是必要的，但也有不少律戒的确成为信徒沉重的枷锁。信徒一方面渴求神佛的佑助，一方面又不乐于枷锁的束缚，所以对某些特别苛琐或时地不宜、势难坚持的戒条，先是阳奉阴违，后则加以变通。律宗大师道宣著《四分律删繁补缺行事钞》，就对旧律作了不少的裁汰取舍，后来东塔派的怀素著《四分律开宗义记》，又对道宣之作有所变通。在高僧大德对律戒进行裁汰变通的同时，一般僧人和信众，也按照自己的意愿对成文的律戒暗自进行取舍并变通实践。比如敦煌僧人信奉大乘，却依小乘戒律食用"净肉"，便是敦煌僧人根据现实的需要对大乘教义进行的变通。在佛教迅速趋向世俗化的敦煌，随缘顺俗，作此变通，是当地佛教世俗化发展的自然之势，只不过发展的步伐较其他地区特别加快而已。后来，日本从明治天皇以来大开禁戒，允许僧侣娶妻吃肉，被人称为"无戒佛教"②，而敦煌比日本早行了一千年。

本文指出敦煌僧人听食"净肉"的事实，旨在认识敦煌世俗佛教某些不同寻常的特点，有助于对古代敦煌世俗佛教状况的了解。我们从敦煌文献的反映和敦煌佛窟的修造及维护可以看出，敦煌僧人向佛之心的确

---

① 池田温：《中国古代写本识语集录》，第440页。
② 参见上田天瑞：《戒律思想之发展》，收入《律宗概述及其成立与发展（律宗专集之一）》，台北大乘文化出版社，1978年12月，第379~380页。

十分虔诚，而敦煌僧人仍然守持着大乘及小乘的诸多戒律，不能因为敦煌僧人听食"净肉"就以"无戒佛教"目之，更不能因此斥为"伪滥僧"、"恶堕教"而瞑目以对。

（此文原刊于台湾敦煌学会编《敦煌学》第25辑——潘重规先生逝世周年纪念专辑，2004年9月。收入本书时有所修订）

晚唐至北宋敦煌僧尼普听饮酒

佛教禁止信徒饮酒，经、戒屡有明载。《出曜经》云："为优婆塞，尽其寿命不得饮酒，不得尝酒，不得教人饮酒。"①《佛说尸迦罗越六方礼经》进而告诫信徒不要"与喜酒人为伴"，不要"与嗜酒人相随"。对僧尼二众，要求更为严格，《根本说一切有部毗奈耶》卷42《饮酒学处》载："佛告诸比丘、比丘尼：汝等若以我为师者，凡是诸酒，不应自饮，亦不与人……若故违者，得越法罪。"②"越法罪"属于当堕阿鼻地狱的重罪，可见此事非同小可。梁武帝特撰《断酒肉文》③，以帝王之力造成舆论声势，推行断酒肉之戒。然而，却有僧人阳奉阴违，暗自偷饮，个别僧人甚至公开饮酒而无所顾忌。这样的僧人被视为不守戒行的"酒肉和尚"或"疯

---

① 《大正新修大藏经》第4卷《出曜经》卷12，第673页。
② 《大正新修大藏经》第23卷《根本说一切有部毗奈耶》卷42，第859页。
③ 《广弘明集》卷11，上海古籍出版社，1989年，第305~309页。

僧""狂僧"。

在敦煌,佛教信徒抄写了不少戒经、戒律、戒本,如《僧祇律》《四分律》《五分律》《十诵律》《十诵律比丘戒本》《菩萨戒本》《四分律删繁补阙行事钞》《六度集经》《梵网经》《贤愚经》之类,其中都有戒酒的条文。此外,还编有不少戒酒的通俗辞曲,宣演传唱。一首名为《和菩萨戒文》的唱辞道:"诸菩萨,莫沽酒,沽酒烊(烊)铜来灌口。足下火出焰连天,狱卒持铧斩两手。总为昏痴颠倒人,身作身当身自受。仍被驱将入阿鼻,铁壁千重无处走。"此辞,敦煌遗书中发现有晚唐至宋不下15个抄本,可见在敦煌僧人中曾广为流传。

然而,与佛教频申酒戒适呈反差的是,从吐蕃统治敦煌时期开始,历经晚唐、五代,直到北宋曹氏归义军政权终结的248年间(788—1036年),敦煌僧人却普遍饮酒。当地军政首脑、僧界领袖、乡老耆旧乃至一般人等,见怪不怪,视为平常。这在中国佛教史上是极不寻常的现象。敦煌莫高窟藏经洞保存下来的这一时期敦煌诸寺账历、牒、帖及其他有关文书中关于僧人普遍饮酒的现象有非常充分的反映。这一极不寻常的现象,成为吐蕃统治及晚唐五代北宋时期敦煌世俗佛教特殊表征之一而具有重要意义,值得加以探讨。

一、敦煌佛寺酿酒、用酒及僧尼饮酒有50多件账册作证

从吐蕃统治到晚唐五代及北宋初期,敦煌佛寺账册中有大量反映寺院卧酒①、用酒及僧尼饮酒的账目,确切而具体地反映这一时期敦煌佛寺

---

① "卧酒"即酿酒。"卧"谓催化发酵。"卧""沤"二音旁转,义近。《齐民要术》有"卧酪""温卧""卧之令生黄衣"之文,其语古已有之。唐宋时,蒸煮麦粟米粮,拌以曲使之发酵,加水澄汁而成酒,味酸甜。是时,敦煌所饮即此等白醅酒,尚非今日之蒸馏酒。

酿酒用酒及僧尼饮酒的事实。

这些账册大体分为五类：一为付酒本历，即寺院为卧酒、沽酒支付麦粟的专账，实即酿酒、沽酒的专账；二为酒破历，即酒的消费破用专账；三为算酒历，即酒的收支结算账；四为诸色斛斗破用历，即寺院的出入流水日记账，其中有不少关于酿酒用酒及僧尼饮酒的明细记载；五为算会牒（"会"音 kuài），即今所谓决算账，其中亦有不少关于酿酒用酒及僧尼饮酒的记载。上述五类账册，笔者初步普查，共得52件。今分别列举卷号如下：

（1）敦煌寺院付酒本历残存1件，即：S.6452（5）《辛巳—壬午年（981—982年）净土寺付酒本粟麦历》（见唐耕耦等编《敦煌社会经济文书真迹释录》第2辑，第243页）。

（2）敦煌寺院酒破历有以下4件：

①P.5032背《丁巳年（957年）九月廿五日某寺酒破历》（《敦煌社会经济文书真迹释录》第3辑，第211页）；

②P.5032《某寺酒破历》（同上，第212页）；

③S.6452（3）《壬午年（982年）净土寺常住库酒破历》（同上，第224~226页）；

④S.1398背《壬午年（982年）某寺酒破历》（同上，第227页）。

（3）敦煌寺院算酒历发现1件，为：S.5786《甲申年（984年？）十一月算酒讫欠酒凭》（同上，第538页）。

（4）敦煌佛寺诸色斛斗破用历载有寺院卧酒、沽酒、用酒及僧尼饮酒账目者，发现27件：

①S.6452（2）《辛巳年（981年）十二月十三日周僧正于常住库借贷油面物历》（同上书，第2辑，第239—241页）；

②伯希和非汉文文书336号《年代不明某寺麦粟入破历》（同上书，第3辑，第132页）；

③S.6981《辛未—壬申年（911—912年）净土寺愿真手下领得历》（同上，第138页）；

④S.6981A背《十世纪初某年某寺诸色斛斗破历》（同上，第142页）；

⑤S.2228《九世纪前期辰巳年某寺麦布酒付历》（同上，第149页）；

⑥S.6233《九世纪前期（？）某寺诸色斛斗破用历》（同上，第172~173页）；

⑦S.1519（1）《辛亥年（951年）某寺诸色斛斗破历》（同上，第177页）；

⑧S.1519（2）《辛亥年（951年）十二月七日后某寺直岁法胜所破油面酒等历》（同上，第178页）；

⑨S.4373《癸酉年（913年）六月一日碙户董流达园碙所用抄录》（同上，第183页）；

⑩S.4899《戊寅年（978年）某寺诸色斛斗破历》（同上，第184页）；

⑪P.4909《辛巳年（981年）十二月十三日后某寺诸色破用历》（同上，第185页）；

⑫P.4674《乙酉年（925年）十月某寺麦粟破用历》（同上，第192页）；

⑬P.4907《庚寅年（960年）九月十一日—辛卯年七月九日某寺诸色斛斗支付历》（同上，第205页）；

⑭P.4697《辛丑年（941年？）某寺粟酒破历》（同上，第208页）；

⑮P.2642《十世纪某年九—十二月某寺诸色斛斗破用历》（同上，第209页）；

⑯S.4649+S.4657《庚午年（970年）二月十日沿寺破历》（同上，第215~216页）；

⑰P.3875背《丙子年（976年）修造及诸处伐木油面粟等破历》（同上，第217~221页）；

⑱S.6452（1）《十世纪某年（981—982年？）净土寺诸色斛斗破历》（同上，第222~223页）；

八至十一世纪敦煌世俗佛教

⑲S.5039《十世纪某年某寺诸色斛斗破用历》（同上，第228~229页）；

⑳S.6217《十世纪某年某寺诸色斛斗破历》（同上，第230页）；

㉑P.4542《十世纪某年某寺粟麦豆破用历》（同上，第231页）；

㉒P.4906《十世纪某年某寺诸色破用历》（同上，第233~235页）；

㉓P.2930（1）《十世纪某年某寺诸色破用历》（同上，第237页）；

㉔P.3555B（10）《寺院破用历残片》（同上，第238页）；

㉕S.4705《十世纪某年某寺诸色斛斗破用历》（同上，第289页）；

㉖S.5883《十世纪某年某寺粟入破历》（同上，第290页）；

㉗S.5050《十世纪某年某寺诸色破用历》（同上，第534~535页）。

（5）敦煌寺院算会牒载有寺院卧酒、沽酒、用酒及僧尼饮酒账目者，发现以下19个写卷：

①S.4782《寅年乾元寺堂斋、修造两司都师文谦诸色斛斗入破历算会牒》（同上书，第3辑，第309~312页）；

②P.6002（1）《辰年某寺诸色入破历算会牒》（同上，第313~315页）；

③P.4957《申年（？）某寺诸色入破历算会牒》（同上，第316~319页）；

④S.1053背《己巳年（969年？）某寺诸色入破历算会牒》（同上，第339~341页）；

⑤P.2838（2）《唐光启三年（886年）安国寺上座胜净等诸色斛斗入破历算会牒》（同上，第328~332页）；

⑥P.2049背《后唐同光三年（925年）正月沙州净土寺直岁保护手下诸色入破历算会牒》（同上，第347~366页）；

⑦P.2049背《后唐长兴二年（931年）正月沙州净土寺直岁愿达手下诸色入破历算会牒》（同上，第369~389页）；

⑧P.2040背《后晋时期某年净土寺诸色入破历算会稿》（同上，第401~434页；酒的决算内容集中在第415~418页"麦破""粟破"部分）；

⑨P.3234背（8）《十世纪中期某年净土寺西仓粟破》（同上，第445页）；

210

⑩P.2032背《后晋时代某年净土寺诸色入破历算会稿》（同上，第455~509页）；

⑪P.3763背《十世纪中期某年净土寺诸色入破历算会稿》（同上，第513~520页）；

⑫P.2846《甲寅年（945年？）都僧政愿清等交割讲下所施麦粟麻豆等破除现在历》（同上，第525页）；

⑬S.4657《十世纪后期某年（970年？）某寺诸色破历》（同上，第530页）；

⑭P.3165背《十世纪某年某寺入破历算会牒》（同上，第540~541页）；

⑮S.366《十世纪某年某寺诸色入破历算会牒》（同上，第546页）；

⑯S.4642（1—8背）《十世纪某年某寺诸色斛斗入破历算会牒》（同上，第547~554页）；

⑰S.5008《十世纪中期某年某寺诸色入破历算会牒》（同上，第555~556页）；

⑱S.5071《十世纪某年某寺诸色入破历算会牒》（同上，第557页）；

⑲S.6330《十世纪某年某寺诸色斛斗入破历算会牒》（同上，第562页）。

除上举账册之外，其他某些牒、状、转帖中也有关于敦煌寺院备酒用酒及僧尼饮酒的反映，不烦一一列举。

二、敦煌寺院账册中关于寺院卧酒用酒及僧尼饮酒的种种记录

卧酒沽酒所用麦粟谓之"酒本"。S.6452（5）《辛巳—壬午年（981—982年）净土寺付酒本粟麦历》就是敦煌净土寺用麦粟支付酒本的专账。

这类账册尽管只有孤本独存，却显示出重要的学术价值。它的存在足以说明，酒的置备与使用确已成敦煌佛寺一项重要收付项目，有为之建立专账的必要，所以才会出现这样的专账。

该账反映，净土寺从辛巳年十二月二十六日到次年十二月十七日这一年间为卧酒沽酒支出酒本麦粟共32笔，合计麦粟77石8斗，平均每月出付酒本麦粟6石4斗8升。按当时粟酒兑换率1∶0.857的比率加以折算①，共得酒66石5斗7升4合6勺，这是该寺全年耗酒量。由此推知该寺每天平均消耗酒将近1斗8升5合。这一年间，为净土寺供酒的店家有盐子磨店、氾押牙店、刘万定店、富昌店、幸通店、兴子店、定员押牙店、氾法律店、郭法律店等9家，往来最频繁、给付酒本最多的是盐子磨店。一年间净土寺支付盐子磨店酒本麦粟共9笔，计麦粟43石，合应供酒36石8斗4升1合。占该寺年用酒量的55%强，表明盐子磨店是净土寺最大的供酒店家。兹将本件所载，列表于下，以见其概：

店别	付给酒本粟	付给酒本麦	小　　计
氾法律店	3石5斗		3石5斗
盐子磨店	4石2斗 4石2斗 7石 15石 2石1斗 4石9斗 2石4斗	2石4斗 8斗	43石

---

① P.2846《甲寅年（945年）都僧政愿清等交割讲下所施麦粟麻豆等破除现在历》（见唐耕耦等编《敦煌社会经济文献真迹释录》第三辑，第525页）载："酒叁拾瓮，卧用粟贰拾壹硕（石）。"据施萍亭先生考证，酒1瓮为6斗（见《敦煌研究》创刊号，第151页）。那么"酒叁拾瓮"即180斗。粟"贰拾壹硕"（合210斗）卧酒180斗，则粟的出酒率为1∶0.857，即粟1斗，出酒8升5合7勺。

续表

店别	付给酒本粟	付给酒本麦	小计
刘万定店	1石4斗 1石4斗 1石4斗 2石1斗		6石3斗
富昌店	2石1斗 4斗 7斗 1石4斗 1石4斗	4斗	6石4斗
氾押牙店	2石1斗 2石1斗 2石1斗 4斗	4斗	7石1斗
兴子店	1石4斗 1石4斗 2石1斗		4石9斗
幸通店	7斗		7斗
定员押牙店	3石5斗		3石5斗
郭法律店	1石2斗	1石2斗	2石4斗
合计	72石6斗	5石2斗	77石8斗

除了卧酒、沽酒的专账之外，又有酒的破用支付专账及酒的出入结算账。三种酒账分别记载酒之收入、酒之支出及酒的出入收付结算，互为配套，形成完备的酒账体系。寺院中有此系列完备的酒账，尤其耐人寻味。此外，酒的置备、支出又在日记流水总账及综合性财务结算与年度决算账

中反映出来，各自单行而又互为交叉地证明着敦煌寺院备酒用酒及僧人饮酒的事实。上举52件账册，所记敦煌寺院卧酒、沽酒、用酒以及僧尼饮酒的种种事由名目，让人大开眼界，大增见闻。仅 S.6452（3）《壬午年（982年）净土寺常住库酒破历》就有如下的记载：

僧人饮酒 壬午年正月"廿二［日］，酒贰斗，又沽酒粟四斗，指抈、孔目、僧正三人，老宿、法律等吃用"；三月"廿五日，酒壹斗，大张僧正东窟来，迎用"；四月"二日，酒壹斗，和尚官渠来吃用"；同月"廿八日，酒壹瓮，众僧吃用"；五月"三日，酒壹斗，迎少（小）张僧正用"；五月八日"来酒半瓮，众僧吃用"①；八月"十六日，酒贰斗，东窟看大张僧正用"；十月八日"同日夜间，酒壹角②，周僧正东窟来，迎用。酒五升，李僧正就少（小）汜家吃用"；同月"十三日，酒壹斗，张僧正、僧子法律吃用"；同月"十六［日］，粟贰斗，沽酒，看侍僧录大师来，酒壹斗"；十一月十三日"周和尚麦酒叁瓮，李和尚麦酒两瓮，大张僧正麦酒壹瓮，小张僧正麦酒壹瓮"；同月"十九日，麦酒两瓮，僧正、法律等吃用"；十二月"六日，酒壹斗，众法律东窟来，迎用"：以上所记，除"指抈""孔目"为政府官吏外，其余僧正、僧录、法律、老宿、和尚等皆高层僧人，众僧则指下层一般僧众。由此可知僧门上下皆饮酒。

僧入酒店饮酒 壬午年正月"十六日，酒壹斗，就店二和尚吃用"；同月"廿九日，酒壹斗，宋僧正就店吃用"；"五月一日，酒壹斗，张僧正，李校（教）授就店吃用"；同月"十九日，酒五升，周僧正、李僧正就店吃用"；同月"廿日，酒壹斗，二和尚就店吃用"；同月"廿五日，酒贰斗，僧正、法律就店吃用"；同月"廿六日，酒壹角，僧正三人、法律二人就店吃用"；十一月"四日，酒壹斗，周（僧正）、李（僧正）就店吃用"；十二月"五日，酒壹斗，二和尚、教授等就店吃用"。佛经屡申酒戒，且

---

① "来酒"，此谓本寺僧众自东窟礼佛返寺之接风酒。
② 施萍亭先生考证，酒壹角为15升，见前文所注。

有身不入酒家之禁,《佛开解梵志阿颰经》云:"沙门不得饮酒……及诣酒家。"而在敦煌,寺院僧正、法律、教授、和尚等公然身入酒店畅饮,不受呵责,寺院且为之支付酒钱。此亦敦煌佛教界一大奇闻。

寺内饮酒 壬午年正月"九日,酒五升,二和尚就院吃用";同月"四日,酒壹斗,二和尚就库门吃用";六月"十日,酒叁斗,僧正、法律就仓门吃用";十月"六日,[僧众]掘葱酒壹斗";同月"八日,酒壹斗,李僧正、张僧正、高僧正、索法律等就院吃用";同月"十四日,看木,酒壹斗,夜间来,酒壹斗";同月"廿四日,东河庄着(斫)木,酒壹角,又来酒壹斗"。"来酒",谓本寺僧人往东河庄斫木回来之慰劳酒;"就院"谓在寺院;"就库门""就仓门",皆谓在寺院仓库门房内;其他如"掘葱""看木""斫木",及看木、斫木回来饮酒等,亦当在寺内设席。在敦煌,佛寺之内可以设席饮酒无损体统,并不玷佛寺清名。

节日供酒 壬午年"三月四日,寒食酒壹瓮",此为寺院在寒食节为在寺僧人提供的节日酒食;又,同年七月"十六日,破盆酒两瓮",此乃为七月十七日盂兰盆节法会结束时慰劳众僧以及供奉先亡、施食游魂所备酒食,对寺僧来说亦属节日设食;又,壬午年十一月十三日"周和尚麦酒叁瓮,李和尚麦酒两瓮,大张僧正麦酒壹瓮,小张僧正麦酒壹瓮","冬至,麦酒壹瓮",此为寺院于冬至节为僧首及驻寺僧人提供的各有等差的节日特供,谓之"冬至节料酒"。

僧首特供酒 "壬午年正月十一日,酒壹瓮,大张僧正打银椀局席用";二月"十三日,酒壹角,李僧正种麦用";同月"廿四日,酒壹斗,周和尚淘麦用";三月"八日,酒捌杓,李僧正屈人用,又酒壹斗,大张僧正淘麦用";三月十三日"李僧正酒壹斗,造鞍匠吃用";三月廿九日,"同日,酒壹斗,李僧正造鞍局席用";四月"廿三日,酒壹斗,李僧正淘麦用";同月"廿六日,酒壹瓮,大张僧正尽局席用";五月八日"又酒壹斗,小张僧正淘麦用";七月十四日"酒壹瓮,小张僧正看使君用";八月"廿日李僧正造后门，博士吃用"。以上皆属当寺为僧首提供的特别供给，可谓之"特供酒"。此种"特供"，一般僧众则无。

迎送、接风酒 三月廿五日"酒壹斗，大张僧正东窟来，迎用"，四月二日"酒壹斗，和尚官渠来吃用"，五月三日"酒壹斗"迎少（小）张僧正用"以及"李僧正东窟来，迎用"，"大众东窟来，迎用"，"东窟看大张僧正用"，"周僧正东窟来，迎用"，"大张僧正东窟来，迎用"，"众法律东窟来，迎用"等皆属迎送、接风用酒。其中有高级僧人，也有一般僧众。

人事往来酒 二月"廿九日，看刺史，煮酒五升"；七月十四日"酒壹瓮，小张僧正看使君用"；七月"廿四日，安教练转局来，粟贰斗，沽酒用"；十月"十六日，粟贰斗，沽酒，看侍僧录大师来（用）酒"，十月"十七日，酒壹斗，宋判官家送"（按：此为送宋判官酒）；十一月"二日，酒壹角，杨孔目、周（僧正）、李（僧正）就店吃用"；十二月"二日，酒壹斗，二和尚、羊司就店吃用"；十二月"三日，酒壹角，三界寺二张僧正、周和尚、法律等就店吃用"。其中"杨孔目、周（僧正）、李（僧正）就店吃用"，"二和尚、羊司就店吃用"，"三界寺二张僧正、周和尚、法律等就店吃用"，为净土寺僧首在酒店设宴款待政府官员杨孔目、羊司长官及三界寺僧正、和尚，其余未注明"就店吃用"者，皆当属在寺内设宴招待。

暖房、慰问酒 十月"廿八日，周和尚铺暖房酒壹斗"；"十一月一日，李僧正铺暖房酒壹斗"。以上两笔为暖房用酒。七月廿四日"使君脱孝酒，[用]粟贰斗"，此为慰问政府官员某使君孝满脱服者。

酬劳赏赐酒 正月"廿七日，酒壹瓮，李僧正就店对（兑）与音声"；二月"七日，躭佛人酒叁斗，丑挞酒叁斗"；三月"七日，酒壹瓮，东园造作人吃用"；同月八日"酒叁斗，北园造作人吃用"，"十日，酒叁斗，

---

① "躭佛人"，一作"担佛人"，即抬佛像者。敦煌方言躭（担）、抬同义。担，阳声；抬，阴声。二音对转。

北园造作［人］吃用"；"十一日，酒叁斗，河母造作用"；"廿九日，酒叁斗，音声就店吃用"；五月"廿一日，北园造作午料酒壹瓮，夜料酒柒杓"；五月"廿六日，酒壹角，弘儿、丑挞圈（券）园门吃用"；六月"十八日，造函午料酒壹斗，十九日午料酒壹角，廿日午料酒壹斗，廿一日午料［酒］壹斗，廿二日午料酒壹斗，又夜间局席酒壹斗，又手工价酒壹斗"；"廿三日，铁匠陈丑子造作酒壹斗"；"廿八日，屈董都料，沽酒粟两斗"；"七月十三日，酒五升，煮油人①吃用"；八月"廿五日，西窟造作酒叁斗"；"十月五日，北园造作酒壹角"。以上为寺院酬劳招待艺人、工匠及赏赐本寺厮儿、人户劳作之酒。

立契约，造破历用酒 "六月三日，酒叁斗，买舍造文书用"，此为买房舍立契约置筵用酒。S.6452（3）《壬午年（982年）净土寺常住库酒破历》：四月"四日，酒贰斗［造］破历用"，七月廿八日"造破历酒贰斗"。造破历即制作寺院支出账，表明执事僧制作账目亦供酒。

吊祭、助葬酒 三月"五日，梁阇梨亡，酒壹瓮"；同月"十三日，僧正亡，着主人酒叁斗，送祭盘用"；四月"七日，酒壹瓮，刺史亡用"；"八月六日，显德寺人助（葬）酒壹瓮"；同月"十七日，酒壹瓮，安国寺人助（葬）用"；十月"廿二日，酒壹瓮，翟家人助（葬）用"；十二月"十九日，张僧正友连亡，［助葬］酒壹瓮"。以上为寺院吊祭及助葬用酒。助葬用酒皆为一瓮，透露出该寺助葬用酒似乎还有统一的标准。

供佛酒 "（壬午年）二月……十九日，佛食酒壹斗，宋判官家送"。佛食酒即供佛酒，此为宋判官家所献者。又"壬午年（982年）正月……十四日，酒壹角，东窟头用"；同年四月"廿五日，酒壹斗，东窟上用"；五月"八日，酒贰斗，东窟用"；五月"十四日，酒壹角，东窟上用"。所谓"东窟头用""东窟上用""东窟用"，是指奉献给东窟（即莫高窟）神

---

① "煮油人"，即制作油炸食品的厨人。

佛享用的酒，也就是二月十九日账所谓"佛食酒"。在P.2040背《后晋时期某年净土寺诸色入破历算会稿》中称作"神佛食"，又分别谓之"春佛食""秋佛食"。由此知敦煌佛寺供献的"佛食"中有酒。佛倡酒戒，而敦煌佛寺却用酒供佛，此亦敦煌特有之事。此外，S.5039《十世纪某年某寺诸色斛斗破用历》载："粟叁斗，沽酒，判官检佛食用。"此一记事反映，执事僧检视佛食也要饮酒。

S.6452（3）《壬午年（982年）净土寺常住库酒破用历》所载本年内酒的开支账目，笔者统计共有107笔，付出麦粟数为77石8斗，得酒68瓮3斗零23勺。此外另付沽酒粟13斗未载沽酒数量，按敦煌粟酒兑换率1∶0.857的比率加以折算，粟13斗合得酒11斗1升4合。那么该寺壬午年用于卧酒沽酒的麦粟数为78石9斗1升4合，合用酒69瓮8斗1升4合23勺，酒的消耗量之大可见一斑。寺院用酒事由非一，名目多般，五花八门，令人目不暇接，如看使君、看刺史、看刺史娘子、看都衙、看乡官、看判官、看于阗太子、看回鹘使、看僧、看僧官、看行像社人、零散看客、迎令公、迎仆射、迎县令、迎于阗使、屈肃州僧、暖房酒、斋僧、众僧造局席、夜间局席、解火局席、僧人节料酒（节日供酒）、大例送酒、午料酒、寒食酒、破盆（盂兰盆节僧人解斋之食）酒、衙内人事、屈都料、立契约、造破历、佛食酒、吊孝酒、脱孝服酒、墓头造顿、寒食祭拜、渠口祭拜、天使奄世、上梁、刈麦、掘葱、纳物、累墙、缝皮裘、窟上燃灯人饭食、匠人饮用，等等，为寺院用酒、僧人饮酒提供了丰富的资料。

其实，敦煌寺院用酒及僧人饮酒的事目远不止此。其他账册中，还透露出更多更重要的资料，进一步展示出8—11世纪敦煌寺院及僧人用酒饮酒的方方面面，今拣其要，略举数事：

赛杂神、赛天王用酒　S.1519（2）《辛亥年（951年）十二月七日后某寺直岁法胜所破油面酒等历》载：壬子年（952年）正月十四日"又酒壹斗，马家庄上应祥将，赛神用"；"又面肆斗伍升，油壹升壹抄，酒半瓮，十五日东窟上燃灯及赛天王用"。S.6452（2）《辛巳年（981年）十二月十三日周僧正于常住库借贷油面物历》载壬午年（982年）八月廿五日，"麦壹斗，沽酒，炉头赛神用"；S.4373《癸酉年（913年）六月一日硙户董流达园硙所用抄录》载"椓下手日，赛神酒壹斗"；"又，入硙轮日，酒半瓮，赛神及众僧吃用"。赛神、赛天王亦用酒。此与前引供佛用酒可互为补充，揭示出敦煌佛寺献给佛、天王及其他杂神的供品中皆有酒的供献。

官府听许佛寺用酒、僧人饮酒　P.6002（1）《辰年某寺诸色入破历算会牒》载"麦叁斗，粟叁斗，充七月十五日沽酒纳官用"；P.3763背《十世纪中期某年净土寺诸色入破历算会稿》载"粟一斗，沽酒，就院看候司空用"；P.2040背《后晋时期某年净土寺诸色入破历算会稿》载"粟壹硕贰斗，沽酒，司徒兵马来，迎顿用"；S.5039《十世纪某年某寺诸色斛斗破用历》又载"麦壹斗，沽酒，就寺看阿郎用"（"阿郎"为敦煌百姓对归义军节度使的敬称）。以上为寺院献纳官府、看候、招待官员用酒，由此确知归义军最高当局及州县官员悉知寺院用酒及僧人饮酒而不以为异。又敦研001+董希文旧藏+P.2629《十世纪后期某年归义军衙内酒破历》①，更载四月十四日"同日，圣寿寺祭拜酒壹斗"，五月"廿三日，支缚箔子僧两日酒壹斗"，五月"廿七日，供缚箔子僧酒贰斗"，六月初"两日缚箔子僧酒壹斗"，六月"三日，支下［箔］两僧酒贰斗伍升"，七月十日"支校花树僧酒壹角。六日供造花树僧逐日酒壹斗"，八月十七日"支永受（即永寿寺）酒壹瓮"。这表明归义军首脑及官府也向寺院及僧人提供酒食，同内地官府禁止僧人饮酒者判然相异。又P.4957《申年（900年？）某寺诸色入破历算会牒》："粟叁斗，充天使巡寺沽酒破用。"寺院接待中央王朝使节亦用酒，则敦煌僧人饮酒的消息，必然会传到内地。对此，敦煌

---

①《敦煌社会经济文献真迹释录》第3辑，第271~276页。

寺院及官府毫不掩饰，充分表明在敦煌官府并不认为僧人饮酒有违世法有污教戒，否则，官府必加干涉禁止。

释门都僧统酿酒、用酒、饮酒 S.1053背《己巳年（969年？）某寺诸色入破历算会牒》载，"青麦壹硕伍斗，僧统卧酒用"；P.4674《乙酉年（925年）十日某寺麦粟破用历》载，十月廿三日"东窟上大众迎僧统……沽酒，粟壹斗"；P.2032背《后晋时代某年净土寺诸色入破历算会稿》载，"粟贰斗，僧统来日，共吴僧政看木，沽酒用"，"粟六斗，沽酒，氾僧统开经时看僧官用"，"粟肆斗，沽酒，氾僧统开［经］转［经］罢日，解劳荣（营）斋人用"；P.4638有两件《清泰肆年（937年）都僧统龙辩等上司空（曹元德）牒》，一牒附送"麦酒壹缸"，另一牒随献"酒贰瓮"，牒上同署名者为"都僧统龙辩""都僧录惠云""都僧政绍宗"，此三人并为当时沙州释门领袖。上引资料，表明沙州僧界最高领袖都僧统等人亦酿酒、用酒、饮酒，同一般僧官、僧众无别。敦煌释门无酒禁，于此尤可得证。

尼众饮酒 S.6452（2）《辛巳年（981年）十二月十三日以后及壬午年（982年）周僧正于常住库借贷油面物历》载："壬午年正月三日……同日酒壹瓮，大乘寺九日打桩局席［用］"；"（正月十四日）同日，酒贰斗，大乘寺用，取酒人会进"；"（四月）廿三日，酒壹瓮，阿师子东窟头吃用"；"（四月）廿三日，酒壹斗，［大］乘寺淘麦用"；"（四月）廿八日，酒五升，阿师子来吃用"；"（五月）十六日，大乘寺垒硙头吃用"。大乘寺为敦煌五尼寺之一，"阿师子"是对尼阇黎的尊称。上引账目记载了敦煌大乘寺尼师、尼众饮酒的事实。又，P.2838（2）《唐光启三年（886年）安国寺上座胜净等诸色斛斗入破历算会牒》载"面柒斗，油肆升，酒壹瓮，徒众、硙户商量打泻口用"，"面陆斗，油贰升，酒半瓮，人功（工）食用"。安国寺亦为敦煌五尼寺之一，表明安国寺尼众亦饮酒并用酒招待硙户及工匠。S.1519（2）《辛亥年（951年）十二月七日后某寺直岁法胜所破油面酒等历》载，壬子年十二月十二日"又，面贰斗，油壹合，酒壹角，两日看造食尼阇梨用"。P.2049背《后唐长兴二年（931年）正月净土寺直岁愿达手下诸色入破历算会牒》载"粟柒斗，二月二日至六日中间，供缝伞尼阇黎酤（沽）酒用"，"粟伍斗，[尼]再缝伞两日酤酒用"。看来尼众饮酒不仅是大乘寺、安国寺，其他尼寺亦同样不禁饮酒。

法会饮酒 S.6981A背《十世纪初某年某寺诸色斛斗破历》载五月廿三日"粟叁斗，沽酒，造水则道场帖，酒拾伍勺"；S.5039《十世纪某年某寺诸色斛斗破用历》载九月廿三日"麦壹硕，于史丑煞家沽[酒]，转经局席用"；P.2049背《后唐长兴二年（931年）正月净土寺直岁愿达手下诸色入破历算会牒》载"粟壹斗，散道场日沽酒用"。此中透露，敦煌寺院举行法会，从造法会道场帖，到转经法会之进行及结束，参与其事的僧人皆饮酒。

斋月饮酒 佛教以正、五、九月为三长斋月。信徒于长斋月内每日皆需守持佛戒。《梵网经》下云："年三长斋月，作杀生、窃盗、破斋犯戒者，犯轻垢罪也。"所谓"破斋犯戒"，包括饮酒食肉。而寺院账册多见僧人在正、五、九三长斋月内饮酒的记事。

僧人正月用酒饮酒者，如S.6452（3）《壬午年（982年）净土寺常住库酒破历》：正月"廿二[日]，酒贰斗，又沽酒粟四斗，指㧑、孔目、僧正三人，老宿、法律等吃用"。S.1519（2）《辛亥年（951年）十二月七日后某寺直岁法胜所破油面酒等历》：壬子年（952年）正月十四日"又酒壹斗，马家庄上应祥将，赛神用。又面肆斗伍升，油壹升壹抄，酒半瓮，十五日东窟上燃灯及赛天王用"。S.6452（2）《辛巳年（981年）十二月十三日已后及壬午年（982年）周僧正于常住库借贷油面物历》："壬午年正月三日……同日酒壹瓮，大乘寺九日打桄局席[用]。"（正月十四日）同日，酒贰斗，大乘寺用，取酒人会进。"

僧人五月用酒饮酒者，如S.6452（3）《壬午年（982年）净土寺常住库酒破历》：五月"三日，酒壹斗，迎少（小）张僧正用"。五月八日"来酒半瓮,众僧吃用"。《十世纪后期某年归义军衙内酒破历》:五月"廿三日,支缚箔子僧两日酒壹斗"。五月"廿七日,供缚箔子僧酒贰斗"。S.6452(2)《辛巳年(981年)十二月十三日已后及壬午年(982年)周僧正于常住库借贷油面物历》:五月"十六日,大乘寺垒砲头吃用"。S.6981A背《十世纪初某年某寺诸色斛斗破历》:五月廿三日"粟叁斗,沽酒,造水则道场帖,酒拾伍勺"。

僧人九月用酒饮酒者,S.5039《十世纪某年某寺诸色斛斗破用历》载,九月廿三日"麦壹硕,于史丑煞家沽〔酒〕,转经局席用"。S.6452(1)《十世纪某年(981—982年)净土寺诸色斛斗破历》:九月"十四日,粟壹斗,就汜家店沽酒,周和尚、三界寺张僧正吃用"。P.2642《九世纪某年九—十二月某寺诸色斛斗破用历》:九月某日"粟壹硕(石)肆斗,付武上座帖麦酒用"。

上引诸例,足以证知敦煌僧人于三长斋月内饮酒一如常时。

斋食饮酒 P.2032背《后晋时期某年净土寺诸色入破历算会稿》载:"又面柒斗,油壹升,酒半瓮,徒众早上拜节造戒斋用。"早上午前之食称为"斋食",合于食戒之法,亦谓之"戒斋"。此种戒斋居然饮酒,此亦敦煌佛寺特有现象,值得注目。

考核经戒置酒罚酒 P.2032背《后晋时期某年净土寺诸色入破历算会稿》载:"面两石一斗,油七升半,苏半升,粟一石九斗卧酒,试经日造局席、看诸僧官及众僧用。""试经"即寺院考核沙弥读诵经戒功课。本条表明考核经戒之设食亦置酒。而考核内容不排除会有禁止饮酒的戒经,若然,岂不让人匪夷所思!S.371《戊子年(928年)十月一日净土寺试部帖》云:"奉都僧统大师处分,诸寺遣徒众读诵经、戒、律、论,逐月两度,仰僧首看轻重科征,于各师主习业;月朝月半,维那告报。集众后到及全不来者,看临时,大者罚酒半瓮(按:半瓮为三斗),少者决丈(杖)十五,的无容免者。"考课经戒对迟到及全不来者罚令纳酒半瓮，可同试经日设食备酒的记事互参，让人浮想联翩。

僧人其他违规罚酒 僧人罚酒为敦煌僧界常见罚则之一，并不仅仅限于试经活动。P.4981《年次未详（约961年）闰三月当寺转帖》云："右件徒众，今缘裴寺水漂破怀（坏），切要众力修助，僧官各阿镂壹个，散众锹镂一事，又二人落椁一枚，帖至，限今月十四日卯时依（于）寺头取齐。捉二人后到，决丈（杖）七下；全［不］来，罚酒壹瓮（一瓮为六斗），的无容舍。其帖速付。帖周，却附（付）本司，用凭告罚。"又，S.5406《辛卯年（991年）四月十四日僧正法律徒众转帖》云："右缘少事商量，幸请诸公等。帖至，限今月十五日卯时于寺内取齐。捉二人［后到］，罚酒壹角（壹角为十五升）；全不来者，罚酒壹瓮。其帖，速递相分付，不得停滞。如滞帖者，准条科罚。帖周，却赴（付）本司，用凭告罚。"其他还有北图乃字72号背（2）《年支座社局席转帖》，P.3037《庚寅年（990年）正月三日社司建福转帖》等，皆有后到及全不来者罚酒的。此二帖所示诸人多系僧人，表明敦煌僧人违规罚酒乃属常例。

僧官节料兼供麦酒、粟酒 P.2032背《后晋时代某年净土寺诸色入破历算会稿》："粟两硕四斗，冬至卧酒，付节料用。粟肆硕二斗，岁卧酒，付节料酒。"冬至节料，前已言之，此又载岁节料酒，知寺院于岁末亦有节料酒的供应，供应量且远远高过冬至节的供应标准。又S.1519（1）《辛亥年（951年）某寺诸色斛斗破历》载："（十一月）十九日，麦酒壹瓮，粟酒两瓮，僧录、僧政节料用。"由此又知，僧官节料供酒兼有麦酒、粟酒两种，比例为麦酒一、粟酒二。

僧众春、秋、冬三时座设饮酒 P.2049背《后唐同光三年（925年）正月净土寺直岁保护手下诸色入破历算会牒》载"粟柒斗，卧酒，众僧造春座局席用"，P.2049背《后唐长兴二年（931年）正月净土寺直岁愿达手下诸色入破历算会牒》载"粟柒斗，卧酒，众僧秋座局席用"；P.2032背《后晋时代某年净土寺诸色入破历算会稿》载"面壹硕陆斗伍升，秋座局席众僧咕（沽）[酒]用"；《后唐同光三年（925年）正月净土寺直岁保护手下诸色入破历算会牒》又载"麦叁硕捌斗，西库内付酒本，冬至、岁僧门造设兼纳官、冬座局席并西窟覆库等用"，"麦两硕伍斗，卧酒，冬至、岁僧门造设、纳官并冬座局席兼西窟覆库等用"。表明僧众春、秋、冬三时座设皆饮酒。

祭拜亡僧用酒　S.1519（2）《辛亥年（951年）十二月七日后某寺直岁法胜所破油面酒等历》载："面伍升，油壹抄，酒伍升，大岁夜祭吴和尚用。"S.1519（1）《辛亥年（951年）某寺诸色斛斗破历》十一月十九日载："面伍升，油壹杪（抄），酒伍升，卖（买）纸粟伍升，祭拜吴和尚用。"祭拜亡僧，供品用酒，意味着此僧生前饮酒，否则，岂不故隳此僧生前之志！

敦煌周边地区僧人饮酒　S.4899《戊寅年（978年）某寺诸色斛斗破历》：十二月"十八日，粟壹硕壹斗，麦叁斗，付丑子卧酒，屈肃州僧用"；P.3234背（8）《十世纪中期某年净土寺西仓粟破》："粟叁斗，沽酒，送路于阗僧用"；"粟二斗，六月十七日沽酒，看僧太子"。"僧太子"即于阗王太子，此人又是佛教法师，故称"僧太子"。敦研001+董希文旧藏+P.2629《归义军酒破历》：七月"廿六日，衙内看甘州使及于阗使僧，酒壹角"。表明敦煌周边地区肃州、于阗僧人亦饮酒。又 Ch.969–72《唐开元九年（？）于阗某寺支出簿》："（十月）廿九日出钱壹伯（佰）贰拾[文]，沽酒叁斗，为厨库舜子□□□、得满等淘（掏）井，寒冻辛苦吃。""十一月一日……出钱壹伯文，新庄先陈状，又请掏山水渠，乡原沽酒，供百姓用。"同日又"出钱壹伯捌拾文，西旧园状请两处掏渠，乡原沽酒，供百姓用"。由此知于阗佛寺早在开元年代已用酒招待劳作人。

僧人开设酒店　S.6452（5）《辛巳—壬午年（981—982年）净土寺付酒本粟麦历》还记下了僧人开设酒店这种在全国都是极为特殊的事例。该卷载："辛巳年十二月廿六日，氾法律店酒本粟叁硕伍斗。""（十月）

廿二日，郭法律店酒本麦壹硕贰斗，粟壹硕贰斗。""法律"即"维那"，为寺院"三纲"之一，氾、郭二人身为寺院法律，职在督察纲纪，却公然开设酒店，酿酒卖酒，并向寺院供酒。佛经一再申明：禁止僧人自饮酒，亦不得以酒与人、教人饮酒[①]，敦煌僧人悉皆知之。而氾、郭二僧公然自开酒店，招引并供应他人饮酒，净土寺执账僧则坦然载笔、毫不隐讳地载入寺院账册，僧统司及官府亦不稍加申斥，更无止禁之举。由此逆知敦煌僧界饮酒及僧人开设酒店必不有违于本地世律及当地释门清规，否则，僧人而且是身为释门法律的氾、郭二僧岂敢开店卖酒？敦煌僧人公然开店卖酒一事，为敦煌世律及当地释门规范皆无酒戒之禁提供了证据。僧人饮酒卖酒，僧司不禁，为敦煌佛教之世俗化的一个重要表征，而官府不禁僧人饮酒卖酒，无疑为敦煌佛教之世俗化提供了支持。凡此种种，前所未闻，堪补史志之阙。

敦煌佛教寺院及僧人之不拘酒戒，僧人饮酒并开店卖酒不受非议等现象，充分显示出敦煌佛教与正统佛教的巨大差别，为敦煌佛教研究和我国佛教史研究打开一面新的视窗，提出了新的研究课题。

三、敦煌僧人饮酒之风后来愈甚

敦煌遗书中有净土寺从后唐同光三年（925年）到北宋太平兴国七年（982年）这57年间的3件账册，即 P.2049背《后唐同光三年（925年）正月净土寺直岁保护手下诸色入破历算会牒》、P.2049背《后唐长兴二年（931年）正月净土寺直岁愿达手下诸色入破历算会牒》及 S.6452（3）《壬午年（982年）净土寺常住库酒破历》，从其中关于该寺卧酒沽酒用酒的记载，可以看到敦煌僧人饮酒之风有增无减，且后来愈甚的趋势及事实。

---

① 参阅《大正新修大藏经》第4卷和第23卷。

P.2049背《后唐同光三年（925年）正月净土寺直岁保护手下诸色入破历算会牒》完整地反映了同光二年（甲申年）正月一日到同光三年（乙酉年）正月一日期间净土寺全年的收入、支破、结存状况，其中关于本寺卧酒、沽酒用酒的账目记载相当详细，今分类摘录于下：

卧酒（即酿酒）："麦肆斗五胜（升），卧酒，僧门造设（僧人筵宴）、纳官用。""麦两硕伍斗，冬至、岁，僧门造设、纳官并冬坐（座）局席兼西库覆库等用。"①"粟壹硕肆斗，卧酒，二月八日侍佛人及众僧斋时用。""粟壹硕肆斗，卧酒，寒食祭拜及修园用。""粟柒斗，卧酒贴（帖）僧官、屈画匠局席用。""粟柒斗，卧酒，众僧造春坐（座）局席用。""粟壹硕贰斗，卧酒，僧门造设、纳官用。""粟肆硕贰斗，付众僧及女人卧酒，冬至，岁，聚粪，西窟交割西仓等用。""粟叁斗，寒苦卧酒，看洛法律及麻胡博士西行用。""西库粟捌斗，付愿真卧酒，算仓用。"以上10笔，共用麦粟13石6斗5升。

沽酒："粟壹斗，写交历日沽酒用。""粟陆斗，其日近夜沽酒，看后坐及众僧食用。"②"粟贰斗，僧官窟上下彭回来日沽酒，众僧用。"③"粟贰斗，诸判官窟上看画师日沽酒用。""粟贰斗，送大师回来日沽酒用。""粟贰斗，沽酒，僧官上窟时迎当寺僧官及所油（由）用。""粟叁斗，僧官窟上下彭时，沽酒看煮油人及近夜看判官、众僧食用。""粟壹斗，沽酒，修寺院日，看泥匠博士用。""粟贰斗，垒盐团街日沽酒，众僧吃用。""粟壹斗，无穷粟车来日沽酒用。"④"粟肆斗，西库内取，沽酒看翟都衙用。""粟肆斗，二月七日与行像社沽酒用。""粟柒斗，寒苦及马家沽酒，三日交库

---

① "覆库"：谓清仓盘点。
② "看后坐"：应作"看后座"，谓慰劳后台音声师傅。
③ "彭"：今字作"棚"，即工匠之脚手架。搭设脚手架谓之"上彭"，拆除脚手架谓之"下彭"。
④ "无穷"：敦煌城北有无穷渠，净土寺在此渠边有田，置寺庄，名无穷庄。本条"无穷粟车"，乃指净土寺无穷庄送粟车。

用。""西仓粟柒斗,罗家付[酒]本,逐日算会用。"以上共计用粟5石3斗。

付酒本:"麦叁硕捌斗,西库内付酒本,冬至、岁僧门造设兼纳官,冬至局席并西库覆库等用。""粟贰斗,马家付[酒]本,垒园墙用。""粟柒斗,亦与马家付酒本卧酒,报恩寺起钟楼人助用。""粟壹斗,马家付[酒]本,剪杀羊毛用。""粟贰斗,寒苦家付[酒]本,七月十四日上窟及十五日纳官用。""粟壹硕肆斗,马家及寒苦卧酒,七月十七日破盆用。"①"粟贰斗,马家付[酒]本,老宿、判官吃用。""粟柒斗,马家卧酒,看侍佛人用。"以上共8笔,计用麦粟7石3斗。总计全年为酿酒、沽酒、付酒本支出共32笔,合计用麦粟26石2斗5升。

五年之后净土寺卧酒沽酒及用酒的数量又有进一步的增长。P.2049背《后唐长兴二年(931年)正月净土寺直岁愿达手下诸色入破历算会牒》完整地保存了后唐长兴元年(930年)净土寺全年收入、支破、结存账目。该寺全年支出麦粟的账目共87笔,支出麦粟209石9斗1升,其中用于卧酒及沽酒的麦粟开支为43笔,共用麦粟34石5升,占该寺全年麦粟支出总量的16%。

又50年后,S.6452(3)《壬午年(982年)净土寺常住库酒破历》中用于卧酒沽酒的麦粟数为78石9斗1升4合。

兹将上述净土寺3件账册反映该寺卧酒沽酒年支麦粟数列表比较于下:

年　　代	卧酒沽酒用麦粟数
后唐同光二年(924年)	26.25石
后唐长兴元年(930年)	34.05石
北宋太平兴国六年(公元981年)	78.914石

---

① "破盆":盂兰盆节三日法会结束后,七月十七日晚为僧人置备的解斋食物及施舍饿鬼的食物称为"破盆",可以有酒肉。若细别名目,则施舍饿鬼的食物称"破盆",供僧人解斋的食物称"小破盆"。参阅李正宇:《晚唐至宋敦煌僧人听食"净肉"》,《敦煌学》第25辑,台湾敦煌学会编印出版,2004年9月,第182~183页。参阅论文亦收入本书。

从上表可以看到，净土寺酒的消费呈随年增长的趋势，从后唐同光二年到北宋太平兴国六年（924—981年）为56年，这期间，净土寺用于酒的开支增长3倍。净土寺在敦煌17座敕立寺院中，规模居于中等，可作敦煌佛寺的代表。透过净土寺酒的消费随年递增的趋势，可以看出敦煌寺院用酒及僧尼饮酒之风有增无减，后来愈甚。

四、敦煌僧尼普听饮酒起于吐蕃统治时期

吐蕃占领之前，敦煌未发现僧尼公然饮酒的事例。从吐蕃占领时期开始，才发现寺院用酒及僧尼饮酒的相关信息。S.542背《吐蕃戌年（818年）六月沙州诸寺丁口车牛役簿》载敦煌尼寺灵修寺有寺户"何伏颠"者，是以酿酒为业的"酒户"，又载大云寺寺户安保德为本寺"煮酒一日"。从寺院有"酒户"又有寺户为寺院"煮酒"的记载，可知是时佛寺不禁酒。S.2228《吐蕃辰年巳年（824、825年？）某寺麦布酒破历》载，"（巳年）后五月，付宋澄清酒半瓮"，"（同月）廿五日，又付宋澄清麦六汉斗，又酒半瓮"，此为吐蕃统治时期敦煌寺院用酒之明证。以上资料无疑透露了吐蕃统治时期敦煌寺院造酒、备酒、用酒及僧人饮酒的信息。

敦煌佛寺用酒及僧尼饮酒的事为什么会在吐蕃占领时期突然出现，这需要从当时吐蕃佛教状况谈起。

佛教在吐蕃地区得到初步传播，是松赞干布在位时期的事，时为7世纪前半期（松赞干布逝世于公元650年）。这一时期，吐蕃虽已有人信奉佛教，但"尚未有出家为僧者"（语见法尊《西藏前弘期佛教》）；虽已开始翻译佛经，而佛经中的戒经、戒律尚未翻译及流传。① 这时吐蕃本土的所

---

① 据法尊法师《西藏前弘期佛教》一文所述，松赞干布时期，翻译出的佛教经典仅有《宝云经》《观音六字明》《摩诃哥罗法》《吉祥天女法》《集宝顶经》《宝鬘经》《观音经续二十二种》《百拜经》《白莲花经》《月灯经》，传说可能还有《十万般若经》。见王辅仁《西藏佛教史略》附录四，青海人民出版社，1982年第1版，第282~283页。

谓"僧"者，其实大多不曾受戒，谈不上什么"戒行"。

8世纪后期，吐蕃地区才出现第一座剃度僧人出家的佛寺——桑耶寺①，直到公元767年，吐蕃人始有受戒出家者。②到可黎可足赞普在位期间（815—838年），才翻译出《根本说一切有部十七事》及《毗奈耶》等小乘戒律。但戒律及戒行的推广，需要相当长期的过程，绝非短时期内可以推广奉行的。汉地佛教从东汉明帝时传入以来，经过一百多年的时间，沙门仍有"耽好酒浆，或蓄妻子，取贱卖贵，专行诈绐"者③，可见戒律、戒行之推广需要很长时间。吐蕃占领并统治敦煌的60年间（788—848年），正值赤松德赞（唐译"乞立赞"）、牟尼赞普（唐译"足之煎"）、赤德松赞、赤祖德赞、朗达玛等五位赞普相继在位时期，这一时期，吐蕃佛教存在着大乘、小乘、显宗、密宗许多派别，其中以印度僧人莲花戒为代表的密宗一派最受王室青睐，最占优势。而莲花戒密宗一派主要从事持咒作法，为人禳灾驱祟，他们从本土固有的苯教吸收了不少作法施咒的东西，"这是佛教为了进入吐蕃社会而采取的必不可少的'化装'手段"④。可知当时吐蕃的密宗相当驳杂不纯⑤，王辅仁先生指出："在阿底峡（982—1054年）以前，在戒律和密宗方面没有一定的准则，到阿底峡才把戒律和密宗加以系统化。"当时"密宗驳杂不纯"的情况表现在僧人干政、从征、饮酒⑥、

---

① 桑耶寺建成的时间，诸说不一。王辅仁先生《西藏佛教史略》举出过三种说法：法尊法师认为在公元762年，王森先生认为在779年，意大利学者伯戴克（C.Petech）认为在787年。

② 法尊大师《西藏前弘期佛教》云："丁未年（即公元767年），迎请印度说一切有部的十二位持律比丘到藏，比静命论师为亲教师，开始度西藏人出家受戒。第一次受戒的七人，为宝护、智王护、宝王护、善逝护、遍照护、龙王护、天王护（七人之名多诸异说）被称为七觉士。"

③《弘明集》卷1《牟子理惑论》，上海古籍出版社，1989年。

④ 王辅仁：《西藏佛教史略》，青海人民出版社，1982年，第67页。

⑤ 同上书，第81页。

⑥《新唐书·吐蕃传》载吐蕃"喜浮图法，习咒诅，国之政事必以桑门参决，多佩弓刀，饮酒不得及于乱"，又云"'钵阐布'者，虏（此指吐蕃）浮图豫国事者也"。（上海古籍出版社缩印本《二十五史·新唐书》，第652页）

食肉①,甚至"使用……腿骨做成的法器或者祭品"②。可见当时吐蕃密宗基本上还处于"有信无戒"状态,远非今人想象的那么成熟健全。

吐蕃占领敦煌后,派来吐蕃官员掌管敦煌军政大权,又派来吐蕃僧人(所谓"蕃大德"者)掌管敦煌佛教事务,他们把吐蕃本土佛教"有信无戒"的特点带到了敦煌,就把"饮酒"之风带到了敦煌,动摇了敦煌地区本来严格的酒戒,促使酒戒松弛、变异,这是敦煌佛教从禁止饮酒到不禁饮酒最为重要的背景和缘由。

吐蕃统治者把吐蕃佛教"有信无戒"的特点带到敦煌的结果,不仅是酒戒遭到破坏,其他一系列的教戒都受到冲击破坏,比如僧人食肉、蓄奴、娶妻、敛财,等等,虽不尽由此发端引起,却由此愈演愈甚,促使敦煌佛教发生一系列巨大变化,推动敦煌佛教向世俗化方向急遽发展,迅速变成了别具一格的世俗佛教。

五、对敦煌僧尼饮酒问题的几点认识

第一,在僧尼饮酒问题上,佛教经典虽有禁戒明文,但同时也有饮酒无罪的经文。《佛说未曾有因缘经》载:

> 尔时会中,国王太子名曰祇陀,闻佛所说十善道法、因缘果报无有穷尽。长跪叉手白天尊曰:"佛昔令我受持五戒,今欲还舍受十善法。所以者何?五戒法中,酒戒难持,畏得罪故。"世尊告曰:"汝饮酒时,为何恶耶?"祇陀白佛:"国中豪强,时时相率赍持酒食,共相娱乐,以致欢乐。自无恶也。何以故?得酒念戒,无放逸故。是故饮酒,不行恶也。"佛言:"善哉,善哉!祇陀,汝今已得智慧方便。若世间人能如汝者,终身饮

---

① 吐蕃地区以畜牧业为主,故肉食为其基本食物。
② 王辅仁:《西藏佛教史略》,青海人民出版社,1982年,第37页。

酒有何恶哉！如是行者，乃应生福，无有罪也。夫人行善，凡有二种：一者有漏，二者无漏。有漏善者，常受人天快乐果报；无漏善者，度生死苦，涅槃果报。若人饮酒不起恶业，欢喜心故；不起烦恼，善心因缘，受善果报。汝持五戒，何有失乎！饮酒念戒，益增其福。先持五戒，今受十善，功德倍胜十善报也。"①

这里，佛陀所说"若人饮酒不起恶业，欢喜心故；不起烦恼，善心因缘，受善果报"，"饮酒念戒，益增其福"，同其他经、戒绝对禁酒的精神迥然不同，表明佛教在禁酒问题上存在着不定与两可的矛盾。佛学理论家为了弥合这一矛盾，说是"此之一教，有权有实"②。但"权""实"之别，恰恰是以两者的矛盾为前提并承认这种矛盾之客观存在的。既然有此矛盾，也就难免有人从"权"，有人从"实"，有人见仁，有人见智了。佛说像祇陀那样"饮酒不起恶业，欢喜心故，不起烦恼，善心因缘……能如汝者，终身饮酒，有何恶哉"？这就是说，饮酒而不为恶、不迷智，心存警惕，不仅没有过恶，反而"益增其福"。既有佛说"饮酒不起恶业……受善果报"的教导可凭，自然不难接受吐蕃佛教"饮酒不得及于乱"的影响了。看来敦煌僧侣饮酒也有经典可凭，并未离经叛道。

第二，佛教禁酒经典颇多，而《佛说未曾有因缘经》那样的主张极少，故佛教界颇不愿加以张扬。敦煌僧人何以偏取《佛说未曾有因缘经》允许饮酒的主张？笔者以为，根本的原因不在于某种经典主张的异同，而在于世俗欲望的倾向性选择。饮酒、食肉、蓄奴、娶妻种种世俗人生之欲，对僧侣同样具有诱惑力。僧侣作为活生生的世人，亦难完全排除世欲的诱惑。P.2690《大乘廿二问》背面题诗云："我是沙门僧，本来无怨恶。口解如是理，心多烦恼作。"这话深切地道出了处在绝欲与染欲矛盾焦点上

---

① 《大正新修大藏经》第17卷《佛说未曾有因缘经》卷下，第585页。
② 《大正新修大藏经》第53卷《法苑珠林》卷93《饮酒部》，第971页。

的僧侣们内心世界的矛盾。他们在七情六欲的诱惑下，难免滋生某些世俗之念。《佛说未曾有因缘经》的教导恰恰打开了"饮酒合经不违戒"的门径，可以满足僧侣饮酒的嗜欲。加上吐蕃佛教不禁饮酒之风为之导引推助，又有禅宗慧能一派"一切无碍"，"但自去非心，打破烦恼碎"的主张①，于是敦煌僧人饮酒既合乎世法又无违乎佛陀教导，不存在什么违戒不违戒的问题，可以坦然无憾矣。

第三，我国佛教界自梁武帝颁《断酒肉文》后，僧尼饮酒即被视为犯戒，会受官府、僧司及社会舆论的谴责。《云溪友议》载："婺州陆郎中长源《判僧常满、智真等同于倡家饮酒、烹宰鸡鹅等事》云'犯尔严戒，渎我明刑。仍集远近僧，痛杖三十处死。'"②但晚唐至宋敦煌僧尼普遍饮酒，官府、僧司及民众对之熟视无睹，见怪不怪，充分表明僧尼饮酒不招非议，听许不禁，既不犯释门"严戒"，亦无渎官府"明刑"，同内地加以比较，敦煌的情况实在非常特殊。敦煌从吐蕃统治时期开始至北宋曹氏归义军政权终结，长达两个半世纪。这一时期的敦煌佛教性质形态发生了极大的变化。此前，从十六国时期到唐贞元三年（787年）吐蕃占领敦煌前夕，敦煌佛教尽管已经向世俗化方向发展，而且越到后来世俗化倾向愈加浓重，但其基本性质仍未脱离正统佛教的轨道。从贞元四年（788年）吐蕃占领敦煌开始，极大地加快了敦煌佛教向世俗化方向发展的进程，大约经过十多年的时间，敦煌佛教便发展成为同"厌世脱俗"的正统佛教迥然异趣甚至是背道而驰的"入世合俗"的佛教，笔者称之为"敦煌世俗佛教"。僧尼饮酒只是这种世俗佛教的诸多表征之一。在敦煌，对于酒戒，是只说不行；只管饮酒，不作"饮酒"有理的争论③。你说你的

---

① 潘重规：《敦煌坛经新规》，台湾佛陀教育基金会，1994年，第181页。
② 《文渊阁四库全书》子部十二《云溪友议》卷下，台湾商务印书馆影印，1986年。
③ 《六祖坛经》云："自悟修行，不在口诤；若诤先后，即是迷人。"又云："诤是胜负之心、与道违背。"故知敦煌僧人饮酒而不争饮酒之是、戒酒之非，自有其理。

酒戒经，我饮我的般若汤①。从这里我们看到了敦煌佛教与正统佛教的巨大差别。以往不少中外敦煌佛教研究者，忽视敦煌佛寺、僧侣及信众行事、作为的分析研究，却主要根据佛经的观点去妆銮敦煌佛教；多是阐述敦煌佛教合于佛经、契乎佛教正统的方面，不谈或很少谈其不合佛教正统的另一面，而这"另一面"，恰恰是敦煌佛教最有个性、最具特征的部分。

敦煌佛教之可贵，不在于它对正统佛教作出过多么大的贡献，而在于它与正统佛教同源异流、独树一帜，为中国佛教注入了新鲜活力，为中国佛教史书写了新的篇章。

（此文原刊于《敦煌研究》2005年第3期）

---

①《文渊阁四库全书》子部九［宋］窦苹《酒谱》："天竺国谓酒为酥。今北僧多云'般若汤'，盖廋辞以避法禁尔，非释典所出。"（台湾商务印书馆影印，1986年）

晚唐至宋敦煌听许僧人娶妻生子

《佛说四十二章经》云:"人系于妻子舍宅,甚于牢狱。"又说:"人以爱欲交错,心中浊兴,故不见道。汝等沙门,当舍爱欲。"故出家为沙门者,皆不得蓄妻子、近女色。

两晋以前,中国人出家为僧尼者极少;两晋以来,出家僧尼人数猛增。僧尼"断婚姻、无子嗣、弃孝养、绝宗祀"的现象成了社会关注的问题。东晋孙绰(314—371年)《喻道论》引时论云:"周孔之教,以孝为首;孝德之至,百行之本……故子之事亲,生则致其养,没则奉其祀;三千之责,莫大无后;体〔得〕之父母,不敢夷毁……而沙门之道,委离所生,弃亲即疏;刊剃须发,残其天貌;生废色养,终绝血食;骨肉之亲,等之行路。背理伤情,莫此之甚!"对此,佛教徒不得不作出回应。东晋慧远指出,僧尼为"方外之宾","遁世以求其志,变俗以达其道。变俗,则服章不得与世典同礼；遁世，则宜高尚其迹。"强调僧尼出家的意义在于"拯溺俗于沉流，拔幽根于重劫；远通三乘之律，广开天人之路"，所谓"一夫全德，则道洽六亲，泽流天下"。（俱见《弘明集》卷五慧远《沙门不敬王者论》）此后，佛教理论家的抗辩一直持续不断。到唐代，尽管佛教理论家依然坚持僧尼不置家室的教义，岭南地区却"间有一二僧，喜拥妇食肉"[①]，四川成都也有"剔发若浮屠者，畜妻子自如"[②]；到宋代，连京城开封著名佛寺相国寺也发生了僧人置室妇的事，陶谷《清异录》载："相国寺星辰院比丘澄晖，以艳娼为妻"，时人讥称为"梵嫂"。上述记事，一方面披露了不少地方确有僧人娶妻的事实，另一方面记述者无不对这种现象表示抨击。武后时，内史狄仁杰上疏指斥僧人"身自纳妻"（《旧唐书·狄仁杰传》）；中宗时，左拾遗辛替否上疏亦指斥僧人"蓄妻养孥"（《旧唐书·辛替否传》），以致官府不得不出面干预。唐文宗太和年代，李德裕为成都尹、剑南西川节度使，曾对"剔发若浮屠者蓄妻子自如"的现象下令禁止[③]。宋太宗雍熙二年（985年）颁令"禁……僧人置妻孥"[④]；元成宗大德七年（1303年）"罢僧官有妻者"[⑤]；元顺帝至元元年（1342年）诏"凡有妻室之僧，令还俗为民"[⑥]；明代律令则规定，"凡僧道娶妻妾者，杖八十还俗，女家同罪，离异；寺观住持知情，与同罪……若僧道假托亲属或僮仆为名求娶，而僧道自占者，以奸论"[⑦]。

从吐蕃占领时期开始到北宋，敦煌僧人亦有娶妻生子者，与岭南、

[①]［唐］房千里：《投荒杂录》，见《说郛三种》第4册"南中僧"条，上海古籍出版社，1988年，第1107页。

[②]《新唐书》卷180《李德裕传》。

[③]同上。

[④]《宋史》卷5《太宗纪》雍熙二年（985年）闰九月乙未条。

[⑤]《元史》卷21《成宗纪》大德七年九月条。

[⑥]《元史》卷38《顺帝纪》至元元年十二月条。

[⑦]《明会典》卷141《刑部十六》都官科·婚姻门"僧道娶妻"条。

蜀地、汴京皆有僧人娶妻之事相比，并不特别令人咋舌。值得称奇的是，岭南、蜀地及中原对所谓"火宅僧""梵嫂"，语含讥贬，意在抨击，唐代以来，政府屡令禁止。而敦煌对僧人娶妻生子却视同平常，无论官府、僧司、民众都不以之为非，既不歧视，又不禁止。同内地讥嘲、非议、排斥、禁止者决然而异。这表明敦煌佛教及敦煌社会观念意识颇与内地不同。据此，笔者将吐蕃占领时期到北宋时期的敦煌佛教命题为"敦煌世俗佛教"①。这种"世俗佛教"在当地深得民心，并极大地影响着敦煌官、民、僧、俗的观念意识。僧人婚娶作为"敦煌世俗佛教"特有表征之一而得到敦煌社会的认可，这是内地所无、敦煌独有者。本文将对晚唐五代北宋时敦煌僧人娶妻生子之事通过举证加以揭示，并对敦煌允许僧人婚娶的原因及意义试作剖析。

一、敦煌僧人可有妻室

敦煌从吐蕃统治时期开始，经晚唐、五代到北宋中期（788—1036年），有不少资料透露这一时期敦煌确有一部分僧人蓄有妻室儿女，这部分僧人中，有的是下层僧众，有的是阇梨法师，还有高层僧官，举例如下：

例一，P.2032背（12）《后晋天福五年（940年）前后沙州净土寺算会牒稿》载："布二尺，张阇梨新妇亡时，吊用。"②

例二，P.2040背《后晋某年沙州净土寺诸色入破历算会稿》载："布九尺，高僧政新妇亡时，吊孝索校拣、索僧政、高僧政等用。"③

例三，S.4120《壬戌年—甲子年（962—964年）沙州某寺布、褐等破用历》载："癸亥年（965年）二月……布肆尺五寸，索僧统新妇亡，吊孝

---

① 笔者关于敦煌世俗佛教的论述，请参阅本文集其他诸文。
② 唐耕耦等编：《敦煌社会经济文献真迹释录》第3辑，第480页。
③ 同上书，第406页。

及王上座用。"①

按:"新妇"者,"妻"之谓也。《旧唐书》卷107《棣王琰传》:"棣王琰顿首谢曰:'……臣与新妇情义绝者二年于兹。'"《新唐书》作"臣与妇不相见二年"。"新妇"换文为"妇",意指己妻。S.2682敦煌变文《太子成道经》载,悉达太子终日忧愁不乐,净饭王十分担忧。大臣启奏为太子取一伴恋之人。净饭王问:"何者为伴恋之人?"大臣答:"取一新妇,便是伴恋之人。""大王遂排备,便与取新妇。太子闻说,遂奏大王:'若与儿取其新妇,令巧匠造一金指环,[儿]手上戴之……若与儿有缘,知儿手上金指环者,则为夫妇。'"②文中多次出现的"新妇"一词,悉皆"妻"义,又P.2032背(3)《后晋某年沙州净土寺算会牒稿》:"面三斗,油一升,义员新妇产时用。"③P.3234背(9)《后晋癸卯年(943年)正月一日已后净土寺直岁沙弥广进面破》中记"面三斗,支与义员妇,产用"④,则"义员新妇"即"义员妇",从而可知上引敦煌寺院账册中的"张阇梨新妇""高僧政新妇""索僧统新妇"等,即张阇黎妻、高僧政妻、索僧统妻。

僧统者,沙州最高僧官,为一州释门领袖;僧政即僧正,职在襄助僧统或寺主纠察释门纲纪,乃择僧中"有德望者"为之。《释氏要览》云:"自正正人,克敷政令故。盖以比丘无法,若马无辔勒,渐染俗风,将乖雅则,故择有德望者,以法而绳之,令归乎正,故云僧正。";阇黎者,《释氏要览》引《寄归传》云:"梵语阿遮梨耶,唐言轨范,今称阇梨。"谓堪为弟子规范者,亦称规范师。从而得知,沙州地区僧界首领"僧统""僧政"及僧界德高望重的"阇梨"都可以有妻室。而这些高层僧人虽有妻室,

---

① 《敦煌社会经济文献真迹释录》第3辑,第213页。
② 王重民等编:《敦煌变文集》上册,北京:人民文学出版社,1957年,第290页;又见潘重规编:《敦煌变文集新书》,台湾文津出版社,1994年12月,第502页。
③ 《敦煌社会经济文献真迹释录》第3辑,第461页。
④ 同上书,第448页。

却无损其德望，依旧堂堂正正地担任着僧官，一如既往地受人尊敬；他们有妻子家室的信息被坦然记载于账册，无须隐讳，毫不掩饰。这一现象，充分反映敦煌僧人有妻有子，可以同俗人一样过世俗家庭夫妻生活。从而表明，这一时期敦煌听许僧人婚娶，事实确凿，毋庸置疑。

或者以为，唐宋时期敦煌文书中"新妇"一词有时亦指儿媳，那么"张阇黎新妇""高僧正新妇""索僧统新妇"者，似不必指张、高、索三僧之妻，也可能是指三僧的儿媳。笔者以为，设如所疑，则上引"张阇梨新妇亡时，吊用"及"索僧统新妇亡，吊孝"，应是向夫父吊儿媳之死。试问，儿媳死，岂宜向公公致吊？退一步说，即使果真是向公公吊问儿媳之死，必是张阇黎、索僧统有儿。有儿才有儿媳，而有妻方有儿，则张阇黎、高僧正、索僧统皆有妻室亦无可疑。

又或以为上举僧人的妻室，有可能是出家前所娶者，此人后出家，其妻则不离夫家，但仅保留着"妻"的名分，事实上已非夫妻，不足为僧人娶妻之证。那么，下面一条资料，则可为既已出家、犹可娶妻作出确证。S.528背《沙州三界寺僧智德状稿》云：

> 智德忝是僧人，家无伫（贮）积，自恳（垦）自光，以给资粮。且缘仆从不多，随宜且过。为沾僧数，不同俗人，其某出生便共董僧正同活。慈母在日，阿舅家得甥一人（引者按：据下云"其母亡后，智德于（为）主，产得儿女三人"之语，可知此谓阿舅家生一女儿。就智德之母而言，谓之"甥"），其母（引者按：此谓该女之母，即智德舅母）亡后，智德于（为）主，产得儿女三人。（引者按：此谓智德娶其舅之女为妻，生有三个儿女）并汜和尚劫将，衣食分坏①，针草不与（引者按：此谓智德妻及三个儿女被汜和尚夺占，不给任何补偿）。智德父兼

---

① "分坏"意即破坏。《大智度论》卷86："譬如车分坏，故车相亦灭，又如轮分坏，故轮相亦灭。"

亲情内并总告报，亦不放人，乃无计思量，（智德）口承边界，镇守雍归，只残老父一人，亦在和尚同活，早夜不离，他乃共庄客一般效力。今智德发日临近，现要缠裹衣食，尺寸全无……伏乞令公阿郎念见……伏请处分。①

该《状》反映智德"出生便共董僧正同活"，其父却在氾和尚家，与"（氾）和尚同活"，由此推知，智德之母应是董僧正的家婢，智德之父则是氾和尚的家奴。智德父母乃是奴身"当色为婚"，而各自分住两个不同的主人家。母住董僧正家，故智德"出生便共董僧正同活"。大约受董僧正的熏陶智德也成了僧人。智德舅父之女（即智德之表姊妹），于母亡后（其父应已先亡），无所依倚，智德乃娶为妻（即所谓"智德于（为）主"），与智德"产得儿女三人"。后，智德之妻及儿女却被氾和尚夺占（所谓"劫将"），故而提起诉讼。

诉状明言僧智德娶其表姊妹为妻并生养了"儿女三人"，还反映其妻及儿女被"氾和尚劫将"，即氾和尚夺占智德之妻为己妻、夺智德之子女为己子女，不给智德任何补偿（即所谓"衣食分坏，针草不与"）。为僧人可以娶妻生子的事实提供了直接证据，不然的话，僧智德何敢自陈娶妻生子之事，又何敢因妻儿被夺而索取补偿并提起诉讼？氾和尚恐亦不至于无端夺人妻为己妻。《沙州三界寺僧智德状》为敦煌僧人出家后仍可娶妻提供了确切的证明。

二、敦煌僧人可有子女

敦煌遗书中又屡屡发现本地僧人自有子女，并同俗人一样地保持着父子亲情关系，亦可为僧人有妻提供旁证，举例于下：

---

① 《敦煌社会经济文献真迹释录》第4辑，第156页。

例一：P.2807《吐蕃沙州乾元寺建福功德文》，在赞扬"大德法律阇梨"、敦煌释门都教授（即都僧统）金炫和尚"更能崇成梵宇，揩（葺）理蠡宫。变乾元之小堂，状上京之大厦。珠梁粉玉，赫日争辉；宝梵金铃，清风觉响"之后，接云：

次则有子，[披]陈心胆，佐美玄功，四邻□求，觅须得者。①

表明敦煌释门都教授金炫和尚有儿子。

例二：P.3730《吐蕃申年十月沙州报恩寺僧崇圣状》，乃僧崇圣托言年老多病，呈请辞去管理都司果园职务的辞呈。文末有都教授（即都僧统）乘恩的判辞，云：

老人频状告投，意欲所司望脱。且缘众僧甘果监察，及时供拟馨珍，千僧可意，若也依状放脱，目观众果难期。理宜量功，方当竭力。（崇圣）虽则家无窘乏，孝子温清，然使人合斯以例来者，可否？取尊宿大德商量处分。四日，乘恩②。

判辞所谓"孝子温清"之语，透露出僧崇圣亦有儿子。

例三：P.3394《唐大中六年（852年）沙州僧张月光、吕智通博地契》载：

大中年壬申（引者按：大中六年干支为壬申）十月廿七日，官有处分，许回博田地，各取稳便。僧张月光子父将上件宜秋平都南支渠园、舍、地、道、池、井水计贰拾伍亩，博僧吕智通孟授总同渠地伍畦共拾壹亩，两段……（以下记两段田亩之位置及四至略）壹博已后，各自收地，入官措案为定，永为主记。又，月光园内有大小树子少多，园墙壁及井水、开道功直（值），解（皆）出买（卖）与僧吕智通。断作价值：青草驴壹头、

---

① 录文参考了郑炳林《敦煌碑铭赞辑释·沙州释门都教授阇梨赞并序》之注7。见郑炳林：《敦煌碑铭赞辑释》，甘肃教育出版社，1992年，第206~208页。

② 《敦煌社会经济文献真迹释录》第4辑，第41~42页。

晚唐至宋敦煌听许僧人娶妻生子

六岁；麦两硕（石）壹蚪（斗）；布三丈三尺。当日郊（交）相分付，一无玄（悬）欠。立契[后]，或有人师忓恡园林、舍宅、田地等称为主记者，一仰僧张月光子父知（祇）当……恐人无信，故立此契，用作后凭。

园舍田地主　僧张月光（押记）
保人　男坚坚（押记）
保人　男手坚（押记）
保人　弟张日兴（藏文签押）
男儒奴（押记）
侄力力（押记）

（此下还有其他七位见证人的署名及画押，从略）①

契文两处提到"僧张月光子父"，"子父"即父子，表明僧张月光有儿子。契尾保人署名见有"男坚坚""男手坚""男儒奴"。此处的"男"，例指"儿子"，《史记·司马相如传》云，卓王孙"有一男两女"；庾信《伤心赋》自序有"二男一女"，至唐，益多用之，韩愈《殿中少监马君志》"有男八人，女二人"，《兴元少尹房君志》"生男六人……女三人"②。此契所载"男坚坚""男手坚""男儒奴"，可以肯定是僧张月光的三个儿子③。

例四：P.3578《癸酉年（913年）正月沙州梁户史氾三沿寺诸处使用油历》记"寺内折麻油壹升，付与张法律女"④，从而知僧人张法律有女儿。

例五：P.2032背（3）《后晋某年沙州净土寺算会牒稿》记"布八尺，索校（教）授弟亡，吊索僧正小娘子用"⑤，"索僧正小娘子"即索僧正女儿。

---

①《敦煌社会经济文献真迹释录》第2辑，第2页。
②［元］潘昂霄《金石例》卷7《韩文公铭志括例·书子女例》。
③"男儒奴"一名署在僧月光弟张日兴之后，易被人误会为张日兴之子。考敦煌书契，亲属称谓例依契主关系为称。故知"男儒奴"者，僧张月光之"男"也。
④《敦煌社会经济文献真迹释录》第3辑，第182页。
⑤同上书，第466页。

例六：P.389《戊辰年（968年）正月廿四日旌坊巷女人社社条》，末尾社人署名有"吴阇梨女"①，表明吴阇梨亦有女儿。

上举诸例之金炫和尚及报恩寺僧崇圣，为吐蕃统治时期敦煌僧人；张月光为晚唐张氏归义军统治时敦煌僧人；张法律、索僧政为五代曹氏归义军统治时期敦煌僧人；吴阇梨为北宋归义军节度使曹元忠统治时期敦煌僧人。上述僧人皆有子女，可为诸僧亦有妻室作出旁证，证明敦煌从吐蕃统治时期到晚唐及北宋，皆不禁僧人婚娶。

综观一、二两节之举证，可见敦煌僧人婚娶者，上自僧统（都教授）、僧政、法律、大德阇梨，下至末品僧众，位份高低不限，涵盖僧界上下。从而得知，敦煌僧人娶妻相当普遍。当然，这也并不意味着敦煌僧人悉皆娶妻生子，敦煌僧人娶妻生子者毕竟还是少数。但这里要特别不应忽略的是，尽管敦煌僧人娶妻生子者虽属少数，却表明僧人娶妻生子在敦煌乃属合法、公允之事。俗人及信众均无非议，不予歧视；官府不禁，视为正常；僧界不加鄙薄，依然承认其僧人身份，无妨仍然留任僧官。同内地之民众非议、僧界排斥、官府禁止截然不同。不然的话，婚娶诸僧必不得继续荣膺僧统、僧政、法律之职，不得依旧被尊称为大德阇梨，甚至不得继续滥竽僧界。敦煌听许僧人娶妻生子的现象十分特殊，为魏晋唐宋间闻所未闻，在此前中国汉传佛教史上称得上石破天惊的大事。

三、敦煌僧人可收养义子义女

敦煌僧人无子女者，可以收养义子义女。从所见资料来看，敦煌僧人收养义子义女的用意有二：一者，为残病余生，需要有子女孝顺侍奉；二者，僧人除了需要进行佛性的修持之外，也需要人间亲情的慰藉，无

----

① 《敦煌社会经济文献真迹释录》第1辑，书目文献出版社，1986年，第276页。

子女者通过收养义子义女，可以稍补骨肉亲情方面的失落。但不论其具体用意为何，性质上都是作为无子无女的一种代偿举措，悉皆未合僧人断绝妻子之爱的训诫。所见敦煌僧人收养义子义女者，举例如下：

例一，P.4525背（12）《宋太平兴国八年（983年）养女契稿》云：

太平兴国八年癸未岁某月某日立契 僧正崇会今为释子，具是凡夫，□俗即目而修齐，衣食时常而要觅。是以往来举动，随从藉人，方便招呼，所求称愿。今得宅僮康愿昌有不属官女ㄙ（某），亦觅活处，二情合会，现与生女父娘乳哺恩物少多，其女作为养女，尽终事奉。如或孝顺到头，亦有留念衣物；如或半路不听，便还当本所将乳哺恩物，某便仰别去。不许论讼养父家具。恐后无信，遂对诸亲勒字，用留后凭。（此下有多人署名押记略）①

上件反映，僧崇会为"往来举动，随从藉人"，生活难以自理，需人"事奉"而收养女，则知僧崇会收此养女，意在料理生活起居，以便安度晚年。

例二，P.3410《沙州僧崇恩处分遗物凭据》载，僧崇恩收养女名娲柴，数年前已出嫁，遗嘱将婢女留与驱使。文云：

娲柴小女，在哺乳来作女养育，不曾违逆远心。今出嫡（适）事人，已经数载。老僧买得小女子壹口，待老身终毕，一任娲柴驱使。②

僧崇恩历任僧官（引者按：本件载僧崇恩自云"崇恩前后两政为所由"是也），资产颇丰，有僧文信为其"知家事"，有优婆夷清净意及清净意之师兄法住和沙弥宜娘料理其家事及生活，又"买得小女子壹口"为使婢，

---

① 《敦煌社会经济文献真迹释录》第2辑，第157页。录文参考沙知：《敦煌契约文书辑校》，江苏古籍出版社，1999年10月，第360页。

② 同上书，第152页。

看来,崇恩的生活起居并不乏人料理,崇恩收娲柴为养女显然并不为料理生活起居,其意不过是需要有子女亲情的关爱,以弥补亲情之乐的缺失而已。

僧人生活,孤单寡欢,尤其老年孤僧,深深羡慕世俗家庭有子女承欢膝下,孝顺侍奉,于是收养义子义女,作为无子无女的代偿,以慰晚景孤独。表明敦煌僧人并不厌弃人世亲情,不拘守超俗之言教,同俗人一样希望拥有亲情之慰藉,既不厌世弃俗,尤非超世绝俗,反而面向人生,入世合俗,与佛学家观念中僧人应有之守持迥然相异。

通过上面的举证可以肯定,从吐蕃统治时期到北宋中期,敦煌不禁僧人婚娶,听许僧人婚娶,所以不少僧人有妻有子。作为一种社会制度也作为一种释门制度,这在同一时期及此前此后中央王朝统治区内是绝无仅有、十分特殊的。

在讨论敦煌不禁僧人婚娶的同时,有以下三点须加说明:

第一,敦煌发现不少僧人婚娶的事例,却未发现尼众婚嫁的实例。似乎尼众仍然禁婚。

第二,敦煌发现有僧人收养义子女的事例,却未发现尼众收养义子女的实例,似乎尼众仍然禁收义子女。

第三,敦煌僧人婚娶者,其妻室及子女皆住寺外俗家,不住寺内。北宋汴京相国寺比丘澄晖,娶"艳娼"为妻,同住在该寺星辰院内。以致有人书"敕赐双飞之寺"贴于院牌(院额)以讥之①。两者截然不同。《鸡林志》记高丽国"僧娶妇者不得居寺"②,则高丽国似亦允许僧人娶妇,且

---

① 陶谷:《清异录》卷1。
② 据委宛山堂百二十卷本陶宗仪《说郛》卷六十转引。原注撰者阙名。(宇按:据《玉海》《直斋书录解题》《五总志》载,此书本三十卷,北宋崇宁元年(1102年),宣德郎王云字子飞者,从刘达、吴栻使高丽,归而撰此书以进;[宋]慕容彦逢《摛文堂集》卷六有《宣德郎王云,为进〈崇宁奉使鸡林志〉,文理可采,特转一官与诸军差遣制》,知《鸡林志》为王云撰)

不许"僧娶妇者"居住寺内。敦煌、高丽，一东一西遥相呼应。《鸡林志》所记高丽国事，乃是北宋末期之所见，即便与敦煌相近或相同，却比敦煌晚了300多年。

四、敦煌僧人婚娶的形成原因

敦煌允许僧人娶妻，起始于吐蕃占领时期。因此，探讨敦煌听许僧人娶妻的原因和由来，首先不能不考虑吐蕃佛教的影响。

吐蕃早期佛教，相当"驳杂不纯"，远非今人想象的那么成熟健全。其本土佛教基本上还处于"有信无戒"状态，至少是"重信轻戒"，所以不禁僧人娶妻。直到11世纪，吐蕃僧人仍多有娶妻生子者。如11世纪西藏佛教著名法师协饶嘉哇（智胜），"和纳地旅店的女店主同居"①，同时期西藏佛教大师拉杰·德协嘉窝哇有"前妻后妻"，"生有子女三人"②。北宋岷州《新修广仁禅院碑》亦载吐蕃佛教"多知佛而不知戒，故妻子具而淫杂不止，口腹纵而荤酣不厌"③。后来，元代河西及内外蒙古流行藏传佛教，亦多有僧人娶妻者，是西藏佛教影响所致而为人所共知。《元史·刑法志二·户婚》云："诸河西僧人有妻子者，当差发税粮、铺马次舍与庶民同。"这里只是令"河西僧人有妻子者"与庶民一样承担赋役，并不禁止僧人娶妇。元成宗大德七年（1303年）九月丙子诏"罢僧官有妻者"④，也只是限制僧之娶妻者不得为僧官。到元顺帝至元元年（1336年），诏"凡有妻室之僧，令还俗为民。既而复听为僧"⑤。知元顺帝时曾有过禁止僧人

---

① 廓诺·迅鲁伯著、郭和卿译《青史》，西藏人民出版社，1985年，第64页。
② 同上书，第82页。
③ [宋]王钦臣：《新修广仁禅院记》，见田尔穟等纂《岷州志》卷17，清康熙四十一年刊本。
④ 《元史·成宗纪四》大德七年九月条。
⑤ 《元史·顺帝纪一》至元元年十二月条。

娶妻的诏令，对有妻室的僧人取消其僧人资格，"令还俗为民"，但很快又改变了政策，让有妻室之僧"复听为僧"，表明僧人娶妻由不合法终于发展到合法。

唐德宗贞元四年（788年）吐蕃占领敦煌，将其本土"重信轻戒"，甚至"有信无戒"的佛教带到敦煌，使敦煌地区本来严格的教戒受到冲击、动摇，造成敦煌地区僧尼戒行的松弛、变异，破坏了敦煌地区僧人严格的戒行。敦煌地区由不许僧人婚娶转变到不禁僧人婚娶，即肇端于吐蕃统治时期。前举P.2807《吐蕃沙州乾元寺建福功德文》及P.3730《吐蕃申年十月沙州报恩寺僧崇圣状》皆有所载。吐蕃统治者把本土"重信轻戒"甚至"有信无戒"的佛教信仰带到敦煌，迅速引起敦煌佛教发生一系列变化，例如听许僧尼住在俗家、听食净肉、听任饮酒、从政从军、置产开店、放债取息、役仆受雇、共俗人结社结契，等等，推动着敦煌佛教向世俗化方向急遽发展，很快演变为别具一格的"世俗佛教"。

其次，敦煌僧人婚娶，亦当有禅宗思想的影响。禅宗认为"一切万法，尽在自身心中"（《坛经》语），倡导"无相戒"，认为自心清净即是戒法，持戒与否，只在自性的迷悟染净，并非外在的善恶分别。既然如此，那么虽置妻孥，只要"自去非心"，也就"非自有罪"。晚唐时临济禅师更主张"得失是非，一时放却"，"不与物拘，透脱自在"（《临济录》卷四十七），为佛教戒行向宽松化方向发展提供了理论支持。看来，8世纪末期以来敦煌佛教放宽僧人婚禁，禅宗思想及其"无相戒"的推行，也起了鼓风加力的作用。

第三，敦煌在长期惨烈的抗蕃战争中人口大量减少，而吐蕃占领敦煌以来，出家为僧为尼的人数却大量猛增。据笔者推算，吐蕃统治中期敦煌在俗人口约18800人，而僧尼人数为2800人，占在俗人口的14.9%。① 这

---

① 参见李正宇：《吐蕃子年（808年）沙州百姓氾履倩等户籍手实残卷研究》，载《1983年全国敦煌学术讨论会文集·文史、遗书编·上》，甘肃人民出版社，1987年，第215~216页。

14.9%的僧尼若继续严守断婚姻、无子嗣的戒律，必将给敦煌人口增殖带来负面影响，使人口问题的矛盾更加尖锐。清代袁枚尝记一事：

> 某禅师爱余慧业，强之学佛。余问："佛可娶乎？"曰："不娶。"曰："杀生乎？"曰："不杀生。"曰："然则，使佛教大行，则不过四五十年，天下人类尽绝，而唯牛羊鸡豕满天下矣，佛又谁与传耶，将传与牛羊鸡豕耶？"禅师不能答。①

佛教面对社会人口锐减及增殖人口的愿望十分强烈的现实，其僧侣"断婚姻、无子嗣、绝宗祀"的教法越发显得不合时宜，势须作出让步，进行方便调整，而佛经中恰恰就有先曾受戒后又娶妇并不犯戒的经文正合取用。《大方便佛报恩经》卷第六《优波离品》云：

> 先受戒时，于一切女人上三疮门中得不淫戒（引者按："三疮门"，一作"三创门"，谓大、小便道及口），而后娶妇，犯此戒不？答曰：不犯。所以尔者，本于［人］女上得邪淫戒，今是自妇，以非邪淫故，不犯此戒。以是义推之，一切同尔。②

尊者大目乾连《阿毗达摩法蕴足论·静虑品》论述过一类"身在家"而"心出家"者说：

> 有一类补特伽罗（引者按：补特伽罗义即"众生"），于诸欲境，心离非身。谓如有一［人］，虽有妻子，受用上妙田宅、卧具、香鬘、璎珞、衣服、饮食，受畜种种金银、珍宝，驱役奴婢，僮仆作使，或时发起打骂等业，而于诸欲，不生耽染，不数发起猛利贪爱，彼身在家，其心已出，是名于欲心离非身。③

这种身在家、心出家、虽受用妻子而不生耽染的出家者，虽然上比"身心俱离"的出家者不足，但下比"身出家，心犹未出"的出家者却是

---

① 《袁枚全集》第4册《牍外余言》卷1，江苏古籍出版社，1993年。
② 《大正新修大藏经》第3卷，第158页。
③ 《大正新修大藏经》第26卷，第482页。

境界高超得多。

　　据上所引，可知佛教经、论中确有"受戒""出家"僧人可以婚娶的白纸黑字。如此，僧人婚娶并不违经犯戒，反而有经典可凭。为了缓解当时人口繁殖及继嗣延世的危机和矛盾，敦煌僧界随时之宜、顺乎潮流，将上述经典拿来取用，于是，僧人婚娶便在合乎经典、方便应世的认同下坦然出现。

　　隋唐以来，世俗意志日渐觉醒，人生欲望日渐增强，"世谛之法"在佛教思想中逐渐抬头，出现了不少鼓吹"世谛"的"中国造"佛经，《佛说天地八阳神咒经》就是这类佛经中的一个颇为典型的代表。该经云：

　　　　佛言：善男子，汝等谛听，当为汝说……天地气合，一切草木生焉；日月交通，四时八节明焉；水火相承，一切万物熟焉；男女允谐，子孙兴焉。皆是天之常道，自然之理，世谛之法。①

　　把男女合和的"世谛之法"提到了"天之常道，自然之理"的高度，其精神导向同正统佛教颇相异趣。这部佛经在敦煌地区十分流行，初步统计不下150个抄本。吐蕃占领敦煌后，把不禁婚娶的吐蕃佛教带到了敦煌，更助长了"世谛之法"的声势，加上禅宗"即心即佛"思想的影响，又有《大方便佛报恩经》"今是自妇，以非邪淫故，不犯此戒"的明文可依，于是不以僧人婚娶为非，进而发展到听许僧人婚娶，终于打破了僧人禁婚之戒。看来乃是事物发展合乎逻辑的顺延，并不难理解。

　　对敦煌佛教听许僧人婚娶的做法，既有可能让相当一部人难以接受，又有可能让某些人想入非非。一方面，好心的佛教界人士会担心开放僧人婚禁，将导致佛教蜕化变质，因而难以接受；另一方面，排斥佛教的人士又可能设想利用开放僧人婚禁来加快佛教消亡。300多年前，"敦煌世

---

① 《大正新修大藏经》第85卷，第1214页。

俗佛教"尚未被揭示,但社会上却屡有僧人婚娶之事发生,于是便有人想开放僧人婚禁以加快佛教灭亡:

> 二氏之教,古今儒者尝欲去之,而卒不能去,盖人心陷溺日久,虽贤者不能自免,夫民生有欲,顺其所欲则从之也轻。按:老子之子名宗,为魏将;佛氏娶妻曰耶输陀,生子摩侯罗,出家十二年,归与妻子复完聚。今其徒皆鳏居而无妻,岂二氏之教哉?虽无妻而常犯淫僻之罪,则男女之欲岂其性与人殊哉?为今之计,簪剃不必禁也,听其娶妻生子,而与齐民结婚姻之好;寺观不必毁也,因其地之宏敞而借为社学、社仓,即以其人皆为我用,久将自嫌其簪剃之丑,而亦不便寺观之居也。岂非君子以人治之道、孔子从俗猎较之意乎!①

我们从敦煌文献中看到的却是,"敦煌世俗佛教"虽允许僧人娶妻生子,而佛教在敦煌地区不仅没有被削弱或导致佛教消亡,反而兴旺发达、深得民心;佛教在当地蓬勃发展的势头有增无减,成为当地最为普及、势力最为强劲的宗教,设使袁枚生当其世,必不至发出"天下人类尽绝……佛又谁与传耶"的质疑。可以断言:敦煌世俗佛教为佛教的中国化、人世化、人生化打开了广阔的前景。

五、余 论

佛教为了在中国广泛传播,不得不吸收中国的传统观念,逐渐与中国国情民心相结合,不得不淡化乃至消磨某些同中国传统观念及风俗习惯格格不入的教义,走佛教中国化、现世化的道路。这是佛教发展的必然趋

---

① 顾炎武:《日知录之余》引《五台志》。见《日知录集释》,岳麓书社,1994年5月,第1238页。

势。隋唐时期中国佛教禅、净、华严、法华等诸宗的成立，大大推进了佛教中国化的过程，标志着中国化的佛教已经形成。而敦煌佛教更进一步面向现实，靠近人生，贴近生活，融入社会，朝着"入世合俗"的方向大步迈进，出现了一系列重大变化。例如：真经、伪经一体尊奉、僧尼多住俗家少住寺院、听许僧尼置产敛财、雇工役仆，以及听许僧人吃肉饮酒、从政从军、娶妻生子等。这些既是敦煌世俗佛教突出的表征，也是敦煌世俗佛教特有的内容，充分地表现出佛教世俗化、人生化的特点，终于形成我国佛教史上一个新的佛教类型、新的流派，即笔者所论证揭示的"敦煌世俗佛教"。

"敦煌世俗佛教"这个佛教新流派的出现与存在，在敦煌遗书和敦煌石窟资料中有充分的反映，敦煌学者特别是敦煌佛教研究者，都有所觉察，并且指出过敦煌佛教世俗化的倾向，提出过"敦煌佛教世俗化"的命题。但令人不无遗憾的是，这些先生们仅仅到此为止，以为这一时期的敦煌佛教仍踱步在"世俗化"的进程中，并未进一步揭示其基本完成了向世俗化的演变，其性质已经变成了典型的"世俗佛教"。佛教世俗化的过程，随着佛教的传入已经开始，到公元8世纪末已经"化"了700多年，才在敦煌"化"出了个典型宛然的"世俗佛教"，而对这个"世俗佛教"，学者却茫然以对，竟不知其已经"化成"。其原因大约受到两方面因素的制约：

一是，学者的心目中，还只有一个佛教向世俗化缓慢踱步的模糊概念，尚未考虑"世俗化"的结果。换句话说，学者心目中只有"佛教世俗化进行式"的概念，还没有一个"佛教世俗化完成式"或"基本完成式"的概念，"世俗化"的"化成形态"是个什么样子，大家心中没底，而且谁也没有进行过探讨，所以"纵使相逢应不识"，一旦面前出现这个前所未有的"敦煌世俗佛教"，反而不明白它就是"世俗佛教"。

二是，学者受佛教正统观念的支配，对这种"世俗佛教"存在着鄙视和排斥的情绪。以往学者虽然撷取其一二可以接受的方面加以介绍，却对那些与正统佛教格格不入的内容，如真经伪经一体尊奉、听许僧尼居住俗家、置产敛财、雇工役仆、吃肉饮酒以及听许僧人从政从军、娶妻生子等等，他们视为"离经叛道"的现象鄙夷不屑，甚至深恶痛绝，不愿意正视它、承认它，因而不去进行认真的研究，更不去进行全面的揭示和介绍。在正统派佛学家的心目中，只有大小二乘，显密二宗及禅、律、天台、华严、法相、三论、净土等有建宗立派的资格，连"禅也不思量，道也不思量；善也不思量，恶也不思量"①，甚至"呵佛骂祖"者皆得称宗立派，却对敦煌世俗佛教不屑一顾。当笔者提出"敦煌世俗佛教"的命题并加以论证时，有位先生就曾不无睥睨地质问："世俗佛教是哪门子佛教？"可见"傲慢与偏见"在敦煌世俗佛教研究中起着何等的作用！

敦煌世俗佛教毕竟是抹杀不掉的客观存在，它的出现与存在，为我国佛教的发展演变打开了另一种境界，给我国佛教史带来了新的思路、新的内容和新的研究课题，也为当代的"人生佛教"和"人间佛教"找到了一个可能是其远源却又有待规范完善的原生态，为"人生佛教"和"人间佛教"提供了一个十分难得的、可作比较研究的客体，其意义实在不可低估。

（此文原刊于《敦煌吐鲁番研究》第9卷，2006年5月；修订稿收入《敦煌佛教与禅宗学术讨论会文集》，三秦出版社，2007年，第12~36页。收入本书时有所增补、修订）

---

① 《大慧普觉禅师语录》卷13，见《大正新修大藏经》第47卷，第865页。

八至十一世纪敦煌僧人从政从军

释迦牟尼舍弃王位，专心修道传法，为后世佛教僧人作出楷模。后世僧人效之，既出离世俗，则"不干世事，不作有为"（《洛阳伽蓝记》卷2）。《遗教经》云："持净戒者……不得参与世事，通致使命。"《梵网经》甚至说"不得国王地上行，不得饮国王水"。至于从军征战，尤为僧戒严禁，《梵网经》说"佛子不得军中往來"。《四分律比丘戒本》云："若比丘二宿三宿军中住，或时观军阵斗战……波逸提。""波逸提"为梵语，谓堕于地狱之罪也。但敦煌自吐蕃统治以来，一反释迦"不得参与世事，通致使命"之类的教导，僧人从政谋政，于役王事，甚至从军参战，搏以血肉，与俗人无异。这是八至十一世纪敦煌佛教与众不同的又一特点。

一、敦煌僧人从政谋政

八至十一世纪敦煌僧人从政谋政，主要表现在以下两个方面：

（一）僧人出任军政官员

八至十一世纪敦煌僧人出任军政官员、从政谋政的事迹，晚唐敦煌名僧悟真有很好的自我表述。他在辑录个人《诗文集》的自序中写道：

> 自十五出家，二十进具……年登九夏（引者按：谓僧腊九岁），便讲经论……特蒙前河西节度故太保随军驱使，长为耳目，修表题书。大中五年入京奏事，面对玉阶，特赐章服；前后重受官告四通，兼诸节度使所赐文牒，两街大德及诸朝官各有诗上。累在军营，所立功勋，题之于后。①

河西节度掌书记试太常寺协律郎苏翚撰《悟真邈真赞》，亦称悟真：

> 赞元戎之开化，从辕门而佐时。军功抑选，勇效驱驰。大中御历，端拱垂衣。入京奏事，履践丹墀。升阶进策，献烈（列）宏规。忻欢万乘，颖脱囊锥。丝纶颁下，所请无违。承九天之雨露，蒙百辟之保绥；宠章服之好爵，赐符告之殊私。受恩三殿，中和对辞。丕哉休哉，声播四维。②

文中所说的"故太保""元戎"均指沙州归义军节度使张议潮，所谓"面对玉阶""大中""万乘"，乃指唐宣宗。悟真曾参与张议潮密谋驱逐吐蕃、聚众起义的活动；起义成功后，张议潮又率军东征西讨，悟真则"随军驱使，长为耳目"，"赞元戎之开化，从辕门而佐时。军功抑选，勇效驱驰"；继而出使唐京，"履践丹墀"，"宠章服之好爵，赐符告之殊私"；局势大定之后，悟真才重返释门，专为"释吏"，历任沙州都僧政、副僧统、都僧统。在他专任"释吏"期间，仍然在沙州政治生活及社会活动中发

---

① P.3720（3）《僧悟真集自序》。
② P.4660《都僧统唐悟真邈真赞并序》。

挥着重要作用，可以说是晚唐时期敦煌著名的"政治和尚"。

敦煌僧人从政、干政的事，并不始于悟真，早在吐蕃占领敦煌初期就已经出现。S.1438（12）《蕃占初期汉人沙州守官某状》云：

> 唯此沙州，屡犯王化，干戈才弭，人吏稍宁；列职分官，务存抚养。未经两稔，咸荷再苏。氾国忠等，去年兴心，拟逃瀚海。远申相府，罚配酒泉。岂期千里为谋，重城夜越，有同天落；戕煞蕃官，伪立降户邢兴，扬言拓跋王子；迫胁人庶，张皇兵威。夜色不分，深浅莫测，平人芒（恾）怕，各自潜藏。为国［大］德在城，恐被伤害，某走报回避，共同死生。及至天明，某出招集所由，分头下堡，收令不散，誓救诸官。比至衙门，已投烈火。遂即旋踵，设伏擒奸。其贼七人，不漏天网。并对大德摩诃衍推问，具申衙帐，并报瓜州……

"大德摩诃衍"，为敦煌名僧；"推问"即审讯。此文反映，名僧摩诃衍曾出庭"推问"氾国忠等人犯，执人间法，治叛乱狱。僧人干政，已见乎此。此后，更有僧人兼充军政官员、驰驱王事者。如：P.3726《杜和尚写真赞》的作者僧智照，自书题衔作"释门、大蕃瓜沙境内大行军衙知两国密遣判官"。又，P.2991《莫高窟素画功德记》，作者款署亦曰"瓜沙境大行军都节度衙幕府判［官］、释门智照述"。

智照为吐蕃统治时期敦煌龙兴寺僧人，敦煌遗书北图1000、2012、2034、2214、2481，S.280、1167、6352，P.2285等卷皆见其题名①。此为吐蕃统治时期敦煌僧人出任世俗官吏的确证。智照自书其所任俗官，显然并不以为受任俗官与僧人身份有何扞格，反而有意自炫其世俗官位之显重、世俗身份之非凡；与俗人自炫身份并无不同，而同《遗教经》"不得参与世事，通致使命"的教导显然背道而驰。

---

① 详见郑炳林：《敦煌碑铭赞辑释》，甘肃教育出版社，1992年，第228页注⑤。

摩诃衍、智照、悟真之外,敦煌还有更多僧人从政、于役王事的事例,略举数则于下:

例1,张议潮逐蕃起义,建立了新政权。僧慧苑奉命出使唐京,朝廷任为"敦煌管内释门都监察僧正兼州学博士"。杜牧撰有《敦煌郡僧正慧苑除临坛大德制》云:

敕敦煌管内释门都监察僧正兼州学博士　僧慧苑

敦煌大藩,久陷戎垒,气俗自异,果产名僧。彼上人者,生于西土,利根事佛,余力通儒。悟执迷尘俗之身,譬喻火宅;举君臣父子之义,教尔青襟。开张法门,显白三道,遂使悍戾者好空恶杀,义勇者徇(殉)国忘家,禅助至多,品地宜峻。领生徒坐于学校,贵服色举以临坛,若非出群之才,岂获兼荣之授,勉宏两教,用化新邦。可充京城临坛大德,余如故。①

"敦煌管内释门都监察僧正"为僧官,"州学博士"则为世俗社会之州级学官。僧官兼任州级学官,苏东坡亦视为异事,见载于《志林》。

例2,P.3718(2)后唐长兴二年沙州释门僧政灵俊撰《唐河西释门故僧政京城内外临坛供奉大德阐扬三教大法师赐紫沙门范和尚写真赞并序》称:

和尚俗姓范氏,香号海印,则济北郡寺(释)门首净禅公之贵派矣。裕(驭)像(象)膺胎,时为龙沙人也……前王(引者按:"前王"指已故金山王张承奉)观师别俊,偏奖福田之荣(引者按:谓张承奉授以福田判官之任)……一从任位,贞帘(廉)不舍于晨昏;每奉严条,守节怀忠而取则。时遇西戎路间沙漠,雁信难通。举郡诠升,乃命仁师透径。是以程吞阒域,王宫独步而频邀;累赠珍金、宝玩,船车而难返。忽值妖

---

① [唐]杜牧《樊川集》卷17,又收入《全唐文》卷750。

窀起孽，鹊公来而无瘥；数设神方，天仙降而未免。俄变（便）生颜稍（消）退，皆嗟落日之悲；桂树萎凋，共叹倾月之切……聊为赞曰……奉公守节，每进忠言。金王称惬，擢将福田……曹公之代，措荐良贤。念师特达，赉紫高迁；承恩聘使，杜隘时穿；东游五岳，奏对朝天；西通雪岭，异域芳传；盂（于）阗国主，重供珍琏。王条有限，回路羁缠。四蛇不顺，二鼠侵牵。风灯不久，逝映难延。生颜已谢，会凑黄泉。遗留信服，空赍庭前……①

这位海印和尚被张承奉擢任为沙州释门福田判官；曹议金主政初期曾两度充任使节，东朝帝京，西赴于阗；奔走王事，归程身亡。可谓尽瘁王事者也。

例3，S.4504《乙未年（935年）灵图寺僧善友贷绢契》载：

乙未年正月壹日，灵图寺善友往于西州充使，欠少绢帛，遂于押牙（衙）全子面上贷生绢壹匹，长肆（下缺）。②

此沙州灵图寺僧善友，亦曾奉命出使西州，"通致使命"。

例4，S.8702＋8681《释门法律惠德状》载：

惠德去载出使甘州，今年五月又缠盘于阗使，于邓马步面上借白练壹匹，今又被差使西州，而家中缺乏人力，请缓还欠练。③

此僧两年之中三度奉使，靡盬王事，得谓勤矣。

例5，《册府元龟》卷980《外臣部·通好门》载：

---

① 《敦煌社会经济文献真迹释录》第5辑，第254~256页。文字录用时有调整。
② 《敦煌社会经济文献真迹释录》第2辑，第110页。该件文书原题名为《乙未年（875年或935年）就弘子等贷生绢契》。
③ 转引自荣新江：《英国图书馆藏汉文非佛教文献残卷目录》，台湾新文丰出版公司，1994年，第111页。

（周太祖广顺）二年（952年）十月，沙州僧兴贲表辞回纥阻隔。回纥世世以中国主为舅，朝廷亦以甥呼之。沙州陷蕃，后有张氏世为州将。后唐同光中，长史曹义金者，遣使朝贡，灵武韩洙保荐之，乃授沙州刺史、充归义军节度使、瓜沙等州处置使。其后，久无贡奉。至是，遣僧辞其事。

此云后周时沙州僧兴贲奉使中朝。

例6，P.3051《丙辰年（956年）三界寺僧法宝贷绢契》：

丙辰年三月廿三日，三界寺僧法宝往于西州充使，欠阙匹帛，遂于同寺法律戒德面上贷黄丝生绢壹匹，长肆拾尺……

此沙州三界寺僧法宝，亦曾奉使西州，奔走王事。

例7，《宋会要辑稿·瓜沙二州》载：

淳化二年（991年），沙州僧惠崇等四人，以良玉、舍利来献，并赐紫方袍，馆于太平兴国寺。

沙州僧惠崇亦奉使宋廷，并被载入《宋朝会要》。

例8，同上引书、篇又载：

（景德四年，即1007年）润五月，沙州僧正会请诣阙，以延禄表乞赐金字经一藏。诏益州写金银字经一藏赐之。

例9，同上引书，篇又载：

（天圣）九年（1031年）正月十八日……沙州遣使米兴、僧法轮等，贡珠玉、名马。

上述二僧分别奉使宋廷，亦被载入《宋朝会要》。

上举僧人从政及参与政事活动诸例，分别属于吐蕃统治时期、晚唐、五代及北宋前期，且见此风日盛，后来愈多。

（二）僧官兼任俗官，僧官自称"释吏"

僧人被朝廷或当地政府任命为僧官者，尤屡见不鲜。吐蕃统治时期置沙州释门都教授，晚唐至宋置沙州释门都僧统、都僧录、都僧政，敦煌名僧乘恩、洪辩、法荣、悟真、贤照、福高、法严、海晏、龙辩、钢惠及喜首、会恩、道真等曾分别膺授此等僧官。例多，不悉举，仅举《洪辩、悟真告身碑》及《唐宣宗诏书碑》以明之。

上述二碑，皆嵌在莫高窟第17窟西壁。《洪辩、悟真告身碑》云：

　　敕释门河西都僧统、摄沙州僧政、法律、三学教主洪辩，入朝使悟真等……洪辩可京城内外临坛供奉大德，悟真可京城临坛大德，仍并赐紫，余各如故。

所谓"余各如故"，谓洪辩仍为"河西都僧统、摄沙州僧政、法律、三学教主"，悟真仍为"沙州释门义学都法师"。《唐宣宗诏书碑》云：

　　今授师（洪辩）京城内外临坛供奉大德，仍赐紫衣，依前充河西释门都僧统、知沙州僧政、法律、三学教主，兼赐敕牒；僧悟真亦授京城临坛大德，仍赐紫衣，兼给敕牒。

僧洪辩、悟真二人，不仅皆被朝廷任命为僧官，还被加授"赐紫"之荣。

僧人受任僧官，早已有之。后秦弘始中（399—415年），姚兴以法师道䂮为"国僧正"（《佛祖历代通载》卷7），宋孝武帝以僧法颖为"都邑僧正"（《开元释教录》卷5下）；北魏文成帝以沙门师贤为"道人统"，师贤卒，昙曜代之，更名"沙门统"（《魏书·释老志》）；隋文帝以沙门彦琮为翻经馆学士（宋高承《事物纪原》卷7《道释科教部》）；唐代中央置僧录，州郡置僧统、僧录、僧政是也。但向来僧统、僧录、僧正只理释门事务，不理世俗政事。8—11世纪的敦煌却大异于传统。敦煌僧官时有受命兼摄世俗政事者，前举之慧菀、海印等已略见其事；僧官之外，一般僧人于役王事之例，尤屡见不鲜。

僧官兼摄世俗官政者，P.4638《清泰四年（937年）都僧统龙辩等牒》（原稿）最能说明问题，现引录于下：

　　应管内外释门都僧统赐紫沙门龙辩、都僧录惠云、都僧政

绍宗等

　　草豉壹斗，麦酒壹瓮。谨因来旨，跪捧领讫。

　　右龙辩等忝为释吏，一无助君之功；希履道门，又阙课念之力。昨者，司空出境，巡历迢遥，严风冒犯于威严，冷气每临于贵体，不得资䴵（荐），兢悚倍常。特蒙仁恩，远垂重礼，龙辩等万生荣幸。准合趋步，铭荷军前，伏为奉守城治，不敢专擅。谨遣都头张信盈，往彼驰状陈谢。谨录状上。

　　牒件状如前，谨牒。

　　清泰四年十一月十八日应管内外释门都僧统赐紫沙门龙辩、都僧录惠云、都僧政绍宗谨牒

文中，都僧统龙辩、都僧录惠云、都僧政绍宗等自称"释吏"。释吏者，乃僧官自比于俗官，唯身份乃属释子，故曰"释吏"。"释吏"之称，史无前例，独见于此。敦煌僧官以"释吏"自称，反映僧官已自视为官府员吏、衙署公人，同时反映敦煌社会不以僧人担任官府员吏、衙署公人为非，反而取得社会公众认可。这一观念的形成与流行，亦大异于传统意象。

文中所谓"伏为奉守城治"之言，尤其值得注意。是时，沙州归义军节度使曹元德东征甘州，曾委龙辩、惠云、绍宗等留守州城、保固本境，其权之重、其位之要，可从"谨遣都头张信盈，往彼驰状陈谢"之语窥之。盖"都头"为归义军高级武官，位列上品。连都头张信盈亦听都僧统龙辩等遣调，则龙辩等位高、权重之况可以想见。

沙州僧官可以被委兼理世俗政事，当来源于吐蕃"国之正事，比从桑门参决"的旧制（见《新唐书·吐蕃传上》），故自吐蕃统治敦煌以来，始有名僧摩诃衍参与审理反叛案件，继有僧智照充任"大蕃瓜沙境内大行军衙知两国密遣判官"。从此以后，敦煌僧人从政、于役王事者，屡出不穷而成风气矣。

二、僧人从军、征战戍守

僧戒规定，出家人不得从军征战，甚至连"观战"及在军营暂住"二宿三宿"亦被禁止（参见《四分律藏》卷16及《十诵律》卷40），甚至规定"佛子不得畜刀仗弓箭"（《梵网经》卷下）。但8—11世纪敦煌僧人却可以从军征战或充镇兵防戍。盖敦煌一地，从吐蕃统治时期开始直到北宋时期，僧人同样具有服役纳税的义务。兵役只是僧人服役之一目。关于8—11世纪敦煌僧人服兵役的问题，郝春文教授在《唐后期五代宋初敦煌僧尼的社会生活》一书中已经作出很好的揭示。① 春文教授已列举过一些例证，笔者也收集到其他一些例证，择要列举于下：

（1）伦敦印度事务部图书馆藏敦煌吐蕃文书 Fr.12号《原籍表》② 为吐蕃统治敦煌中期兵籍残卷。该卷残存旗手、射手及从卒等共48名，其中有射手21人，注明其为僧人身份者10人，摘录如下：

曷骨萨部落	僧	董□土	射手③
曷骨萨部落	僧	钟青青	射手
曷骨萨部落	僧	段教儿	射手
曷骨萨部落	僧	董□□	射手
曷骨萨部落	僧	张老振	射手
曷骨萨部落	僧	张宝宝	射手

---

① 郝春文：《唐后期五代宋初敦煌僧尼的社会生活》，中国社会科学出版社，1998年，第104~110页。

② 此文，托马斯首揭，藤枝晃译释，姜伯勤重译。此处所引，乃据姜氏译本，见姜伯勤：《唐五代敦煌寺户制度》，北京：中华书局，1990年，第45~47页。

③ 刘忠：《敦煌阿骨萨部落一区编员表诸家译文剖析——向藤枝晃、姜伯勤先生质疑》载见宋家钰、刘忠编《纪念敦煌文献发现一百周年·英国收藏敦煌汉藏文献研究》（北京：中国社会科学出版社，2000年，第408~424页），将本件译文中的"射手"改译为"护持"，谓是"弓箭射手"的"同伴"或"护理""随从"。但不论译为"射手"或"护持"，身份同属军兵无疑。

葛骨萨部落	僧	张罗七	射手
葛骨萨部落	僧	曹□□	射手
葛骨萨部落	僧	李□安	射手
葛骨萨部落	僧	恭子	射手

本件，僧人名列军籍，且充射手，打起仗来，自然免不了伤残人身乃至取人性命，这显然违背《四分律藏》《十诵律》等有关不杀生、不伤害、不争斗之类戒律的规定，非僧人所当行。但在吐蕃统治时期，敦煌僧人公然从军参战，表明彼时，僧人从军参战必属合理合法。盖国法大于佛戒，两者若有矛盾，舍佛戒而从国法。本卷足以揭示吐蕃统治时期的敦煌，僧人同俗人在服兵役问题上是一样的，并不因其具有僧人身份而享有豁免特权。

（2）大中二年（848年）张议潮推翻吐蕃统治回归唐朝后，僧人同服兵役的制度仍然被继承下来。P.3249背《归义军军籍残卷》，笔者曾判断为大中、咸通间《归义军兵名簿》[1]，冯培红先生认为是咸通二年归义军现役军队的军籍残卷[2]。该卷残存8队，计队头8名、兵士175人。在175名兵士中，见有"僧曹道珪""僧邓惠寂""僧李达""僧石胡胡""僧价明因""僧明振""僧法义""僧李智成""僧康灵满""僧裴昙深""僧王顺顺""僧杨神赞""僧建绍""僧王安多""僧安信行""僧□□□"等16人之列名，占兵士总数（175名）的9%强，表明晚唐归义军野战部队中确有不少身为僧人的战士，他们既同俗人一样从军入伍，编入战队，自然同俗人战士一样上阵拼杀，浴血疆场。

（3）敦煌僧人除了投入野战部队、浴血疆场之外，又有服役于城池防御及充当镇兵者，举例如下：

---

[1]《敦煌学大辞典》，上海辞书出版社，1998年，第398页。
[2] 冯培红：《P.3249背〈军籍残卷〉与归义军初期的僧兵武装》，《敦煌研究》1998年第2期，第141~147页。

S.8677背《奉教授处分防北门头僧俗名目》载，胜词、灵义、虚悟、法灯、法弘、常诠、真诠、董师、富奴9人为防守敦煌"北门头"的"防人"①，其中胜词、灵义、虚悟、法灯、法弘、常诠、真诠、董师等8人皆系僧人，表明僧人亦承担城防守御任务。

S.528《三界寺僧智德状》云："智德忝是僧人，家无仃（贮）积，自恳（垦）自光，以给资粮……（智德）口承边界，镇守雍归……今智德发日临近，现要缠裹衣食，尺寸全无……伏乞阿郎念见口承边镇百姓些些……"文中所说"雍归"，乃指雍归镇，即今肃北蒙古族自治县石包城乡之石包城。所谓"口承边界，镇守雍归"，是说自愿前往边界雍归镇充当镇兵，防戍守御。

僧人从军及应役戍守，与寺院自卫武装不同。寺院自卫武装（如河南少林寺武僧），职在保护寺院安全，不受国家豢养，非有特殊情况不受国家调遣及为国出征。8—11世纪敦煌佛寺是否有自卫武装，敦煌遗书未见明确记载。P.2567背《吐蕃癸酉年（793年）二月沙州莲台寺诸家散施历状》所载寺院收受檀越施物中，有"八两银胡禄带（袋）一"②，"胡禄带（袋）一"，"大刀子三把，弓六张、箭二十一支、器械一副"，"越（钺）斧一"，上举诸物皆属兵器，意味着8—11世纪敦煌寺院可以蓄有刀杖兵器。《梵网经》卷下载："若佛子，不得畜一切刀杖、弓箭、铓斧、斗战之具。"《沙州莲台寺诸家散施历状》既然表明佛寺可以蓄有刀杖、弓箭、铓斧、斗战之具，不妨推测佛寺可能会有少量的自卫武装僧人。但同僧人之从军征战，性质大有不同，不可混同视之。

---

① 荣新江：《英国图书馆藏敦煌汉文非佛教文献残卷目录》，台湾新文丰出版公司，1994年，第110页。
② 《资治通鉴》卷二六六后梁开平元年三月条"银胡鞹都指挥使王思同帅部兵三千"，胡三省注"胡禄，箭室也"。箭室即箭囊、箭袋。

三、敦煌僧人缘何可以从政从军

僧人从政谋政、从军征战之事,此前偶有见之。如武德五年(622年)"以马邑沙门雄情果敢……太原地接武乡,兵戎是习,乃敕选二千余僧,充兵两府"。(道宣《续高僧传》卷19《智满传》)又,武则天以僧怀义为新平道大总管,统兵讨突厥(《旧唐书·薛怀义传》)。然此等现象不过一时之特殊措施,并非常制。但在8—11世纪的敦煌,却非一时举措而属常制。所以然者,盖缘敦煌僧尼户籍悉归乡司,属乡里编民,故僧人自称"百姓僧"①。"百姓僧"者,虽身份有别于俗人,而于国家应尽义务则与齐民无别。与此同时,僧尼又分属各寺,列名寺册,但仅少量居住寺内,多数僧尼仍住俗家,与父母兄弟妻子"同活",故有"住家僧尼"与"住寺僧尼"之别。郝春文先生曾根据 P.4958《当寺转帖》画知人数进行分析,判断该寺"住在寺外的僧人多于寺内的僧人"②,春文先生虽仅拈出一寺,却可举一反三,一概诸寺。从敦煌石室所出8—11世纪当地寺院《破用历》之僧食开支极少及僧尼众多而住寺僧尼载名无多的现象分析③,亦可得出

---

① 僧令狐法性自称"神沙乡百姓僧",详见后引《唐天复四年(904年)令狐法性出租土地契稿》。

② 前注郝春文书,第94~95页。

③ 敦煌出土僧尼籍大致分为两种:一为应管僧尼籍,列载凡本寺所管之住寺与不住寺之全部僧尼名,如 P.3600《普光寺等具当寺应管尼众总一百廿七人籍》、S.2669《年代未详(865—870年)沙州诸寺尼籍》、S.545背《吐蕃戌年(806年)永安寺僧惠照具当寺应管主客僧名数》(俱收入唐耕耦等编《敦煌社会经济文献真迹释录》第4辑);二为应道场僧尼名簿,仅载当寺住寺僧尼名,如 S.2729《吐蕃辰年(788年)三月沙州僧尼部落米净辩牒》、P.5579《吐蕃酉年(805年)大乘寺寺卿唐迁进具当寺应道场尼六十二人牒》,S.2614背《唐年次未详(895年?)沙州诸寺僧尼名簿》(俱收入唐耕耦等编《敦煌社会经济文献真迹释录》第4辑)。二者相较,住寺者少,家居者多,且悬殊颇大。如 S.2729《吐蕃辰年(788年)三月沙州僧尼部落米净辩牒》载蕃占初年沙州诸寺常住当寺僧尼310人,学者误断为蕃占初年沙州诸寺全员僧尼名籍,其实,蕃占初期沙州诸寺僧尼总数当在2000名左右。

与春文先生相同的结论。然而无论"住家""住寺",悉皆籍在乡司,尽属乡司百姓。

敦煌遗书中有不少证据确凿证明僧人籍在俗家而统属乡司,今举数例于下。

S.3287《吐蕃子年(808年)沙州左二将百姓氾履倩等五户手实牒》载:

索宪忠户:"女妃娘出度","男性奴出度","女意娘出度","男再如出度";

氾国珍户:"小妇宠宠出度","妹性娘出度";

梁庭兰户:"女妃娘出度"。

此籍残存5户,列名67人,户籍内有2僧4尼。

日本有邻馆藏敦煌文书51号《唐大中四年(850年)十月沙州令狐进达申报户口牒》载:

令狐进达

应管口:妻、男女、兄弟、姊妹、新妇、僧尼、奴婢等共叁拾肆人。

妻阿张,男宁宁,男盈盈,男再盈,女盐子,女娇娇;

弟嘉兴,妻阿苏,弟华奴,女福子;

弟僧恒琛,婢要娘;

弟僧福集,婢来娘;

弟僧福成,妹尼胜福;

兄兴晟,妻阿张,母韩,男含奴,男佛奴,妹尼胜□,妹尼照惠,婢宜宜;

侄男清清,妻阿李,母何□,弟胜奴,弟胜君,妹尼渊□,妹银银,奴进子。

右具通如前,请处分。

牒　件状如前,谨牒。

大中四年十月　　日令狐进达牒

该户共34人，户籍内有3僧4尼。

S.4710《唐年代未详（9世纪中期）沙州阴屯屯等户口簿》载：

　　户□□□

　　妻、男女、兄弟、侄、僧尼、孙、妹等壹拾贰（壹）人。

　　妻阿李，男清奴，男安屯，女尼丑婢，兄英奴，侄男晟晟，侄僧专专，侄男满奴，孙男和和，妹尼小娘。

　　户阴屯屯

　　妻、男女、兄弟、新妇、僧尼、孙、侄等贰拾壹人。

　　妻阿常，男君达，新妇阿昌，孙男加晟，孙男昌晟，男像奴，男僧福藏，女尼定严，女定娘，女堆堆，兄弟弟，侄女昑昽，弟纯陀，

　　新妇阿靳，侄男宁宁，侄男鹊子，侄女端端，弟僧胜顶，侄僧皈顺，侄女宜娘。

　　户张猪子　母、妻、男、妹等陆人。

　　母阿马，妻阿康，男骨骨，男骨崙，妹尼矍矍。

　　户王鹰子

　　母、妻、女、兄、嫂、侄等捌人。

　　母阿宋，妻阿荆，女逍遥，兄宜子，嫂阿张，侄女消愁，兄僧龙安。

　　户刘再荣

　　妻、男女、兄弟、新妇、僧尼、孙、侄等贰拾捌（叁拾）人。

　　妻阿令狐，男海盈，新妇阿王，孙男友友，孙女福惠，男胡儿，女尼钵钵，女纵娘，女称心，妹尼觉意花，妹胜娇，女尼□娘，女吴娘，弟再安，新妇阿樊，侄男文显，侄男文集，侄男善子，侄尼金吾，侄尼鹰鹰，侄女富娘，侄尼瘦瘦，女伴娘，

侄男伯刃，侄僧明明，侄男升升，侄男力力，侄男千千，新妇阿氾。（后缺）

此簿各户总述妻、男女、兄弟、侄、僧尼、孙、妹等之语，与大中四年令狐进达牒之"应管口：妻、男女、兄弟、姊妹、新妇、僧尼、奴婢等共叁拾肆人"，用语相同，应同为大中四年（850年）前后之物。前者为民户手实，此特为乡司整理后上报之民户手实，可名"乡账"。存5户76人，户籍内有僧6名、尼10名。

P.4989《唐年代未详（9世纪后期？）沙州安善进等户口田地状》载：

户安善进，年卅八；父僧法□，年□□；妹小小，年十五；妹安香，年□□；妹□□，年卅；□□□子，年卅四；妹尼印子，年卅；外甥僧法□，年□□；奴（？）王悉都。

（以下受田亩数及田亩四至略）

户张孝顺，年卅；妻阿陈，年廿五；女优柔年二岁；奴史怀德。

（以下受田亩数及田亩四至略）

户傅兴子，年卅九；妻阿阴，年卅一；男文达，年九岁；女娇子，年五岁；女最子，年四岁；

兄傅兴谈，年卌九；嫂阿张，年卌七；侄男惠安，年十一；侄女自在，年九岁；姊尼福胜，年卅二。

（以下受田亩数及田亩四至略）（下缺）

户□□□，年□□；妻阿张，年卅□；男□□，年十岁；弟付兴□，年廿三；妻阿□

此籍残存5户、28人，籍内有僧2人尼2人。

S.4125《宋雍熙二年（985年）正月一日邓永兴户状》：

户邓永兴，妻阿□，弟章三，弟会进，弟僧会清。

都受田：请千渠小第一渠上界地壹段，玖畦，共贰拾亩，东至杨阇梨,西至白黑儿及米定兴并杨阇梨,南至米定兴并自田,北至白黑儿及米定兴。

雍熙二年乙酉岁正月一日邓永兴户有僧1人。

上引诸件,分属吐蕃统治期、晚唐、五代及北宋前期,表明敦煌从吐蕃统治时期开始,直到北宋前期,僧尼皆入乡管民籍,同为乡司编民。

此外,从某些僧人的自述中,亦可看出僧入民籍的事实,略举数例于下。

例1,P.2222(2)《唐咸通六年(865年)前后僧张智灯状》云:

张智灯状 右智灯叔侄等,先蒙尚书恩造,令将鲍壁渠地回入玉关乡赵黑子绝户地,永为口分,承料役次。先请之时,亦令乡司寻问虚实,两重判命。其赵黑子地在于间(涧)渠,碱卤荒渐(荐),佃种不堪。自智灯承后,经今四年,总无言语。车牛人力,不离田畔,沙粪除练(敛),似将堪种。昨通频言,"我先请射",忏悋苗麦;不听判凭,虚效功力。伏望

(下缺)

上文表明,僧智灯与侄等同住共活,经官以少量良田回换得较多薄田,承担相应的"役次"。对换得的薄田,连续四年"不离田畔,沙粪除练(敛)",辛苦经营。此僧显然同属上举乡民户籍中的一员,与其侄等同是以农为生的乡民。尽管智灯已剃度为僧,却住在俗家,从事农耕,承担税役;人与纷争,则求诉官府,同乡民无异。

例2,P.3155背《唐天复四年(904年)神沙乡百姓僧令狐法性出租田地契稿》载:

天复四年岁次甲子捌月拾染日立契,神沙乡百姓僧令狐法性有口分地两畦捌亩,请在孟授阳员渠下界,为要物色用度,遂将前件地捌亩,遂共同乡邻近百姓賈(贾)员子商量,取员子上好生绢壹匹,长□尺,捌综缯壹匹,长贰丈五尺。其前

件地，租与员子贰拾贰年佃种。从今乙丑年至后丙戌年末，却付本地主。其地内除地子一色，余有所著差税，一仰地主祇当；地子逐年于官，员子遑（呈）纳。渠河口作，两家各支半。从今已后，有恩敕行下，亦不在论说之限。更亲姻及别人称忍（认）主记者，一仰保人祇当，邻近觅上好地充替。一定已后，两共对面平章，更不休悔；如先悔者，罚□□□□见纳入官。恐后无凭，立此凭俭（检）。

（以下尚有地主、见人等具名略）

此契明载：僧令狐法性的八亩田地，原是从官府请授而来的"口分地"；其地出租后，令狐法性仍承担着除"地子"之外"余有所著差税"及"渠河口作"，表明令狐法性虽经剃度为僧，却又是一个从官府受田、向官府缴纳赋税、承担相应的"渠河口作"之类徭役的普通农民。由于他又是僧人，当会参加一些寺院法事活动，从寺院法事活动的收益中获得一份报酬。看来，作为他安身立命的日常主业乃是从事农耕，至于参加寺院法事活动并从中获取若干报酬，不过是兼业或者说是业余从事。僧令狐法性虽是8—11世纪敦煌"百姓僧"群体中的一员，却具有代表性意义。通过令狐法性一人的扫描，可以透视8—11世纪敦煌"百姓僧"群体的状况。

例3，P.3410《年代未明（咸通八至十年）沙州僧崇恩处分遗物凭据（残卷）》载：僧崇恩施入净土寺耕地四突（40亩），草马1匹；施入合城僧尼大众草驴1头，父驴1头；给优婆姨清净意耕地20亩，牸牛1头；给沙弥宜娘牸牛1头；僧文信数年来与崇恩知家事，给予耕牛1头、小麦3石；买得小女子1口，留与养女娲柴驱使；上尚书（张淮深）剥（驳）草马1匹。此外施予寺、僧及赠给亲属的车乘、农具、家具、衣物、什物、供养具等数量可观，价值巨大，从而可知僧崇恩至少有耕地60亩、马2匹、驴2匹、牛3头，但家中人丁不旺，仅有养女、婢女、近事女优婆姨清净意、清净意之婢女（沙弥宜娘），及管家僧文信。既有养女、婢女、近事女、管家及牛、马、驴等，而家中牲畜需雇人饲养，农田需雇人耕作，无疑必在寺外安家，籍入乡管；既有耕田，则须承担税役，由此推知，此僧及其家人亦属乡司百姓无疑。

崇恩于大中五年（851年），曾随悟真出使长安，受到唐宣宗的存问及赏赐，为沙州释门教授。由此可知，敦煌僧官亦属乡司编民。

敦煌僧尼既然属乡司编民、国家百姓，则授田、赋役自同一般编民无异，奉职为国及从军征战，乃是国家百姓应尽之义务。故僧人得同俗人一样充任官吏、奉遣出使；战时应征入伍，平时则应役防戍，同俗人一样交税纳赋，并无豁免特权。此为8—11世纪敦煌地方的一项重大措施。

随着僧人民籍的实施，引起佛教一系列观念发生转变，僧人亦可从军参战，便是佛教观念转变的一个侧面。

敦煌遗书 S.2164《蕃占时期某寺置伞文》云"敦煌西极，境接北胡，跃马控弦，寇盗无准……所以互相设计，务在安人（民）。若论护国，匡邦无过"，同梁武帝《东都发愿文》"灭一切兵革恶毒"的观念加以比较，反差多么巨大！8—11世纪敦煌佛教界观念中，为"护国""匡邦"进行拼杀，不仅"无过"，反而为之举行法会，进行祈祷，求神佛助佑获胜。同上号《行军转经文》（吐蕃占领时期）云：

……然今此会转经意者，则我东军国相论掣晡为西征将士保愿功德之建修也。伏惟相公……每见北房兴师，频犯边境，抄劫人畜，暴耗田苗，使人色不安，烽飙数举，我国相悖（勃）然忿起，怒发冲冠。遂择良才，主兵西讨。虽料谋指掌，百无一遗，然必赖福资，保其清吉。是以远启三危之侣，遥祈八藏之文，冀仕（士）马平安，永宁家国。故使虔虔一志，讽诵《金刚》；济济僧尼，宣扬《般若》。想此殊胜，夫何以加！先用庄严护世四王、神龙八部，愿威光盛，福力［□］增，使两阵齐威，北戎伏款。①

敦煌僧人不是在祈求神佛施大法力制止战争、"灭一切兵革"，反而祈祷"护世四王、神龙八部"助军杀伐，不啻把四大天王、神龙八部也鼓动起来，参加人间杀伐。当敦煌僧人们祈祷神佛助战之时，事实上已将禁止争斗、禁杀伤的佛戒丢在了脑后。

以往，出家僧尼不入乡管，不服役纳税。而"民避重赋多为僧"②，国家赋税因而减少，徭役、兵员亦见短缺，政府不得不转而加重俗人役赋，如此形成恶性循环，引发剧烈的社会矛盾，以至迫使政府不得不限制出度人数，甚至发展为排佛灭佛。历史上发生的多次"法难"，皆由此起。8—11世纪的敦煌则将僧尼纳入乡管民籍，僧尼成为乡司百姓，与俗人同样服役纳税，由此解决了僧尼大增与赋役大减的矛盾，佛教及社会得以和谐相处。笔者推测，晚唐归义军时期，沙州总人口不过二万左右，而僧尼人数不下两千，③约占总人口的10%，所占中丁（青壮年）比率当更高。但敦煌不因俗人大量出家而影响财政收入，亦未造成徭役、兵源之短缺，盖由实行僧尼编入乡管、取消僧尼免役特权之故。

从吐蕃统治时期开始，敦煌地方政府这一特殊政策的实施，不仅解决了僧尼日增、赋役日蹙之类的矛盾，同时也促使当地佛教发生一系列的变化，僧人从政、从军，就是当地佛教诸多变化之一。而僧人从政、从军，又直接冲击着佛教"不干世事，不作有为"之类的僧伽禁戒，使此类禁戒徒具空文，失去作用。敦煌世俗政权，并未要求当地佛教进行什么改革，

---

① 黄征：《敦煌愿文集》，岳麓书社，1995年，第497页。
② 《资治通鉴》卷282天福五年"秋七月，闽主曦城福州西郭，以备建人。又度民为僧，民避重赋多为僧，凡度万一千人。"
③ 莫高窟第469窟北壁墨书题记云："广顺三年岁次癸丑八月十五日／府主太保就窟上造二千仁（人）斋／藏内记／"（《敦煌莫高窟供养人题记》，文物出版社，1986年，第178页）广顺三年癸丑为公元953年。时，曹元忠主政瓜沙，所谓"府主"是也。"二千仁斋"即"二千人斋"，斋僧二千人也。知是时沙州僧尼当不下于2000人。

亦不要求佛教改革某些戒律，只在户籍政策上略作调整，僧人则顺应形势，进行自我调适，带动了佛教于不知不觉中发生深刻变化。敦煌这一先例，值得人们深思。

（此文原刊于《敦煌研究》2008年第1期。收入本书时略作订补）

敦煌佛教研究的得失

一、敦煌佛教研究的回顾

敦煌佛教研究，最早是从刊布敦煌僧人、信徒造窟碑记、画像赞（即邈真赞）、刻经题记及敦煌所出古写本佛经开始的。1909年，蒋斧编印《沙州文录》，刊布了敦煌出土的《吴僧统碑》、《阴嘉政碑》、《索法律碑》、《曹夫人赞》、《曹良才画像赞》、《曹元忠刻经像记》（三则）、《宋刻本陀罗尼》（雕版毕工记）并各加按语；同书又刊出《别本心经》，并加校记；罗振玉编印了《敦煌石室真迹录》，刊布了敦煌所出《金刚经》，又编印《敦煌石室遗书》，亦收入敦煌所出《别本心经》；日本小野玄纱发表《降魔成道图的研究（一）（二）》（日本《宗教界》第5卷第10、11期）。上述资料，通过信徒的敬信活动（造窟、写经、善事功德）反映了唐宋时期敦煌佛教某些真实的侧面。

但从1911年起，学者转而关注敦煌出土的佛经、经疏，转向佛学义理的探讨，连续发表了多篇论文，如：1911年，妻木直良发表《敦煌石室五种佛典之解说》(《东洋学报》第1卷第3期)，松本文三郎发表《异本般若经に就いて》(《艺文》第2卷第9期)；1912年，松本文三郎又发表《敦煌本大云经と贤愚经》(《艺文》第3卷第4、5期)；中国学者李翊灼遍阅我国京师图书馆所藏八千多卷敦煌遗书，同年撰成《敦煌石窟经卷中未入藏经论著述目录》和《疑伪外道目录》，从此打开了佛教佚典研究的门径；1914年，小林正隆发表《敦煌发掘の金刚经について》(《密教》第4卷第1期)；日本佚名发表《敦煌发掘唐人书写法华经玄赞第四卷释文》(《书苑》第3卷第9期)；1917年，矢吹庆辉发表《敦煌出赞阿弥陀佛偈并に略论安乐净土义に就いて》(《宗教界》第13卷第6期)；1918年，同氏发表《敦煌异本药师经に就いて》(《山家学报》第3卷)；1919年，同氏又发表《敦煌出土疑古佛典に就いて》(《宗教研究》第3卷第10期)；1920年，同氏再发表《攝论古疑章疏とスタイン蒐集敦煌新出三论古章疏に就いて》(《东洋学报》第10卷第1、2期)。

在这一期间，学者们把关注的焦点转移到佛经及经疏义理探讨，忽视了对敦煌佛寺状况、僧尼、信众的信行实践及社会行为的观察研究。这一状况一直持续到20世纪30年代末。数十年间，很少有人对敦煌佛教、佛寺、佛徒的信行实践及社会行事进行研究。仅见那波利贞《中晚唐时代に於ける伪滥僧に关する——根本史料の研究》(《龙谷大学佛教史学论丛》，1936年)一文。

从20世纪40年代初起，敦煌佛教、佛寺、僧侣、信徒的信行实践及社会行为诸多问题才引起学者较多的关注，发表过不少论文。今举其要于下：1941—1942年，那波利贞《中晚唐时代に於ける敦煌地方佛教寺院の碾硙经营に就きて(上、中、下)》(《东亚经济论丛》第1卷第3期及第

2卷第2期）；1950年，藤枝晃《敦煌の僧尼籍》（《东方学报（京都）》第29期）；1956年，谢和耐《中国五—十世纪的寺院经济》（耿昇先生中译本，甘肃人民出版社1987年）；1958年，冢本善隆《敦煌本・ゾナ佛教教团制规——特に〈行像〉の祭典について》（《石滨先生古稀记念・东洋学论丛》），同氏《敦煌佛教史概说》（《西域文化研究》1）；1959年，仁井田陞《唐末五代の敦煌寺院佃户关系文书——人格的不自由规定について》（《西域文化研究》2）；1961年，竺沙雅章《敦煌の僧官制度》（《东方学报（京都）》第31期）；同氏《论敦煌寺户》（《史林》第44卷第5期）；1964年，藤枝晃《敦煌千佛洞の中兴——张氏诸窟を中心としれ九世纪の佛窟造营》（《东方学报（京都）》第35期）；1965年，小川阳一《敦煌之行像会》（《集刊东洋学》第13卷）；1967—1968年，上山大峻《大蕃国大德三藏法师沙门法成の研究（上、下）》（《东方学报（京都）》第38、39期）；1970年，梅应运《唐代敦煌寺院藏经之情形及其管理》（香港《新亚书院学术年刊》）；1980年，土肥义和《莫高窟千佛洞と大寺と兰若と》（《讲座敦煌》3）；同年，陈祚龙《中世敦煌释门的布萨法事之一斑》（《东方杂志》复刊第13卷第12期）；1981年，陈祚龙《敦煌名僧新传小集》（《海潮音》第62卷第4期）；1982年，陈祚龙《关于敦煌吐蕃初期的僧尼〈牌子历〉》（台湾《中国佛教》第26卷第6期）；同年，竺沙雅章《敦煌佛教教团の研究——佛教社会史后编》（京都，同朋社）；1985年，史苇湘《敦煌佛教艺术的世俗性——兼论〈金刚经变〉在莫高窟的出现与消失》（《敦煌研究》1985年第3期）；1987年，姜伯勤《唐五代敦煌寺户制度》（中华书局）；1988年，罗华庆《九至十世纪敦煌的行像和浴佛活动》（《敦煌研究》1988年第4期）；黄颢《敦煌吐蕃佛教的特点》（《藏族史论文集》）；1990年，苏莹辉《晚唐五代间敦煌地区的佞佛情形》（《晚唐的社会与文化》，台北，学生书局）；同年，竺沙雅章《敦煌吐蕃期の僧官制度》（《布目潮沨博士古稀纪念论集》，东京，汲古书院）；1991年，谢重光《吐蕃占领时期与归义军时期的敦煌僧官制度》

(《敦煌研究》1991年第3期）；1994年，荣新江《九、十世纪归义军时代的敦煌佛教》（《清华汉学研究》创刊号）；1996年，郝春文《唐后期五代宋初沙州的方等道场与方等道场司》（《唐研究》第2卷）；同年，姜伯勤《敦煌戒坛与大乘佛教》（《华学》2），湛如《论敦煌佛寺禅窟兰若的组织及其他》（《段文杰敦煌研究五十年纪念文集》）；1997年，郝春文《归义军政权与敦煌佛教之关系新探》（《周绍良先生欣开九秩庆寿文集》），同氏《关于唐后期五代宋初沙州僧俗的施舍问题》（《唐研究》第3卷）；1997年，郝春文《关于唐后期五代宋初沙州僧团的"出唱"活动》（《首都师大史学》第1期）；同年，湛如《论敦煌斋文与佛教行事》（《敦煌学辑刊》1997年第1期）；1998年，郝春文《唐后期五代宋初敦煌僧尼的社会生活》（中国社会科学出版社）。

上述研究，对中唐至五代时期敦煌佛教寺院组织、佛寺概况、僧官系统、法事活动、讲经布道、僧尼修持、寺院经济、佛教信仰（阿弥陀信仰、弥勒信仰、文殊信仰、观音信仰、毗沙门天王信仰、佛经信仰、灵鬼信仰）、造窟写经、僧尼社会生活、忠孝观念、地方特点与民族特点、社会影响与历史作用等诸多方面进行了相当广泛的描摹反映，为敦煌佛教研究奠立了很好的基础。

但是，由于受到佛教经、戒规范及佛学大师论著的影响，大部分学者仍然按照经、戒规范的标准来描摹敦煌佛教，取其合乎经、戒规范者，弃其不合经、戒规范者，塑造出一个合经合范的理想型敦煌佛教。而这种按照佛教经、戒标准塑造出来的敦煌佛教，离实甚远，并未能揭示敦煌佛教的真实面貌。严格说来，数十年来的敦煌佛教研究，不过是经、戒规范的图解，实际上却抹杀了一个客观上真实存在的、活生生的敦煌佛教。其中，虽有学者注意到敦煌佛寺及僧侣、信众信行实践及社会活动状况，揭露了不少真实图景，但一般都视之为民间佛教不良影响的掺杂，属于歧出的特例，不代表敦煌佛教的主流。少数历史学者如法国的谢和耐，我国的姜伯勤、郝春文等，认识到不能仅仅依照内律的规定来研究古代佛教或佛教的某些方面，应当更加重视寺院及僧尼的具体材料以及社会对佛教的影响作用。①他们提出了新的研究思路，并指出敦煌佛教有不少与经、戒不合的现象。但不无遗憾的是，他们都未能进一步根据所揭示出来的敦煌佛教种种不合经、戒的现象对敦煌佛教的性质特征作出明确的论断，使人不免对敦煌佛教的性质仍是雾里看花，不甚分明。只有史苇湘先生明确提出过"世俗化佛教"的概念。他说："按佛教的本义，是人间要出现一个佛教化的世俗社会，而历史的事实却是使敦煌地方出现世俗化佛教。"②笔者在史苇湘先生论断的启发下，进一步认识到，到8世纪末（具体地说，以贞元四年吐蕃占领敦煌为标志③），敦煌佛教在世俗化的道路上已经行进了400多年，完成了"化"的过程，终于化成了一个名副其实的"世俗佛教"。

二、敦煌世俗佛教的特异性

敦煌石窟保存了当地从十六国时期到元代历时近千年丰富的佛教资料，其中佛教经典（包括经、律、论）约4万卷，当地寺院文书（包括榜、牒、状、疏、帖、启、账册、契据、寺院藏经目录、借经历、僧尼籍、寺职任免、佛事杂文、读经及习禅考课、僧儭分配历、僧尼请求状和僧尼诤讼牒判等）约近千卷，僧人讲经文、听讲手记、押座文、变文、说因缘、

---

① 参见［法］谢和耐著、耿昇译：《中国五—十世纪的寺院经济》，甘肃人民出版社，1987年；姜伯勤：《唐五代敦煌寺户制度》，中华书局，1987年；郝春文：《唐后期五代宋初敦煌僧尼的社会生活》，中国社会科学出版社，1998年。

② 史苇湘：《论敦煌佛教艺术的世俗性——兼论〈金刚经变〉在莫高窟的出现与消失》，《敦煌研究》1985年第3期。

③ 关于吐蕃占领敦煌的起始年份，说法不一。笔者根据敦煌遗书相关资料的分析，推断为贞元四年（788年）。详见拙文《沙州贞元四年陷蕃考》，《敦煌研究》2007年第4期。

劝善文、僧尼邈真赞、本地僧人所著诗歌辞赞、本地流行的佛教诗歌辞赞、僧尼及信众佛事功德文、写经及造窟造像题记及碑记、僧人巡礼游历记、僧尼遗嘱、寺学资料等约3千件。此外，敦煌石窟（包括瓜州、肃北二县诸石窟群）今存佛教壁画约6万平方米、佛教彩塑及供养人画像五千余身。上述资料，形象而真实地反映了从西晋到元代敦煌佛教存在和发展的状况。其中，中唐至五代时期有关敦煌佛教的资料数量最多、涵盖最广，反映的情况最为具体而充实。通过研究，一派强劲的人生化、现实化、世俗化潮流扑面而来，而且逐渐加强，后来愈甚。可以说从西晋到元代，历时千年的敦煌佛教发展过程，其实就是敦煌佛教人生化、现实化、世俗化的过程。到吐蕃统治及归义军统治时期，即8—11世纪，敦煌佛教终于完成了佛教人生化、现实化、世俗化的过程，终于化成了一个具形具象、有血有肉的敦煌世俗佛教。概而言之，从西晋到元代千年间的敦煌佛教发展史，可以说就是敦煌佛教世俗化的历史。

　　这一认识，与此前中外研究家的观念大相径庭。此前，中外敦煌佛教研究家也早已经发现8—11世纪敦煌佛教中某些不合佛经规范的现象，但他们只透过佛学的有色眼镜进行观察、取舍，把敦煌佛教中不合佛经规范的现象视为个别、偶然的"伪滥"现象，或者贬斥为不登大雅的"庶民佛教""民间佛教"，非敦煌佛教的主流；不去正视敦煌佛教中大量不合佛经规范的现象，不承认不合佛经规范的现象在敦煌佛教中的普遍存在，而实际上那种合经合戒的理想型佛教却在这一时期的敦煌并不存在。

　　纵观8—11世纪敦煌佛教中普遍存在的不合佛经规范的表现，主要有以下几个方面：

　　1. 今生、来世并重，而对今生利乐的追求更在来生追求之上。

　　尽管佛经认为今世是无边苦海，"欲速出三界，自求涅槃"（《妙法莲华经》卷2《譬喻品》），而僧侣及信众却真爱今生，钟情人生。一方面固然祈求来世进入极乐佛国，但更祈求佛国降临今世，希望把人间今世变成佛国乐土。讲经论道时，一方面依旧大谈"人世苦海""四大皆空""超世脱俗"，但面对现实时，却是珍爱人生、积极进取、入世合俗。正如唐僧慧日所抨击的："口虽说空，行在有中。以法训人，即言'万事皆空'，及至自身，一切皆有。"慧日斥责这种"行参尘俗"的行为于"沙门之义远矣"。8—11世纪敦煌佛教正是这样一种"行参尘俗"的佛教。如果说这种佛教于"沙门之义远矣"，那么，又有哪一个地区的佛教、寺院、僧侣、信众只追求来世，不追求今生利乐呢？皈依佛教如果只能绝情人间，去舍身饲虎、割肉贸鸽、身剜千灯，佛教岂能吸引万众趋之若鹜、长盛不衰呢？敦煌佛教恰恰一反厌世弃俗、超世脱俗的教条，转而面向人生、追求现世利乐、兼求来生极乐，所以才得到蓬勃发展，势不可挡。

《修行本起经》载，释迦牟尼降生后宣称："三界皆苦，吾当安之。"早期佛教据以宣传人世是苦海，教人追求来世，苦修成佛，进入极乐世界。莫高窟早期洞窟中，忍苦修行的题材成为主题，舍身饲虎、割肉贸鸽、身剜千灯之类的佛经故事被渲染得惊心动魄。段文杰先生指出，在敦煌石窟早期故事画中，"绝大多数的主题思想是所谓'忍辱牺牲'，表现为生离、死别、水淹、火烧、蛇咬、狼吃、虎啖、自刎、投崖、挖眼、钉钉、杀头、活埋、油煎等等悲剧场面"[①]。"人世苦海"的思想对敦煌早期佛教的确有着较大的影响，但后来逐渐减弱。到8—11世纪，敦煌佛教僧侣、信众对人世的态度完全转变了。佛祖宣称"三界皆苦，吾当安之"；《长阿含经》又说"要度众生生老病死。此是常法"[②]。敦煌佛教信徒正是奔着佛祖此言才投入佛教，欲借佛力解危济难，欢度今生，并且来世又能进入极乐世界。相信凭借佛祖的法力，人世苦海是可以改变的，世上会有温馨亲情难割难舍，会有幸福与欢乐值得追求，会有奔头引人奋斗不息。如果以往信徒

---

① 段文杰：《十六国、北朝时期的敦煌石窟艺术》，段文杰《敦煌石窟艺术研究》，甘肃人民出版社，2007年，第18页。
② 佛陀耶舍共竺佛念译《佛说长阿含经》卷第一《诸法第一分初大本经第一》。

们把理想寄托于来世，如今则是努力争取现世利乐，努力创造今生幸福，当然也希望来世升入天堂。从单一地寄希望于来世，变成了现世利乐与来世极乐双收并得。这在8—11世纪敦煌写经题记及功德愿文中有十分明确的反映。如北图鸟字62号《般若心经》题记云：

> 谁能读此《金刚》神经者，一日诵五遍，远行来者；诵九遍，[除]道路险苦；诵三遍，除却千劫已来无量罪……此经虽小，大有神威。亦胜《法华》，亦胜《涅槃》；亦如大海，亦如大山。入海采宝，随其多少，皆得重来；入山斫木，随其长短。谁能霸[把]此经，手中罗文成；谁能看此经，眼中重光生；谁能读此经，六国好音声；大罪得灭，小罪得除。若入刀山，刀山摧折；[若]入剑树，剑树崩缺。若入镬汤，镬汤自然；若入炉炭，炉炭自灭。若入地狱，地狱枯竭……

表明读经、信佛不仅能"除却千劫已来无量罪"，还能获得种种现世利乐。又如S.6667《佛说八阳神咒经》末题：

> 天福柒年（942年）岁在壬寅五月廿八日……弟子令狐富昌敬写《八阳经》一卷，奉为龙天八部，长为护助；盲者聋者，愿见愿闻；跛者哑者，能行能语。次愿父母，日增日盛；亡过父母，不历[三]途之难。永充供养。

表明写经供养既能获得现世利乐，又能使亡者"不历三途之难"，升入天界。又如P.3556《清泰三年（936年）正月廿一日曹元德回向疏》云：

> 请大众转经五日，一十一寺每寺施麦三石，油五升，充转经僧斋时；缦壹匹，充法事。右件转经、施舍所申意者，先奉为龙天八[部]，布瑞色卫护敦煌；梵释四王，逐邪魔帖清莲府。中天圣主，睿哲钦明，玄德化于遐方，垂衣伏静于款塞。司空（此指曹元德）禄位荣宠，共七曜长晖；福荫咸宜，芳名以[与]五星争朗。阖宅长幼，喜庆来臻。远近枝罗，促沾福祐。然后

龙沙管内，灾殃雾散于他方；玉塞域中，疫瘴奔驰于异境。年丰五稼，家家透满于仓储；岁富三农，户户殷盈而廪实。东西道泰，世路就于和平；南北路开，关山通而结好。今将寡鲜，投仗福门，渴仰三尊，希垂回向。清泰三年正月廿一日，弟子归义军节度使、检校司空曹元德疏。

表明转经、施舍，同样是为了求得种种现世福乐。

以上引文表明，敦煌信众从平民百姓到当地最高长官，无不祈求佛力助得今世利乐。在敦煌佛教信徒心目中，佛祖不仅有能力度人来世进入佛国乐土，同时又有能力拯救现世苦难，创造人间乐土；表明佛祖的法力进一步得到强化，信徒的信仰也随之进一步加强。看来，佛教之入世合俗，并未冲击和弱化佛教信仰，反而进一步加强了佛教信仰。

2."真经""伪经"并行无别，而疑伪佛经反而更受僧侣、信众的喜爱。

8—11世纪的敦煌，疑伪经的读诵、供养、抄写及流通的频率相当高。据北新329号《见一切入藏经目录》载，敦煌名僧道真于后唐长兴五年（934年）为敦煌三界寺修补破故佛经172部，使之"光饰玄门，万代千秋，永充供养"，其中就有《佛母经》《救护身命经》《八阳神咒经》《大佛名经》《阎罗王授记经》《父母恩重经》《无量大慈教经》《相好经》《要行舍身经》《续命经》《证明经》等十多部伪经；S.1612《丙午年（后晋开运三年，即946年）十月廿七日比丘愿荣转经历》载，愿荣在其举办的"报四恩三有"法会上共转诵28部佛经，其中有《佛说救护身命济人疾病苦厄经》《证明经》《佛说要行舍身经》《大慈教经》《佛说报恩奉本瓫〔盆〕经》《佛说父母恩重经》《赞僧功德经》《斋法清净经》《佛说法句经》《佛说禅门经》《佛说大辩邪正经》《大方广华严十恶品经》《佛说像法决疑经》等13部伪经；后周至宋，敦煌历法家翟奉达为其亡妻马氏一七至七七、百日、周年及三周年超度、追福所写10部佛经中，竟有7部伪经，分别是：《无常经》、《水月观音经》、《咒魅经》、《天请问经》、《阎罗经》、《护诸童子经》、《佛母经》、

《善恶因果经》（见 P.2055背）。真经、伪经并行通流，表明这一时期的敦煌佛教不分什么"真经""伪经"，观念上不存在什么真经、伪经的差别。正所谓"诸法是法，无有高下"。

3. 诸宗皆奉，不专一宗。

敦煌没有哪一座佛寺专属某宗，也没有哪一位法师是专奉某宗的。有学者曾经指说敦煌某某僧人是禅宗法师、某某僧人是净土宗法师、某某僧人是密宗法师、某某僧人是律宗法师、某某僧人是法华宗法师……但所谓"某某宗法师"，只是门派义理有所不同，而信仰方面并无区别。例如禅宗主张"即心即佛"，而敦煌的禅师们，并不认为自己"心即是佛"，反而提倡读经修性，乘佛法力；禅宗祖师达摩说"造寺、布施、供养……并无功德"。而敦煌的"禅师"们反而热衷于礼佛、拜佛、造窟、写经、布施、供养、造作功德，等等，所行并非"禅师"之道；敦煌也没有哪一位禅师"呵佛骂祖"或不礼佛供佛的。又如敦煌的净土宗法师，并不视尘世如苦海、一味求修来世；心目中不仅有三界之外的净土世界，同时也有人生利乐的现实世界；同样经营生业，兢兢业业于人世俗务；并非一心专念阿弥陀佛，同时也供奉弥勒佛、药师佛、毗沙门天王、观音菩萨、地藏菩萨、文殊菩萨以及圣僧及一切经法。这些号称"某某宗法师"的僧人，其实并不独专一宗。吐蕃统治以来的莫高窟各个洞窟，全是显密并存、诸宗杂陈，没有哪一座洞窟专属某宗者。

S.908《金光明最胜王经卷二》卷末题记云：

> 辛未年（971年）二月四日，弟子皇太子为男弘忽染痾疾，非常重困，遂发愿写此《金光明最胜王经》，上告一切诸佛、诸大菩萨摩诃萨及太山府君、平等大王、五道大神、天曹地府、司命司录、土府水官、行疒鬼王、疫使、知文籍官院长、押门官专使、可嗑官判并一切幽冥官典等，伏愿慈悲救护。愿弘疾苦早得痊平，增益寿命。所造前件功德，唯愿过去、未来、现

在数生已来所有冤家债主、负财负命者，各愿领受动德，速得生天。

题记表明，不少非佛教的神灵鬼王都成为敦煌佛徒崇拜、事奉、求祷的对象，远远超出了佛教"真经"所限定的崇拜范畴。我们能把这种信仰断为哪一宗派？

佛学家大谈敦煌佛教有发达的禅宗、净土宗、法华宗、华严宗、律宗、密宗等宗派，其实是孤立地看待敦煌保存有各宗尊奉的经典、反映各宗主张的经疏及讲经文，孤立地看待洞窟中有各宗尊奉经典的经变画，便率而立论，大谈某宗之兴盛。但从这一时期敦煌僧人读诵、供养各种真经及疑经、伪经来看，从各种经变集于一窟的现象来看，从敦煌僧人及信众的信行实践来看，实在并不能说明某宗某派如何兴盛发达，只能得出"诸宗皆奉，不专一宗"的结论。

4. 僧人既高谈戒律，又存在种种非戒、违戒之行。

8—11世纪的敦煌佛教，僧人一面高谈戒律，一面食肉、饮酒、娶妻生子、从政从军、置产敛财、役奴使婢、乘马骑驴……存在种种非戒、违戒之行，但又通过"忏悔""回向"来加以救赎。这表明敦煌僧人及信众虽不否定戒律，但在现实生活中并不拘守戒律，常常违戒。由于非戒及违戒之行屡有发生，而戒经中并未限定信徒一生只准违戒几次、忏悔几次。哪怕违戒千万次，却可以忏悔千万次。如此一来，忏悔法门，实际上架空了戒律，对戒律造成了极大的冲击与破坏。8—11世纪敦煌佛教，就是在"诵戒→违戒→忏悔→救赎"的循环中行进，与佛学研究家所描绘的理想型佛教有着极大的差异。

5. 覆盖社会各阶层，具有不折不扣的全民性。

8—11世纪的敦煌世俗佛教不仅仅流行于民间，而且流行于上层社会，上自敦煌王、都僧统、都僧政等达官贵人，中包各级官吏、军将，下至平民百姓、贩夫走卒以及儿童，无一不是这种佛教的信徒；敦煌境内所有的僧寺尼寺无不尽属此种佛教。这种覆盖社会上下各阶层的全民性佛教，绝不只是流行于下层社会的民间佛教或庶民佛教，它涵盖了社会上上下下各个阶层，当然不能只以"民间"阶层命名为"民间佛教"或"庶民佛教"。把它同正统佛教相比较，最大的特异之处就是入世合俗。笔者根据其入世合俗的特点，为之拟名为"敦煌世俗佛教"，表示敦煌佛教在经历了400多年的世俗化进程之后，已经化成一个典型的世俗佛教。上举S.908《金光明最胜王经卷二》卷末题记，祈求"一切诸佛、诸大菩萨摩诃萨及太山府君、平等大王、五道大神、天曹地府、司命司录（禄）、土府水官、行疒鬼王、疫使、知文籍官院长、押门官专使、可嗑官判并一切幽冥官典等"保佑其子李弘痊愈平安的发愿者，乃是已故归义军节度使、托西大王曹议金的外甥，现任归义军节度使、瓜沙州大王曹元忠的姑表兄弟。此时，于阗国因遭到哈喇汗国的入侵陷入激烈的战争，于阗王有两位王子到敦煌避难，其中一位王子名为李晅，即S.908《金光明最胜王经卷二》题记的发愿者。这位身份高贵、地位尊崇的皇太子，即非平民、庶民，他所信奉的佛教，当然不能称为"民间佛教"或"庶民佛教"，称之为"世俗佛教"可谓名副其实。

鉴于8—11世纪敦煌佛教有悖经典、"形参尘俗"的种种表现，研究者本来可以很自然地对敦煌佛教性质产生新的认识，形成新的概念。但是，由于佛教正统观念的束缚，研究者却对其"不守经典""行参尘俗"的表现，视为偶有的伪滥现象，认为并非敦煌佛教的主流，归之于民间佛教之驳杂低俗，仍将敦煌佛教定格在正统佛教的匡范之中，想象为合乎经法的、纯正的佛教，终于未能实事求是地对敦煌佛教的性质作出正确的判断，认识境界未能实现突破。

三、敦煌世俗佛教的价值意义

1997年笔者主持的课题组提出了"唐宋敦煌民间佛教研究"的课题，获得国家社会科学基金资助①。随着该课题研究的开展，笔者发现所谓"敦煌民间佛教"的提法与这种佛教实具全民性质的情况不符，建议改为"唐宋敦煌世俗佛教研究"。经课题组讨论，取得共识，遂向全国哲学社会科学规划办公室申请修正题目，得到批准。1999年5月，"唐宋敦煌世俗佛教研究"课题完成、上报，1999年11月获准结项，意味着"唐宋敦煌世俗佛教"的命题正式成立。从1999年到2005年，笔者陆续发表《唐宋敦煌世俗佛教的经典及其功用》《唐宋时期的敦煌佛教》《晚唐至宋敦煌僧人听食"净肉"》《晚唐至宋敦煌僧尼普听饮酒》《晚唐至宋敦煌听许僧人娶妻生子》《八至十一世纪敦煌僧人从政从军》《重新认识八至十一世纪的敦煌佛教》等系列论文，还在相关论文中指出敦煌佛教"诸宗皆奉，不专一宗"，僧人事亲孝养、置田敛财、放债取息、役奴使婢、追求现世利乐等同佛教观念颇不相侔的表现，揭示出8—11世纪敦煌佛教的真情实状，基本上将8—11世纪敦煌佛教"诸宗共容、众派合流、亦显亦密、亦禅亦净、戒律宽松、入世合俗的新型佛教"展示在读者面前，对以往以正统佛教为敦煌佛教之主流的论断作出了断然否定。

佛学家们所阐释的佛学义理，可谓博大精深，但佛教的发展，并不是按照佛学义理的规范行进的。恰恰相反，而是根据人世的需要、社会的需要以及随着人世历史的前进而发展演变的。以法显、玄奘、义净等为代表的历代求法高僧，他们追求真理的精神以及为中印文化交流作出的巨大贡献，毫无疑问值得我们尊敬、景仰。但他们不认可佛教按照人世、社会、

---

① "唐宋敦煌民间佛教研究"最先是由敦煌研究院文献研究所张先堂先生提出动议、建议组成课题组从事此项课题研究并申请国家社会科学基金资助。是时，余任敦煌研究院文献研究所所长，支持张先堂先生的提议，很快组成了课题组，余被推举为课题负责人。

历史以及人生的需要而发展变化，一心要把发展变化了的佛教，拉回到释迦牟尼时代，保持佛教原始模型不变，这种做法不值得肯定和效法。若按照他们的主张，坚持要僧人托钵讨饭、过午不食，严守戒律，不越半步，舍身饲虎，忍所难忍，广大信众厌世绝俗、不营世务。把佛教的门槛打造得高不可攀，让人望而畏难，恐怕只能把佛教引向萧条不振，走上绝路，不会带来佛教兴旺发达。8—11世纪的敦煌佛教恰恰同他们的主张背道而驰，却吸引着王侯、将军、平民百姓、男女老少踊跃涌入，把敦煌佛教推进到了极盛境地。这一现象，足以引起佛学家们深思。

敦煌遗书及敦煌石窟保存的8—11世纪丰富的敦煌佛教资料，是我们认识、形成并提出敦煌世俗佛教这一概念的依据。运用这一概念来观察我国其他地区的佛教，笔者发现，我国其他地区的佛教无不是走着与敦煌佛教世俗化同样的道路，只是"世俗化"的程度有所不同，"世俗化"层面不如敦煌广阔而已。中外佛学家撰写的各种中国佛教史所描绘的那种合经合戒、超世脱俗的理想型佛教，至少从隋唐以来已不存在。隋唐以来的我国佛教，无不是程度不同的入世合俗的世俗化佛教。以往那种用经、戒规范当模具铸造出来所谓的中国佛教，其实是脱离实际的，与中国佛寺的实际情况、与僧侣及广大信众的信行实践都相去甚远。作为中国佛教史，不顾中国佛寺、僧侣及广大信众的信行实践，只按照佛学义理的匡范加以取舍，用模具铸造出来的所谓"中国佛教史"，并非真实的存在，不能令人信服。以往所有的各种中国佛教史，充其量不过是中国佛学史或正统佛学思想发展史。佛学史或正统佛学思想发展史虽然与佛教史有相当的关系，却并不等于佛教史，更不能用来取代活生生的中国佛教史。

我国传统观念根据佛经的说法，一向认为佛教是消极厌世的。殊不知我国佛教在其发展过程中，"厌世超俗"徒具空文，实际上早已逐渐贴近人生、靠拢社会，从"出世"向"入世"转变，从"离俗"向"合俗"

转变。如今的佛教已非常注重人生功利，非常贴近社会现实。教外人士的观念，也应当随之有所调整吧。

（此文原刊于《南京师大学报》社会科学版2008年第5期。收入本书时有所修订）

敦煌地区古代祠庙寺观简志

一、祠庙

祠庙即供祀神像或神主之堂宇。家族尊长或客此名公亡者，貌其真影，书其神主或塑画其像于堂舍祀之，谓之"祠"，亦谓之"庙"。自东汉至五代，敦煌有贰师庙，祀贰师将军李广利；氾咸庙，祀氾咸；孟庙，祀沙州刺史孟敏；先圣太师庙，祀孔子、颜子；李先王庙，祀西凉王李暠之父；李庙、祀暠子谭、让、恂等；太保庙、祀张议潮。民人父祖亡者，子孙貌其影或立神主祀之，谓之神堂或真堂；寺院师僧、师尼迁化者，徒众亦貌影或塑像祀之，谓之影堂或影室。敦煌莫高窟第十七窟（藏经洞）即晚唐河西都僧统洪䛒（辩）之影堂，其影塑至今犹存。神堂、真堂、影堂、影室等，实皆庙之具体而微者也。

又有为活人立祠奉祀者，谓之"生祠"，敦煌未闻有此。

1. 贰师庙

在沙州城东120里贰师泉附近。祀汉贰师将军李广利。始建莫考。今悬泉谷北口西侧有废址一墟，北临汉唐瓜州大道，当即庙址。残存石砌墙台，灰土层堆积颇厚，发现有铜箭镞、王莽"大泉五十"钱及隋五铢等，似废于隋代之后。据S.5448《敦煌录》载，五代时尚存积石驼马，供行人凭吊，今唯积石而已，石刻驼马早毁，余曾在悬泉谷北口以北200米许、安敦公路南侧10余米处觅得花岗岩马头浮雕残石一块，长约50厘米，宽约40厘米，厚约25厘米。当时，余骑自行车考察，无法带走此石，特将其抱到公路南侧土堆上置放，以便日后携交敦煌市博物馆。数月后，我乘吉普车来此考察，往寻此石，竟觅之不见。却见旧安敦公路已扩修为西宁—库尔勒公路，疑因垫高路基，推土机或将此石推移垫入路基。

2. 氾咸庙

敦煌氾氏家庙。东汉末，氾咸中子氾玮所建，为最早见于明确记载之敦煌神庙。咸字宣合，东汉桓灵时人，历官失载。据S.1889《氾氏家传》及《北堂书钞》一六〇所载，知其弱冠从苍梧太守、效谷人令狐溥受学，明德通纬，行不苟合，门无杂客，轻财好施；俸禄虽丰，而家常不足。太常渊泉人张奂致书令狐溥曰："宣合独怀白玉，进退由道，是以尤屈"。中子玮为咸立庙，从敦煌人王棽（字孟曾）之孙买石人石兽等置于庙中，铭其背曰"此是神石人"，传说后有人椎破之，石人竟流血。

3. 仓慈庙

仓慈，为敦煌太守，有惠政，敦煌人建庙祠之。《三国志·魏书·仓慈传》载：仓慈，字孝仁，淮南人，三国魏太和（227—233年）中自长安令迁敦煌太守。到郡，"抑挫权右，抚恤贫羸……随口割赋"；敦煌遗书P.3636《不知名类书》引《良吏传》曰：仓慈许胡汉通婚，两家为亲，"邻国蕃戎，不相征伐"，"去除烦役，但劝广辟田畴"。"慈染疾，薨于龙沙。胡汉悲悼，如丧考妣"，至"以刀划面，千人负土，筑坟于此；家家烧瓦为庙，仍塑真影，以为神主。"此庙，《沙州图经》未载，似初唐时已毁废无存。

4. 孟庙

沙州刺史孟敏之庙。在沙州城西南五里。孟敏，赵郡人，后凉吕光时为敦煌太守。于郡城西南十八里，开渠引水溉田，百姓蒙赖，因号孟授渠。北凉神玺二年（398年），段业攻后凉，下西郡。晋昌太守王德及敦煌太守孟敏皆以郡降。业授孟敏为沙州刺史。次年，卒于官，葬敦煌，民为立庙祀之。P.2005《沙州都督府图经》载其庙院周回三百步，墙高一丈三尺。

5. 李先王庙

西凉王李暠为其父所立庙，在沙州城西八里（P.2005、P.2691、S.5448）。暠，陇西人。北凉神玺二年（398年）孟敏为沙州刺史，以暠为效谷县令。次年（399年），敏卒，敦煌护军郭谦、沙州治中敦煌索仙等推暠为敦煌太守。天玺二年（400年）正月，北凉段业进暠都督凉兴以西诸军事，镇西将军。是年冬十一月，北凉晋昌太守唐瑶叛，推暠为冠军大将军、沙州刺史、凉公、领敦煌太守。暠自署官职，大赦境内，改元庚子，追谥父为凉简公，立庙祀之，人称李先王庙。庙院周回三百五十步，墙高一丈五尺。唐初已颓毁，唯存基址。唐乾封元年（666年）百姓严洪爽于庙侧得瑞石，其色翠碧，有赤文古字，云"卜世三十，卜年七百"。表奏为上瑞。旁建寺院，以得此瑞石遂名"灵图寺"（P.2005、P.2695、S.5448）。天宝二载（743年）三月壬子，玄宗追尊李暠为兴圣皇帝，李庙当于此时再加修葺。吐蕃占领期间，失修荒凉。至晚唐破落不堪矣，故《敦煌廿咏》云"牧童歌冢上，狐兔穴坟旁"。大中二年（848年）张议潮举义归唐，敦煌豪族、李暠裔孙李明振等当重修李先王庙及李庙。

6. 李庙

暠子谭、让、恂等之庙。在沙州城西李先王庙东侧。西凉庚子六年

（405年）八月，暠迁都酒泉，其子敦煌太守让，留镇敦煌。西凉建初十三年（417年）二月，暠卒，世子歆继立，改元嘉兴。谥父暠为武昭王，庙号太祖。西凉嘉兴四年（420年）七月，歆东袭张掖，被沮渠蒙逊所杀。时李恂已为敦煌太守，与兄李翻弃敦煌奔北山。是年九月，恂率数十骑袭入敦煌，逐走北凉敦煌太守索元绪，郡人宋承义、张弘等推恂为冠军将军、凉州刺史，改元永建。次年（421年）春，蒙逊围敦煌，谕恂降，不听、坚守。二月，蒙逊起堤堰水灌城。三月，西凉左长史宋承义、武卫将军张弘开城降，恂自杀。翻子李宝等被俘，徙于姑臧，岁余，奔伊吾。北魏太平真君三年（442年），李宝自伊吾率众二千人入据敦煌，缮修城府，安集故民。李庙当即建于此时。据敦煌遗书 P.2005 载，庙周回三百五十步，高亦一丈五尺。初唐时，"屋宇除毁，阶墙尚存"。

7. 唐儿祠

敦煌人为本郡太守沮渠唐儿所建祠。北图藏地字76号《戒缘下卷》末题"比丘法救所供养经。太安四年（458年）七月三日唐儿祠中所写，首（手）薄可愧，愿使（下缺）"，从知北魏时仍存。按：沮渠唐儿与沮渠牧犍、沮渠仪德为从兄弟，北凉永和六年至八年（439—441年）敦煌太守，永和八年反无讳、仪德，兵败被杀。事见《宋书·氐胡传》。

8. 祆庙

火祆教之神庙。在沙州城东一里。立舍，画神主，共二十余龛。其院周回五百步（P.2005）。《敦煌廿咏·安城祆咏》云"板（版）筑安城日，神祠与此兴"。据考，筑安城之时约在初唐显庆至龙朔（656—661年）间。又云"更看零祭处，朝夕酒如渑"，可见晚唐时祆神信仰之盛况。P.4640《归义军衙纸破除历》载赛祆用账目，计有己未年（899年）七月廿五日、十月五日，庚申年（900年）正月十三日、四月八日、四月十六日、七月九日、十月九日，及辛酉年（901年）正月十一日、二月廿一日、三月三日、四月十三日等十一笔。五代时甘州回鹘公主君者者《与北宅夫人书》（S.2241）

云"夫人与君者者沿路作福，祆庙燃灯"，是知五代时敦煌祆庙仍在。

9. 张芝庙

敦煌乡贤庙，又名北水池神庙（P.2691背），祀草圣张芝。在沙州城内、敦煌县衙东北一里，张芝墨池在其南。P.2005《沙州都督府图经》载：后汉张芝"于此池学书，池水尽墨"。开元四年（716年）九月，敦煌县令赵智本开拓此池，"出石砚一，长二尺，阔一尺五寸"。乃劝张氏族裔"令修葺墨池，中立庙宇及张芝容"（P.2005、P.3721及S.5693）。此庙五代时犹存（P.3644）。20世纪80年代，在敦煌市西大桥西南百余米处建住宅楼，挖地建基时，掘得大片黑色污泥。余疑此处当即张芝墨池故址所在。

10. 大秦寺

盛唐时敦煌景教寺院，寺址不详。日本佐伯好郎藏敦煌石室所出《大秦景教宣元至本经》末题："开元五年（717年）十月廿六日，法徒张驹传写于沙州大秦寺。"同氏藏《大秦景教大圣通真归法赞》末题："沙州大秦寺法徒索元定传写敬读。开元八年（720年）五月二日。"据此，知唐开元年间沙州有此寺，信徒称为法徒。敦煌发现唐代景教经典七种，另有景教经目一卷，录载景教经典三十六种，分别为初唐和中唐译本。由此推测，初中唐时，敦煌亦有景教信徒及景教寺。（今人颇疑《大秦景教大圣通真归法赞》为伪经）

11. 东水池神庙

敦煌祠庙（P.3644），在沙州城东。P.4640《归义军衙纸破历》辛酉年（光化四年，901年）三月三日记云"东水池及诸处赛祆用粗纸一帖"，颇疑东水池神庙即敦煌祆庙。

12. 西水池神庙

敦煌祠庙，在敦煌城西，P.3644载之。余无所闻。

13. 先圣太师庙

敦煌圣庙。初唐时有两所。一在州衙西三百步，州学院内东厢；一在州学西侧县学院内东厢。皆建堂，塑先圣孔子及先师颜子像，春秋二时奠祭（P.2005）。奠祭供仪为"香二、席二、盘四、氆子十、小床子二、布四尺、粟米二升、食二盘子、锹二"（P.3896背）。

P.5034载寿昌县亦有先圣先师庙，在寿昌城内，县衙西南五十步，塑孔子及颜子像。

14. 土地神祠

敦煌杂神祠，在州城南一里，立舍，画神主。境内有灾患不安，因以祈焉。不知起于何代，初唐已有之（P.2005），至后汉乾祐年代仍存（P.2691）。

15. 风伯神祠

敦煌杂神祠，在州城西北五十步，立舍，画神主。境内风不调，因即祈焉。不知起于何代，初唐已有之（P.2005），后汉乾祐年代移址于州城西北一里（P.2691）。

16. 雨师神祠

在州城东一里，立舍，画神主。境内亢旱，因即祈焉。不知起于何代，初唐已有之（P.2005），后汉乾祐年代移址于州城东二里（P.2691）。

17. 社稷坛

祭祀社神、稷神之所。敦煌有二：一为州社稷坛，在州城西南六十步，社坛、稷坛各一。均高四尺，周回各二十四步，春秋二时奠祭；一为县社稷坛，在州城西一里，社坛、稷坛各一，均高四尺，周回二十四步，春秋二时奠祭（P.2005）。P.5034载寿昌县亦有社稷坛，在该县南一里三十步，唐乾封二年（667年）奉诏建，周回各二十四步。

18. 太保庙

归义军节度使张议潮之庙，在沙州城东（P.3633）。晚唐大中二年（848年），议潮率沙州军民逐走吐蕃统治者，收复河西，重归唐朝。咸通八年（867年）入朝，十三年（872年）薨于长安，享年七十四岁。沙州为立庙设神主祀之。后梁开平五年（911年）《沙州百姓上回鹘天可汗书》（P.3633）云："太保（张议潮）见南蕃离乱，乘势共沙州百姓同心同意，穴白趁却节儿，却著汉家衣冠，永抛蕃丑。太保与百姓重立咒誓，不看口（南）蕃。百姓等感荷太保，今（敬）为神主，日别求赛，立庙见在城东。"据此，知此庙当建于晚唐咸通十三年（872年）张议潮薨后，至五代后梁时犹存。

二、道观

道观为道教祀奉神灵、举行宗教仪式及道教职业人员居止之所。

敦煌道观始建于何时，史志失载。敦煌遗书残存资料所载，最早者为唐高宗乾封元年（666年）之灵图观。唐贞元年代吐蕃占领敦煌，赞普独尊佛教，而道教式微，道观亦随之形销影息。大中二年（848年），张议潮逐蕃归唐，道教虽有流传，然道观之迹寥寥。仅一"玉女娘子观"而已。

历五代、西夏、元、明，俱无闻焉。至清，于城西建西云观。光绪间，湖北麻城人道士王圆箓至莫高窟，于此建太清宫，即所谓"下寺"。民国七年（1917年），道士王永金在三危山巅建王母宫，又在此山南麓重修老君堂。近世道观，唯此数事，余无足记者。

1. 灵图观

敦煌道观，在沙州城东北二十里（P.3669），约当今时之敦煌转渠口镇东境。始建于唐乾封元年（666年）。是年在州城西南李先王庙侧得瑞石，上有赤文古字云："卜世三十、卜年七百。"表奏上闻，以为符瑞。敕天下咸置寺观，号为"万寿"。沙州因得此石，遂建寺观，号为"灵图"（P.2005、P.2691背、S.5488）。至圣历三年（700年）犹存（P.3069）。

2. 神泉观

敦煌著名道观，在沙州东北四十里神泉驿（后改为清泉驿）侧

（P.2005），约当今郭家堡乡东北部一带。武周长寿二年（693年）九月初见其名（《上海图书馆藏敦煌遗书目录》181号《太玄真一本际经》卷末题记），至天宝十载（751年）犹存（P.2417）。大约吐蕃占领敦煌后被取缔。敦煌所出道经，多有此观写本，往往可补《道藏》之佚。该观著名道士有氾思庄、马处幽、马抱一、索栖岳、王敬深等，敦煌遗书见有诸道士之写经。

3. 开元观

敦煌道观，在沙州敦煌县玉关乡丰义里（S.6454），约当今敦煌城东北四十余里一带。S.6453《老子道德经（上）》及S.6454《十戒经》为该观道士张玄晉受戒时所受读供养经，时为唐天宝十载（751年）。

4. 龙兴观

敦煌道观，观址待考。P.4053背有《天宝十三载（754年）六月五日龙兴观常住道士杨神岳便麦契》，为传世最早的敦煌贷便契。

5. 紫极宫

敦煌道观，观址待考。P.4053背有该观道士贺通□《于龙兴观贷便小麦残契》一件。此契之前有《天宝十三载（754年）六月五日龙兴观常住道士杨神岳便麦契》。据此推测，紫极宫存在于天宝年代。按《旧唐书·玄宗纪下》开元二十九年春正月丁丑制："两京、诸州各置玄元皇帝庙。"又载"天宝二年三月十二日制：'改西京玄元庙为太清宫，东京为太微宫，天下诸州为紫极宫。'"（《唐会要》卷五十载有天宝二年三月十二日制文）据此推测敦煌之紫极宫当是天宝二年由原玄元皇帝庙改名而来。

6. 冲虚观

敦煌女冠道观，在沙州敦煌县西北洪润乡长沙里。P.2347《老子道德经（下）》及《十戒经》即此观女冠唐真戒受戒时受读供养之经。时为唐景龙三年（709年）。

7. 玉女娘子观

敦煌水神庙，祀当地水神玉女娘子。庙址约在沙州城西南十八里都乡堰附近。S.343《都河玉女娘子文》即盛唐时祭此神之文。P.4640《归义军衙纸破历》中分别有己未年（899年）九月九日及庚申年（900年）四月三日都乡口赛神用纸账目。P.4075背《某寺丁丑年（太平兴国二年）（977年）破历》载"四月八日官取黄麻五硕，又粟肆蚪，太宝（按：即太保，此指节度使曹延禄）就玉女娘子观来著酒用"。因知下至北宋犹祀之不替。

8. 西云观

敦煌道观，在今敦煌城西三里。始建于清雍正八年（1730年）。殿堂廊庑，斗拱飞檐，壁画灿然可观。今殿堂俨然，壁画犹存。新中国成立后，敦煌县佛教协会曾长期寄驻此观。

9. 老君堂

在三危山主峰东南麓，西南距观音井五里。原有古庙废墟，时见古瓦当及龙凤砖等物。民国七年新修，有铁碑（今存敦煌研究院）记其事。近处又有北宋土木结构之佛塔一座，额题"慈氏之塔"。1981年由敦煌文物研究所（今敦煌研究院）搬迁于莫高窟前陈列保护。

10. 王母宫

在三危山顶峰，1928年道士王永金重建。前修庙一间，后建塔两层，遥对鸣沙山。原址旧有建筑废墟，不知建于何时。

三、佛寺（上）

佛寺为佛教礼佛祀佛、举行宗教仪式及僧尼居止之所。男性神职人员谓之僧、沙弥，居僧寺；女性神职人员谓之大戒尼、式叉尼、沙弥尼，居尼寺。

敦煌之有佛寺甚早。据敦煌悬泉遗址出土汉简知，东汉时敦煌建有小浮屠，是为敦煌最早的佛寺。莫高窟156窟唐人题记谓索靖为莫高窟佛寺题额曰"仙巗（岩）寺"。考之，当在晋武帝之世（265—290年）。自此以降，佛寺之名多见。北周建德三年，禁断佛道，罢毁经像寺观，敦煌稍稍及焉，沙州之大乘寺、瓜州之阿育王寺、寿昌之囗教寺一度毁废。唐会昌间再度灭佛，敦煌时在吐蕃治下，乃得幸免。自唐至北宋，为敦煌佛寺极盛之时，今知佛寺四十余所，又有兰若、佛堂、佛图见诸敦煌遗书者不下数十。西夏占领期间，唯知有圣光寺、阿育王寺。元时，莫高窟有文殊舍利寺、皇庆寺。明正德十年（1515年）至清康熙五十四年（1715年），信奉伊斯兰教的吐鲁番人、哈密人占领敦煌，佛教不行，佛寺荒废。康熙五十四年统一河西，佛教复行，佛寺复兴，敦煌城厢及四乡诸坊遍建寺庙，但其规模不逮唐宋远矣。较著名者仅新城内大佛寺及重修莫高窟雷音寺。

佛寺之章，分为三节。上节为东汉至隋约五百多年间敦煌佛寺，多系僧寺，仅见梵释寺、大乘寺和永晖寺三尼寺；中节为唐五代至北宋时期敦煌佛寺，有僧寺、尼寺，亦有佛窟、佛堂、私家兰若，是敦煌佛寺之极盛期；下节为西夏至元明清时敦煌佛寺，此期资料缺乏，所知佛寺不多。而且所知之寺又多无足记者，故仅择其要者四寺而书之。

1. 小佛屠

东汉敦煌佛寺，位于敦煌城内小浮屠里。敦煌悬泉置遗址出土汉简、编号Ⅵ91DXF13C2:30，载："少酒薄乐，弟子谭堂再拜请。会月廿三日，小浮屠里七门西入。"张德芳先生考此简年代在公元51—108年之间，表明早在东汉光武二十七年至东汉安帝永初元年间敦煌已建有"小佛屠"。"佛屠"即佛塔。早期的佛塔，为安置佛陀舍利等物的土木砖石建筑物，继而用为礼佛祀佛之所，成为早期的佛寺。敦煌之有佛寺，"小佛屠"为之肇始。其所在巷曲既被蒙名为"小佛屠里"，度知"小佛屠"似已成当地名胜，存世必当有年。西汉敦煌县下置乡，乡下置里；东汉则于城内置"里"，里即坊。《后汉书·杨震传》："连里竟街"，李贤注"里即坊也。"《春秋公羊传·宣公十五年》"什一行而颂声作矣"，何休注："在邑曰里，一里八十户。八家共一巷。"谭堂家在小佛屠里某巷第七门，自西而入。因度此地先建有"小浮屠"，后则聚居人户，渐成巷曲，遂名"小浮屠里"，一如三国吴赤乌十年（248年），康僧会"感得"舍利，孙权在建邺城某处特为建造舍利塔，因名其地为"佛陀里"。东汉明帝时佛教由西域传入我国，必先经过敦煌，则佛教传入敦煌，理应先于洛阳。据此度之，敦煌之"小浮屠"可能更在洛阳"白马寺"之前。

2. 仙巖（岩）寺

亦名大圣仙巖寺，敦煌僧寺，在莫高窟，始建于西晋。莫高窟156窟前室东壁题记及P.3720《莫高窟记》云西晋时索靖为之题额为"仙巖寺"。隋开皇年间，僧善喜于此造讲堂，未知何时又于堂后建立"普净之塔"。五代时，此塔凋残，归义军节度押衙、知画行都料董保德等予以重修，风铎鸣响，彩画照眼，颇壮观瞻（S.3929及S.3933）。讲堂后又有弥勒院，至后汉乾祐四年（实为后周广顺元年，951年）五月犹存（P.2963）。

3. 法海寺

敦煌僧寺，寺址待考。莫高窟藏经洞出土敦煌镇经生师令狐崇哲在法海寺所抄《诚实论》。P.2179《诚实论卷第八》卷末题记："（北魏）延昌三年（514年）六月十四日敦煌镇经生帅（师）令狐崇哲于法海寺写此《论》成，讫竟。"下至西魏大统十一年（545年），比丘惠袭于此寺写《法华经文外义一卷》，见上海博物馆藏3317号写卷题记。从知此寺公元514—545年间存在。

4. 常乐寺

北魏敦煌僧寺，位于敦煌城东。太和八年（484年）夏坐中，僧道表曾在此寺讲《涅槃经》。日本奈良药师寺藏敦煌遗书《大般涅槃经卷十六》卷末心轴纸面末尾小字题写："太和八年岁次甲子，夏坐之中，景（京）

都所遣法师，字道表，本是清（青）州之人，学问既周，照旨往唤（还）。在都□三五之年，圣恩遣至敦煌，宣化愚惑。即于其年在城东常乐寺上讲《涅槃》一部。"（据池田温：《中国古代写本识语集录》93页转引）

5. 永安寺

寿昌县佛寺，在寿昌县城内（今敦煌市南湖乡汉龙勒县故城，即北魏及唐代寿昌县城）。北魏明帝（516—528年）时置，北周时毁废，见P.5034《沙州图经卷第五》"永安寺"条。S.788《沙州志》及《寿昌县地境》皆载唐寿昌县城内有寺，《寿昌县地境》更明言寺名"永安"；《沙州图经卷第五》谓此寺在寿昌县衙"北十步"，寺址"东西三十步，南北□□步"，"宇文保定四年（564年）废"，唐上元间重建，"依旧置立度僧"（参阅李正宇：《古本敦煌乡土志八种笺证》之《沙州图经卷第五》"永安寺"释文及注释）。五代后晋天福十年抄本《寿昌县地境》仍载此寺，故知此寺至后晋之世仍存。此外，唐代敦煌县亦有"永安寺"，见后。

6. 建文寺

敦煌僧寺，始见于北魏正光三年（522年），比丘惠超为该寺寺主。S.2724《华严经卷五》末题："是以亡兄沙门都维那惠超……图金容于灵刹，写冲曲于竹素，而终功未就，倏□异世。弟比丘法定莹（营）饰图□，广写众经……□福锺亡兄……早出苦海……大魏正光三年（522年）岁次壬寅四月八日□讫。"罗福苌《古写经尾题录存》有《大般涅槃经卷第廿八》末题："是以建文寺主、瓜州沙门都维那惠超，敬写《大涅槃经》一部、《法华》一部、《维摩》一部、《胜鬘》一部……大统二年（536年）九月三日讫。"按：北魏明帝孝昌年间改敦煌镇为瓜州。因知北魏及西魏之"瓜州"即敦煌。上海博物馆藏敦煌遗书《比丘尼戒经》卷末题记云："二年九月六日，瓜州城东建文寺比丘法渊写记。"则知此寺在敦煌城东。题记之"二年"，未明何年，疑为北魏孝昌二年（526年）或其后。则此寺存在于北魏、西魏时期。

7. 普济寺

敦煌僧寺，寺址待考。P.2273载西魏大统十四年（548年）十月五日该寺僧人法鸾抄有《维摩诘义记卷第一》。

8. 梵释寺

北魏时敦煌尼寺。上海博物馆藏《比丘尼戒经》卷末有北魏瓜州建文寺比丘法渊题记；法渊题记后有梵释寺尼乾莫《发愿文》，云："是以梵释寺比丘尼乾莫，敬写《比丘尼戒经》一圈。以斯微善，愿七世父母、现在家眷及己身弥勒三会，悟在首初，所愿如是。"此寺为目前所知敦煌最早的尼寺。

9. 大乘寺

敦煌尼寺，简称"乘"。在沙州城内。始建于北周（557—581年）时期（道宣《集神州三宝感通录》卷上），至北宋天禧三年（1019年）犹存（《天禧塔记》）。蕃占初期之辰年（788年）有住寺尼众34人（S.2729）[①]，寺户19户，且有田园、仓储、羊群、毡匠（S.542）；蕃占后期有住寺尼62人（P.5579），晚唐增至105人（S.2614），五代时增至209人（S.2669），为敦煌规模最大之尼寺。曹议金之侄女即出家于此。

10. 永晖寺

北周时瓜州尼寺。S.2935《大比丘尼羯磨经》末题："天和四年（569年）岁次己丑六月八日写竟。永晖寺尼智琼受持供养。比丘庆仙抄讫。"

---

① 敦煌遗书 S.2729《吐蕃辰年（788年）三月沙州僧尼部落米净辩牒》，登录沙州诸寺僧139名，尼171名，合计僧尼共310人。以往，学者皆以为蕃占初期沙州全部僧尼仅"310人"，实属误断。余据《吐蕃子年（808年）沙州百姓氾履倩等户籍手实残卷》推断吐蕃子年（808年）沙州僧尼总数当有2800人（详见李正宇《吐蕃子年（808年）沙州百姓氾履倩等户籍手实残卷研究》。刊入《1983年全国敦煌学术讨论会文集·文史、遗书编上册》，甘肃人民出版社，1987年3月版，第216页）。因知 S.2729 所载"310人"实为住寺僧尼名籍。余据敦煌诸户籍残卷得知敦煌僧尼大多数居住父兄俗家，又有居住官宦及豪族之家的"门僧"，仅少数居住寺院，出家而不离家。此为敦煌佛教世俗化的重要表征之一：蕃占期及晚唐、五代、北宋，敦煌僧尼皆多住俗家，而住寺僧尼不多。

按：莫高窟第428窟东壁窟门上方北向第二身北周供养人像题记云，"晋昌郡沙门比丘庆仙供养"。据此推测，永晖寺当在瓜州。

11. 龙泉寺

瓜州僧寺，在瓜州境内，或以为即在榆林窟。北周天和三年（568年）初见其名（S.616），蕃占期之戊午年（838年）闰十一月比丘谈建于此写《金有陁罗尼经》（见苏藏Φ207号《金有陁罗尼经》卷末题记）。宋时，瓜州押衙王庆元曾为此寺上屋泥（S.3368）。故知此寺北宋犹存。

12. 阿育王寺

瓜州僧寺，在瓜州城东，始建莫考。北周建德三年（574年），禁断佛道二教，此寺被毁。隋虽兴法，竟未复置。唐初，犹存东西廊庑及周回墙垣，《集神州三宝感通录》记其"时现光明，士俗敬重，每道俗宿斋，集会兴福，官私上下，乞愿有应"，约当武则天之世予以兴复，后至西夏时又见其名。榆林窟第16窟（张大千编第10窟）外室洞口北壁有墨书《阿育王寺释门赐紫僧惠聪俗姓张住持窟记》，云惠聪率弟子七人至榆林窟住四十日，看经疏，洗身三次。末署"国庆五年（1073年）岁次癸丑十二月十七日题记"。

13. 崇教寺

敦煌僧寺，在莫高窟（见《李君修慈悲佛龛碑》）。隋仁寿元年（601年）元月，高祖诏诸州起灵塔供养舍利，遣静法寺僧智嶷持诏至瓜州（即唐之沙州）崇教寺，初达，定基，黄龙出现于州侧大池，牙角身尾，合境皆见，具表上闻（《续高僧传卷二十六·智嶷传》）。同年八月，该寺沙弥善藏至京师，寓居辩才寺，抄写《摄论章》，携回敦煌流通（S.2048）。唐弘道元年（683年）腊月某夜，该寺徒众共见空中现一黄龙，长三丈以上，髯须光丽，头目精明，首向北斗，尾垂南下。当即表奏，制为上瑞（P.2005、P.2695）。约在开元、天宝间寺额改称，其名遂湮。

四、佛寺（中）

14. 大云寺

敦煌僧寺，简称"云"。寺址在敦煌城东（俄藏 ДХ06036《瓜州节度使上悉夗夕亡五七建福文》有"城东大云寺，麦两䭾……"之语）。唐贞观十六年（642年）初见其名，莫高窟第220窟北壁下部发愿文云"贞观十六年岁次壬寅，奉为大云寺律师道弘法师造奉者"。《唐会要》四十八载：武后天授元年（690年），令两京及天下诸州各置大云寺一所。敦煌大云寺却早此四十余年。北宋端拱元年（988年）犹存（见北图新编1127号《摩诃般若波罗蜜多经》卷末题记）。蕃占期辰年（788年）有住寺僧16名（S.2729），戌年（818年）前后有寺户22户（S.542），唐末住寺僧人增至32人。拥有田园、羊群、硙坊、酒坊等，其寺仓亦经营利贷。10世纪中叶设有寺学（S.5643、S.778）。此寺颇得当地高层人士垂青。节度使曹延禄之弟、衙内都虞侯延瑞，雍熙三年（986年）于此设会礼佛（P.4622）。寺僧亦参与莫高窟造窟活动，莫高窟第196、220窟皆见该寺僧人供养像及题名。

15. 灵图寺

敦煌僧寺，简称"图"，在沙州城西南李先王庙附近，始建于唐乾封元年（666年）。是年在李先王庙侧得瑞石，有赤文古字云"卜世三十、卜年七百"。表奏上闻，敕天下咸置寺观，号为"万寿"。沙州以得瑞石，附于图谶，故所建寺观号为"灵图"（P.2005、P.2695）。下至北宋天禧三年（1019年）犹存（《天禧塔记》）。蕃占辰年（788）有住寺僧17名，巳年住寺僧增至37人（S.5676V），戌年（794）有寺户19户（S.542）。9世纪以后，寺僧人数失载，然当为敦煌最大僧寺之一。公元895至940年前后设有寺学（P.3211、S.728），兼授僧俗生徒。有藏经室收藏佛典，供寺僧诵读。内地赴西域印度求法僧人往来敦煌，多由该寺接待。收入来源有地租、羊群、碾课、贷利、布施等项，敦煌遗书中数见当地军政要人延请该寺僧人转经、设斋，给予布施之记载。景德元年（1004年）四月，节度使曹宗寿向宋廷求金箔十万，指明有该寺修像所需者（《宋会要辑稿·蕃夷五》）。寺僧亦参与开窟造像，莫高窟148窟北龛下有该寺僧人供养像及题名。著名僧人遂恩、悟真、善才及俗讲僧保宣等皆出家于该寺。

16. 灵修寺

敦煌尼寺，简称"修"，寺址待考。天授二年（691年）初见其名（S.2157），宋太平兴国四年（979年）犹存（S.3156）。蕃占之辰年（788年）有住寺尼67人（S.2729），又有寺户15户（S.542）。晚唐有住寺尼142人（S.2614）。张议潭之女戒珠即出家于该寺为法律尼（P.3556）。收入来源于田租、梁课、羊群、利贷等（S.542、S.1600、北碱59）。尼众亦热心于开窟造像，今莫高窟144窟、159窟可见该寺法律妙明等供养画像与题名。

17. 开元寺

敦煌僧寺，简称"开"。在沙州城内。据《唐会要》四十八所载始建约在开元二十六年（738年）。《唐会要》四十八云是年改大云寺为开元寺。然敦煌之大云寺非武后时所建，故未改名，开元寺自系新建。蕃占初期辰年（788年）初见其名（S.2729），至太平兴国四年（979年）犹存（S.3156）。吐蕃占领时期辰年有住寺僧13人（S.2729），巳年（789）住寺僧增至21人（S.5676V），戌年（794）有寺户20余户（S.542）。晚唐时有住寺僧、沙弥48人（S.2614），后唐同光间住寺僧稍减为38人（P.2250），此后，住寺僧人数失载。该寺塑有唐玄宗圣容，历蕃占时期而至晚唐乾符年间犹存（P.3451），足见当地人民向唐之志。莫高窟第148、155等窟有该寺僧人金炫等供养像及题名。

18. 龙兴寺

敦煌著名僧寺，简称"龙"。在沙州城内（S.381《毗沙门天王灵验记》）。《全唐文》三三二房琯《龙兴寺碑序》及《唐会要》俱云神龙元年

（705年）中宗复辟，命天下诸州各置中兴寺观，旋改名龙兴寺。敦煌之龙兴寺晚至唐宝应二载（763年）初见其名（S.2436），至北宋天禧三年（1019年）犹存（《天禧塔记》）。蕃占之辰年（788年）有住寺僧28人（S.2729），巳年（789年）有住寺僧23人（S.5676V），戌年（794年）有寺户不下43户（S.542）。唐末住寺僧增至50人（S.2614背），后唐同光前后猛增至100人（P.2250）。收入来源于田园、羊群、马群、利贷、布施等多种项目。后梁时设有寺学（P.2712），兼授僧俗生徒。拥有藏经，供寺僧读诵（S.476）。此寺同官府关系密切。节度使曹元忠给予布施以结善缘（S.3565），曹宗寿为此寺修像而向宋王朝乞请金箔（《宋会要辑稿·蕃夷五》）。著名僧人日进、谈颙、光璨、伯明、龙藏、明照、德胜、庆林、深善等皆出家于该寺。莫高窟第36、85、144等窟有该寺僧人供养像及题名。

19. 报恩寺

敦煌僧寺，简称"恩"或"报"。寺址约在敦煌城南（P.2856V2）。盛唐时初见其名（P.3265），至北宋天禧三年（1019年）犹存（《天禧塔记》）。吐蕃占领时期辰年（788年）有住寺僧9名（S.2729），巳年（789年）有住寺僧31人（S.5676V），戌年（794年）有寺户15户（S.542）。晚唐时住寺僧、沙弥增至47人（S.2614）。后晋时有常住百姓8户56人为之供役（P.3859）。收入来源于地租、贷利、羊群、砘课及布施等项。设有藏内（藏经室）收藏佛典，供寺僧读诵（P.2726、P.2233、P.4000、北图荒字54、为字97、98等）。同官府关系密切，敦煌遗书中有节度孔目官氾祐祯（P.3878）、节度使曹宗寿（俄藏目录1696）施经该寺之记事。当地著名僧人金霞、慈惠、庆力、法眼、福惠、愿德等即出家于该寺。莫高窟第148、346窟等有该寺僧人慈惠等供养像及题名。

20. 金光明寺

敦煌著名僧寺，简称"金"。寺址在沙州城西北（P.2856V2及S.3905）。蕃占期辰年（788年）初见其名（S.2729），北宋天禧三年（1019年）犹存（《天禧塔记》）。蕃占之辰年（788年）有住寺僧16名（S.2729），巳年（789年）有住寺僧26人（S.5676V），戌年（794年）前后有寺户8户为之供役（S.542）。光化末，回鹘来侵，窟宇被焚。天复元年（901）重修再建（S.3905）。此时期有住寺僧35人（S.2614）。后唐同光（923—926年）前后有住寺僧、沙弥62人（P.2250）。有羊群、田园、仓贷、碨课及布施等多种收入。设经库，收藏佛典，供寺僧读诵。九世纪中期至十世纪二十年代设有寺学，索勋次孙索富通即就读于此（P.3692）。后唐同光四年该寺僧人法真（926年），经徒众公请、都僧统海晏签批为寺主（S.6417）。开运四年（947年）三月九日节度使曹元忠为故兄、前节度使元深大祥忌日延请该寺僧人赴衙追念设供（P.3388）。河西都法律义晋（俗姓索氏）及法律永隆、神威等即出家于该寺。P.2691《沙州归义军图经略抄》载该寺前代王和尚死时嘱咐门徒："吾死后全身坐椅子向西关西碛，面西而坐"。葬后，门徒子弟往视，其椅子在，全身不见，寻到寿昌（今敦煌南湖乡）得一双履，和尚变化不知去处，城人惊怪其异。该寺僧人亦参与莫高窟造像活动，并有本寺寺窟在彼。莫高窟第12、13、44窟，有该寺僧人义晋、庆达等供养像及题名。

21. 莲台寺

敦煌僧寺，简称"莲"。在沙州城内西南部（S.1438、P.3234及P.2856V2）。蕃占之辰年（788年）初见其名（S.2729），至宋天禧三年（1019年）犹存（《天禧塔记》）。辰年（788年）有住寺僧人10名（S.2729），晚唐时住寺僧人增至27人（S.2614）。公元893年至936年前后设有寺学，兼授僧俗生徒（P.3569、P.3833）。收入来源于羊群、寺仓利贷及布施等项。其布施收入丰赡可观。据P.2576《癸酉年（853年）沙州莲台寺诸家散施历》载，是年正月三日至二月八日所受布施，计麦、粟、面、米等69石4斗5升，黄麻籽、红花籽（皆油料）11石，油2斗8升，酥6升半，绢、锦、罗、绫、缬、布等121丈2尺又24条，马2匹、牛1头、纸8250张、金箔8张又10钱、银1两

4钱5分、金花银瓶一重10两、琥珀二、瑟瑟五、鍮石钗子64双、红花（药材）121斤、榆杨木36根、发552剪又12两5钱，其他什物尚多，不烦一一悉举。仅36天内所收粮食一项已足供该寺僧人半年食用。僧人受于俗人之供养，于此可见一斑。莫高窟有该寺法律福遂供养像与题名。

22. 永安寺

敦煌县僧寺，简称"永"。寺址在敦煌县西窟（即今敦煌市西千佛洞）。唐开元廿二年初见其名。（日本杏雨书屋《敦煌秘笈》11号《法花行仪一卷》末题："开元廿二年五月廿四日永安寺僧光远写记之。"）北宋天禧三年（1019年）犹存（《天禧塔记》）。蕃占初期之辰年（788年）前后有住寺僧人11名（S.2729），至戌年（806年）有住寺主客僧36人（S.542V1），且有寺户为之供役（S.542），后唐同光（923—926年）间有住寺僧、沙弥38人（P.2250）。后唐至北宋太平兴国间设有寺学（S.214、P.2483），教授僧俗生徒。敦煌遗书中保存有该寺《戊寅年（918年）三月十三日算会历》（S.474），从中可以窥见其经济收支状况。寺僧亦热心于开窟造像，莫高窟第10、108、390窟有该寺寺主庆安等供养像与题名。

23. 乾元寺

敦煌僧寺，简称"乾"。寺址待考。蕃占辰年（788年）初见其名（S.2729），至北宋太平兴国初期犹存（P.3218）。蕃占辰年（788年）有住寺僧人19名（S.2729），又有寺户（不少于七户）为之供役（S.542）。有羊群、梨园、寺仓利贷及布施收入。9世纪末有住寺僧、沙弥27人（S.2614），同光四年（926年）有住寺僧44名（P.3423）。沙州都僧统海晏即出家于此寺。寺僧亦参与造窟活动，莫高窟第196、468窟等有该寺僧人戒寂、慈善等供养像及题名。

24. 安国寺

敦煌尼寺，简称"国"。寺址待考。唐开元廿九年二月初见其名。（Дх02881+Дх02882《开元廿九年二月九日授得菩萨戒牒》："唐国沙州敦煌县大云寺僧伽……大安国寺法师讲御注金刚经、法华、梵网经，清净道场听法。"）宋淳化五年（994年）犹存（S.4700）。蕃占期巳年（789）有住寺尼29人（S.5676V），戌年（818年）时有寺户16户为之供役（S.542V）。晚唐时住寺尼增至139人（S.2614）。设藏经室，收藏佛典，供尼众读诵（P.3654），收入来源于园田、硙课、油梁课、仓储利贷及布施等项。P.2838有该寺中和四年（884年）及光启二年（886年）算会牒。寺尼亦参与开窟造像，莫高窟第55、61、138等窟可见该寺法律尼性真、尼智慧性等供养画像及题名。

25. 普光寺

敦煌尼寺，简称"普"。在城西北宜秋西支渠附近（S.6123及P.2856V2）。蕃占期辰年（788年）初见其名（S.2729），下至北宋太平兴国四年（979年）犹存（P.3218及S.3156）。蕃占之辰年有住寺尼47人（S.2729），次年增至57人（S.5676），戌年（794年）寺卿索岬□申报该寺尼众，列名127人（P.3600）。晚唐住寺尼增至190人（S.2614）。张议潮孙女清净戒即出家于该寺（P.3556）。收入来源有园田、羊群、仓储利贷及布施等。寺尼亦参与开窟造像，莫高窟第85、108、144、359等窟有该寺尼坚进、最胜喜等供养画像及题名。

26. 兴善寺

敦煌僧寺，寺址待考。据S.542、P.3138等卷所载，始见于蕃占初期。有寺仓及寺户四人，又载开元寺寺户石奴子、石胜奴为此寺修佛、出车事。归义军时不见此寺，似已改名。

27. 圣光寺

敦煌尼寺，简称"圣"。在沙州城内。蕃占后期吐蕃尚书令、都元帅、赐大瑟瑟告身尚乞心儿创建。以"圣主（赞普）统三光之明、无幽不照……率滨咸服，观国之光"，故名圣光寺（S.2765背）。至北宋天禧三年（1019年）犹存（《天禧塔记》）。唐末有住寺大戒尼、式叉尼、沙弥尼49人（S.2614），五代增至79人（S.2669）。西夏时，此尼寺似已改变为僧寺，莫高窟206窟东壁西夏题记云："故施主圣光寺院主僧张和……"敦煌遗书还存有五代时该寺点勘寺藏《大般若经》第一帙到第四十四帙的点勘录（北文54）。

28. 永寿寺

敦煌僧寺，寺址待考。此寺仅见于蕃占时期。敦煌遗书北图雨字55号、海字5号、辰字61号、S.796、S.4914、P.3730背、Pt1297卷载有其名。蕃占末期，公元839年以后，此寺失载，推测此后或经改额为另一寺名而存在。

29. 永康寺

敦煌僧寺，简称"康"。寺址待考。此寺仅见于蕃占时期，公元832年（子年）始见其名。敦煌遗书S.6829、S.2794、P.2404背、P.2284、P3167、P.3666等卷载有其名，公元833年名僧法成曾在该寺译经、集经（P.2404、P.2794）。该寺亦有藏经室（P.2727）。蕃占末期，此寺失载。推测此后或经改额为另一寺名而存在。

30. 禅定寺

敦煌僧寺，寺址待考。P.3138《诸寺请经历》载其名。时约当蕃占中期。

31. 三界寺

敦煌僧寺，简称"界"。寺址待考。初唐武德五年至贞观七年（622—633年）间初见其名（Дx2630《妙法莲经陀罗尼》末题："西沙洲三界寺僧。"据《旧唐书·地理志》沙州条载，武德五年改瓜州（敦煌郡）为西沙州，贞观七年去"西"字迳名"沙州"，下至北宋天禧三年（1019年）犹存（《天禧塔记》）。唐末有住寺僧、沙弥22人（S.2614背）。后梁开平二年（908年）至后汉乾祐二年（949年）前后设有寺学（P.3286,S.3393），曹议金次子元深（后亦为节度使）即就读于此。S.173、S.709及 P.3189、P.3386、P.3393、P.3582等卷皆见该寺学郎题记；敦煌写经多见铃有"三界寺藏经印"，知有藏经室之设。经济收入来源于田租、油梁、利贷、布施等项。节度使曹元忠于府衙开龙兴、灵图二寺大藏经，启愿设斋，特向三界寺施生绢、经帙，可见该寺与节度使关系之非同一般。当地男女亦多就该寺受戒，敦煌遗书中保存有该寺戒牒十余件。寺僧颇热心于修窟造像，今莫高窟第148、443窟，榆林窟第35窟（张大千编第25窟）有该寺僧人左兴儿、戒昌等供养画像及题名。敦煌名僧道真、法松等皆出家于该寺。

〔附考：日本学者土肥义和据滨田海德旧藏115号背《诸寺付经历》及P.3336《寅年转大般若经付经历》，推断三界寺为蕃占末期之寅年（当大和八年，834年）在永寿、永康二寺消失后始出现。余据P.3654《十二月十三日赞普冬季福田转经历》载"三界寺维那谈幽，五十六帙，内欠第八"之语，将三界寺之出现提前到蕃占中期，即公元820年前后。又按：S.2500《菩萨戒本议》卷末题记"天〔宝〕十四载……沙门谈幽记，敦煌人也"。设天宝十四载（755年）谈幽二十岁，下至元和九年（814年）已60岁，再下推至长庆四年（824年）已70岁，若犹任寺维那、领班诵经，亦强支矣。似不可更后推十年，至公元834年，则已八十高龄，岂得仍居维那之任、继续领班诵经？现再修订初见其名时间为初唐年间。〕

32. 净土寺

亦名三世净土寺，简称"土"，敦煌著名僧寺。在沙州城内（P.3234、P.2032）。晚唐咸通后期初见其名（P.3410），下至北宋太平天国四年（979年）犹存（S.3156）。唐末有住寺僧、沙弥23人（S.2614-2）。收入有田园租课、油梁、碨课及利贷、布施等项来源（P.2032、P.2040、P.2049、P.3234及S.6452-3）。晚唐至北宋开宝年代设有寺学（P.2570及S.2894-5），兼授僧俗生徒，设经库收藏佛经，供寺僧读诵。该寺在敦煌佛教、社会、经济、文化、教育等方面都发挥着重要作用。著名僧人有法成（吴三藏）、崇恩、谈广、慈恩、绍宗、愿济、保护、愿荣等。

33. 城东寺

敦煌僧寺，其名见于P.4640《归义军布纸破用历》（晚唐光化年间）。

其六月十六日记云"衙官张思胜传处分，支与城东寺园子张文英粗布一疋（匹）"。按：P.3829《论·董勃藏建造佛宇功德记》云吐蕃论字号监军使，授大鍮石告身，役使"椎髻"于沙州城东三里平河口上建佛宇一所，"高隆月殿，上层屋宇，内备素（塑）□，图彩众多"，此寺之名缺失，按其方位所在，或即归义军时所谓城东寺也。若然，则此寺创于蕃占期，延续于晚唐、五代、北宋时期。

34. 奉唐寺

敦煌僧寺，寺址待考。张议潮起义归唐后所建，此寺最早出现于咸通十四年（873年）（P.2613），后唐天成三年（928年）犹存（S.2575）。日本学者土肥义和认为大约后晋时改名法门寺，后周显德间再改名为显德寺（《敦煌讲座（三）》）。S.5953保存有该寺僧人依愿牒文一通。

35. 端严寺

敦煌僧寺，寺址待考。P.3372《壬申年（973年）十二月廿二日社司转帖》有"限廿四日卯时于端严寺门前取齐"之语。

36. 天王堂寺

敦煌僧寺，寺址待考。P.5579（1）《教授崇恩牒》云"从丙戌年（咸通七年，866年）悉齿天官籍已后，更己亥年（乾符六年，879年）十二月卅日以前，承前帐旧及累年官私福田施入佛法天王唐（堂）寺旧物及荡（宕）泉东岸窟兼酉年（877年）籍上破金银、□□、绫绢、金银器皿等，总一百一十八事"之语。据以可知此寺存在于唐咸通、乾符间。

37. 法门寺

敦煌僧寺，寺址待考。存在于五代后晋至后周显德初。后周广顺元年（951年）四月及五月曾进行过较大整修（S.3505）。日本学者土肥义和认为此寺系由奉唐寺改名而来，后周显德间，又改为显德寺（《敦煌讲座（三）》）。

38. 圣王寺

敦煌佛寺，在三危山下，莫高窟第108窟窟檐南壁外侧有道真题壁云："陪从台驾随侍□□□□道真等七人就三危圣王寺安下霸道场记。维天福十五年五月八日游记之耳。"天福十五年，实后汉乾祐三年（950年）。

39. 永隆寺

敦煌僧寺，寺址待考。莫高窟428窟（北魏）中心龛柱南侧下段中央五代人题名云"永隆寺曹没□供养"，时代约在五代时期，或云初唐永隆年建。

40. 福祥寺

敦煌佛寺，寺址待考。莫高窟428窟（北魏）中心龛柱西侧下段中央五代人题名云"福祥寺弟子□喜供养"，时代约在五代时期。

41. 慈悲宝函寺

敦煌僧寺，寺址待考。莫高窟第305窟（隋）西壁中央供养人题名云"慈悲宝函寺请（清）信佛弟子吴兴子一心供养"，时代待考。

42. 妙高宝龛寺

敦煌佛寺，寺址待考。莫高窟第251窟（北魏）中心塔柱西向面龛下座身中央五代供养人题名云"妙高宝龛寺弟子王和供养"，知时代约在五代。

43. 妙高胜严寺

敦煌佛寺，寺址待考。莫高窟第251窟（北魏）中心塔柱北向面下层龛下座身东端五代供养人题名云"妙高胜严寺弟子□神奴供养"，知时代约在五代。

44. 显德寺

敦煌僧寺，简称"显"。寺址待考。土肥义和认为是后周显德年间由法门寺改名而来（《敦煌讲座（三）》）。乾德四年（966年）归义军节度监军使、检校尚书左仆射兼御史大夫曹延晟施入该寺大般若经并锦帙（《古写经尾题录存》）。太平兴国二年（977年）前后设有寺学（北图盈字76号背题)。雍熙四年(987年)犹存(S.5945)。有寺仓从事利贷。寺僧亦参与造窟。莫高窟第427、443窟,皆有本寺僧人题名。

45. 乾明寺

敦煌僧寺,简称"乾明",以别于乾元寺之简称"乾"。寺址待考。敦煌遗书所存该寺资料,仅限于北宋开宝八年(975年)至淳化三年(992年)间(P.4065、S.6066)。开宝八年、九年(975—976年),设有寺学(P.4065、P.3780),P.3072《大般若经》背钤"乾明寺藏经"印记,知有藏经室之设。

46. 圣寿寺

敦煌僧寺,在州城西,大约存在于五代后唐至北宋时。敦研0001《(乾德二年)归义军酒破历》载"九月十四日,圣寿寺祭拜酒壹斗";P.4075背《丁丑年(太平兴国二年)某寺麻栗破历》载:四月二十二日,"粟壹硕贰斗,太保就圣受(寿)[寺]头祭拜大王来著酒"。推测此寺或系曹元忠所建,其址当在宜秋渠大王庄附近。S.6276有《永安、圣寿招提司都司某手下诸色历》。

47. 失名寺

五代时敦煌僧寺。在莫高窟正东十里三危山南麓和尚沟内,敦煌遗书失载,为敦煌研究院近年发现之古寺遗址。寺在沟内一小山丘上,向西开门,面对莫高窟。建筑占地约一千平方米;三进院落,大门(已坍)内为过庭式前廊,前廊后墙设中门,中门外两侧有五代所绘四天王像,上部已颓毁,唯存天王像腿脚部分。中门内南北两侧各有房屋二间,北室内有锅灶遗址,当为僧厨,南室唯存基址,当系僧房。又东,正中为佛殿,小三开间,殿内东壁有塑像连壁而立的遗痕。塑像下,横设长形佛坛。绕佛殿南、东、北三面为回廊,回廊外侧即垣墙。此遗址提供了唐五代敦煌小型寺院建筑布局之难得资料。

寺门外,东北五步,有一房屋遗址,推测为香客休憩之所。寺门西南约十步，有圆形塔婆建筑遗址。又西南约二十步有水泉，渗水无多，仅可供十人以下食用。见在小山沟中，泉水顺沟向北流下。稍下，有小型水坝，用以聚水，系寺僧生活之唯一水源。

48. 大悲寺

敦煌僧寺，寺址待考。P.3037《庚寅年（北宋淳化元年，即990年）正月三日社司转帖》有"限今月四日卯时于大悲寺门前取齐"之语。

49. 瓜州开元寺

瓜州僧寺，在瓜州县（原安西县）境，寺址待考。莫高窟第197窟北壁西向第一身五代题记云"瓜州开元寺一心供养"。

50. 永兴禅院

瓜州僧寺，在瓜州县境。后周显德六年（959年）四月八日，该寺禅师惠光写《延寿命经》、《续命经》、《天请问经》各一部，计四十九卷（P.2374卷末题记）。北周武帝时，瓜州一度改名永兴郡，则永兴禅院当始建于此时。

51. 广化寺

瓜州僧寺，在悬泉镇内（今瓜州县南）。榆林窟第35窟（张大千编第25窟）内室东壁右侧下段供养人第一身题名云"施主悬泉广化寺顿悟大乘贤者□押衙银青光禄大夫"。时代当在北宋。

52. 莫高窟

敦煌境内规模最大之石窟群，在州城东南五十里鸣沙山东麓。前凉张天锡升平十年（366年），当地僧人乐僔禅师始于此凿窟一龛。大约前秦建元十二年（376年）至后凉吕光太安元年（385年）之间，又有自东部州郡而来的法良禅师在乐僔窟侧别造一窟。莫高窟之开凿，肇始于二僧。此后，官民僧俗踵而继之，建造不绝，尤以北魏瓜州刺史元荣、北周瓜州刺史于义所造之窟最为恢宏。至唐圣历元年（698年）已有窟室千余（P.2551《李君修慈悲佛龛碑并序》）。为唐宋时代敦煌佛事极盛之处。时至今世，虽屡经自然损毁与人为破坏，仍存洞窟618个，其中，存有壁画塑像之窟492个，散布于南北总长一千五百米之断崖上。壁画则上起北凉下至清代，计45000余平方米，塑像2415身，模制影塑千佛1000余身，唐宋木构窟檐5所。清光绪二十六年（1900年）七月二日（旧历五月二十五日）深夜，道士王圆箓及其雇员杨某在今编第16窟甬道北壁发现一封闭复室、即所谓"藏经洞"。内藏古代写印本书籍、文件、函契等及佛画、幡绢之类四万余件，具有极高研究价值。清末民初流散国内外。中外学者以莫高窟绘塑及遗书、遗画为中心开展研究，已形成一门新兴学科——敦煌学。今日之莫高窟，作为世界著名文化艺术宝库而驰名全球。20世纪50年代以来，对唐宋古代木构窟檐及洞窟、崖面、壁画、彩塑等分别进行了抢修、补修和加固，已得到有效保护，并接待中外参观者。现由敦煌研究院管理。

53. 西千佛洞

古称西窟，为敦煌境内又一石窟群，在敦煌市区西南七十里，党河北岸断崖上，始建莫考。据所存北魏壁画推测，当不晚于北魏，P.5034《沙州都督府图经》载之。现存洞窟16个。塑绘虽破坏较甚，仍有重要艺术、文物、历史价值。1985年开始进行加固工程与外貌整修，现已对外开放接待游客，由敦煌研究院管理。

54. 榆林窟

瓜州境内最大石窟群。在今瓜州县西南150里，踏实河东西两岸崖壁上，始建年代与莫高窟相近。P.T.997《瓜州榆林寺之寺户、奴仆、公产物品之清册》记载，该寺有寺户20户，口数缺载，以每户平均4.5口计之，20户当有90人；另有单身独居男寺户32人，单身独居女寺户31人，又有单身男奴2人，单身女奴1人。合计约有136人。寺僧人数不详。但可推知此寺颇具规模。现存洞窟41个，具有很高的艺术、文物与历史价值。设有榆林窟保护所，属敦煌研究院。现已大规模整修加固，对外开放接待游客。

榆林窟周围尚散布有水峡口石窟、东千佛洞石窟、昌马石窟、红口子石窟、碱泉子石窟、旱峡石窟等。

55. 东千佛洞

瓜州境内石窟群之一,在今瓜州县东南210里,长山子崖壁上。今存洞窟23个(东崖9窟、西崖14窟),其中残存壁画、塑像者8窟。根据现存壁画和塑像的历史特征加以推断,应是西夏以来所开凿,内容以密宗图像为主。从佛教艺术史角度言之,为莫高窟、榆林窟晚期塑绘之流绪与补充。张伯元有《东千佛洞调查简记》述之。

56. 五个庙石窟

沙州紫亭县境内石窟群,在今肃北县城西北50里,党河南岸崖壁上。今存5个洞窟,故当地名为五个庙,清代名大佛寺。原有塑像尽毁,今唯存壁画。从其中心塔柱洞窟之形制看,当始建于北朝,经过后世重修。现存壁画皆系西夏或其以后所改绘者;艺术风格及内容,较之莫高窟颇有独特之处。其东南约8里,亦有洞窟两个。西侧一窟,分为前后室,前室为人字披顶。从洞窟形制看,应始建于北朝后期。后部主室塑绘尽毁,前室前壁已颓,顶及东、北、西壁有壁画,可见叠压两层:内层为晚唐作品,表层为西夏作品。内层画风与莫高窟出于一辙,而表层与晚唐画风有明显差别。

五、佛寺(下)

57. 文殊舍利寺

敦煌僧寺,寺址待考。《沙州文录》载《西夏刻经后题》:"僧录广福大师管主八,施大藏经于沙州文殊舍利寺,永远流通供养。"管主八为元代松江府僧录,撰有《密迹力士大权神王经偈颂》一卷,落款"元广福大师、松江府僧录管主八撰"(《大正藏》第三十八卷,第777页)。因知沙州文殊舍利寺者，元代敦煌僧寺也。

58. 皇庆寺

敦煌僧寺，在莫高窟。始建约在元仁宗皇庆元、二年间（1312—1313年）。历四十年，西宁王苏来蛮重修，命僧守朗董其事。至正十一年（1351年）八月竣工。有《重修皇庆寺记》记其役。撰文并书丹者沙州儒学教授刘奇。功德主、施主及承事蒙、汉诸人列名于碑者计150余人。碑石今存敦煌研究院。

59. 雷音寺

敦煌僧寺，在莫高窟。始建约在元末明初。清乾隆三十七年（1772年），住持喇嘛李心能并徒源修（一作源秀）募化重修，即今所谓"中寺"也。原有重修木匾悬于寺门，正面横刻"雷音禅林"四字，前竖写年款云"大清乾隆叁拾柒年肆月初八日悬"，后竖书名款云："募化重修住持李心能（以上皆朱书）/徒源修（此三字墨书，当系后来添写）。"背列朝山会首、生员、老农、乡约、女会首、画工等93名。原物今存敦煌研究院。清代康熙至光绪中叶，莫高窟之佛事与管理，悉由此寺主之。每年旧历四月初八日浴佛节前数日，朝山进香者蜂拥而来，日逾万人，至有数百里外扶老携幼盘桓经宿者。塞外盛会，莫此为甚。

60. 大佛寺

在敦煌新城内西南隅，今已辟为体育场。始建年代不详，清雍正三年（1725年）重修，民国年间犹存。原有大佛、菩萨及小千佛塑像，今已尽毁。伯希和《敦煌图录》第六集第372至376图，为该寺塑像之照片。贺昌群云："观其风格，大约在六朝或盛唐所造，而经后世修补者。"

佛寺附录：

1. 三窟

晚唐至北宋间河西释门都僧统管辖下瓜沙二州境内三所佛教石窟的统称，包括沙州敦煌县境莫高窟（又称东窟）、西窟（今名西千佛洞）和今瓜州县南75公里的榆林窟。河西都僧统司下设三窟教授之职，管辖三窟事宜。

2. 五尼寺

蕃占期至北宋敦煌境内五所尼寺的统称。即大乘寺、普光寺、灵修寺、安国寺、圣光寺。晚唐以来，河西都僧统司下设"勾当五尼寺"之职，管理五所尼寺。

3. 十一寺

晚唐至五代中期敦煌境内十一所敕建僧寺之统称。包括龙兴寺、永安寺、大云寺、灵图寺、开元寺、乾元寺、报恩寺、金光明寺、莲台寺、净土寺、三界寺。

4. 十二寺

五代后期至北宋初，敦煌境内十二所敕建僧寺之统称，除十一寺条所列寺名外，后晋时新增一法门寺，后周时改名为显德寺，是为十二寺。

5. 十六寺

晚唐至五代中期，敦煌境内之敕建尼寺五所及僧寺十一所之总称。参见"五尼寺"及"十一寺"条。

6. 十七寺

五代后晋至北宋乾德间，敦煌境内敕建之尼寺五所、僧寺十二所之总称。参见"五尼寺"及"十二寺"条。

7. 十八寺

北宋开宝八年以后敦煌境内敕建之尼寺五所及僧寺十三所之总称。开宝八年（975年）以前，敦煌境内敕建之尼寺五所及僧寺十二所，参见"五尼寺"及"十二寺"条。开宝八年前后增建僧寺一所曰乾明寺，敕建僧寺遂至十三所，合五所尼寺，共十八寺，S.6313《愿文》云"请十八寺之尊容"即指此。

8. 兰若

梵文译名，阿兰若（Aranya）之省称，僧人所居之处也。盛唐以降，敦煌亦用为非敕建佛寺之名。所见有多宝兰若、军门兰若、神角兰若、东山兰若、文坊巷社兰若、节门兰若、北兰若、新兰若、敦煌兰若、官楼兰若、周家兰若、乐家兰若、马家兰若、索家兰若、唐兰若、宋家兰若、氾录事门前兰若、安清子兰若、马长太兰若、孔阇黎兰若、孟受中界先祖庄西□□兰若、董保德兰若、高孔目兰若、东窟太子兰若等。

9. 佛堂

安置佛像之所。唐宋时敦煌用指私家所修之供佛所。所见有索使君佛堂、张安三佛堂、周鼎佛堂。或亦称佛刹，如张家佛刹。

（原刊《敦煌学辑刊》1988年1、2期合刊；略有增补后收录于《敦煌史地新论》，台湾新文丰出版有限公司，1996年；收入本书时又有增补。）

佛塔丛识
——从筑塔、雕塔到剪刻塔、写经塔

一

"塔",语源来自梵语 stūpa,音译窣睹婆或窣堵波、苏偷婆。唐遁伦《瑜伽伦记》卷11(上)载:"窣堵波者,此云'供养处',旧云'浮图'者,音讹也。"浮图,又作浮屠、佛驮、佛陀,本是梵语 buddha 之译音[①],并非遁伦所谓窣堵波(stūpa)的"音讹"。"浮屠"的本义即"佛"。后来称佛陀所创教法谓之"浮屠道",祭祀佛陀之祠谓之"浮屠祠",安放佛舍利的塔,梵语谓之 stūpa(窣堵波),巴利语作 thūpa(塔婆)。汉语的塔,应是巴利语 thūpa(塔婆)的译音。《摩诃僧祇律》卷33载:"有舍利者名塔,无舍利者名枝提。"枝提又作制底耶、支帝,为梵文 caitya 的音译。这就是说,凡藏有佛陀舍利者称为"塔",亦称作"浮屠";无佛陀舍利者称为

---

① 古无轻唇音(今云唇齿音)。故浮、佛皆音 bu,遂译 buddha 为浮屠、佛图或佛陀。

"枝提"。后世将藏有佛陀舍利的塔及安放佛衣、佛像、佛经以及僧人遗体、骨灰的"枝提"都概称为"塔"。于是,"塔"的词义变得泛而不专了。

建塔安置佛舍利,原是出于对佛祖的纪念和礼敬,《大般涅槃经》说:"若见如来舍利,即是见佛。"《大般若经》说,佛身及舍利"为一切世间天人,供养恭敬,尊重赞叹"。所以舍利塔又成为礼佛奉佛的场所,形成最早的佛寺。由于佛舍利代表着佛体,象征着佛法,具有无量功德、无边法力,因而逐渐被神化,进一步发展到建塔塑绘佛像、顶礼膜拜,乃至演变为偶像崇拜。其实,原始佛教本来是反对偶像崇拜的,即《金刚经》所谓"凡所有相,皆是虚妄"。后世,人们称佛教为"象教",其实同原始佛教并不相侔。

《佛祖统纪》卷54《建寺造塔》云:"汉明帝始造白马寺……白马寺东造佛舍利塔。"于是,后人以为东汉白马寺舍利塔为我国最早的佛塔。但《佛祖统纪》此说乃是根据《牟子理惑论》之说加以曲解附会而来。《牟子理惑论》云汉明帝时"于洛阳城西雍门外起佛寺,于其壁画千乘万骑,绕塔三匝"①。本来是说在佛寺墙壁上"画千乘万骑,绕塔三匝"的壁画,后人附会为洛阳白马寺建有佛舍利塔,显然不足倚信。

就今所知,我国最早出现的佛塔,应为东汉中期的敦煌小浮屠。张德芳先生《悬泉汉简中的"浮屠简"略考——兼论佛教传入敦煌的时间》,刊布了敦煌悬泉置出土Ⅵ91DXF13C②:30号汉简云:

少酒薄乐,弟子谭堂再拜请。会月廿三日,小浮屠里七门西入。②(图1)

图1
敦煌悬泉置汉简
Ⅵ91DXF13C②:30号

①《牟子理惑论》收入梁僧祐《弘明集》卷1。
② 此简全文,余在甘肃人民出版社2008年10月出版的《敦煌学导论》第16页注①中曾予透露。因是得自友人,不宜径予刊布,故用出注的方式透露。断句略有出入。

根据简文内容及书写形式推断，可以方之后世的请柬。大意是说：略置薄酒，聊备歌乐，定于本月二十三日恭请光临。发请柬者名谭堂，家在小浮屠里内，从第七门向西而入即到。"小浮屠里"是东汉敦煌县一个"里"名①。大约这个"里"修建了一座样式新奇的小浮屠（即小佛塔），于是将此"里"取名为"小浮屠里"。

张德芳先生文云，此简出土于"悬泉置坞院内靠北墙的一间小房子里，发掘时编号F13。这间房子是坞院北面一排房子的其中一间"。在这同一间小房子里共出土11枚纪年简，排其年代，为东汉建武二十七年八月至永初元年十二月（51—108年），因此断此简为公元51—108年间物。而愚意以为敦煌之"小浮屠里"一名既已存在于此时，则小浮屠之兴建，更当在"小浮屠里"命名之前无疑。早期的"浮屠"，既是安置佛舍利的塔，也是佛徒供奉礼拜佛祖的处所，相当于后来的佛寺。据此言之，东汉时期敦煌的小佛塔（小浮屠），也就是敦煌所建的小佛寺。张德芳先生指出：根据悬泉小浮屠简推测，"早在公元1世纪下半叶，佛教就已传入敦煌，而且一开始就流行在民间"。敦煌小浮屠之出现，正是佛教流行于敦煌民间的物证。这在我国佛教发展史上无疑是重大事件。

三国吴赤乌十年（248年），康僧会在建邺"感得"佛舍利，孙权特在建邺为其建塔收藏，"因名其地为佛陀里"。建邺某处因建一舍利塔而名其地为"佛陀里"，不禁让人联想敦煌"小浮屠里"得名之由。

三国之后，建立舍利塔及像塔、经塔、僧塔等渐多，略举数例于下：

西晋太康二年（281年），慧达于浙江鄞县地中得一小宝塔，遂为之建造大塔安置；

北魏熙平元年（516年），胡太后令建洛阳永宁寺九层木塔，百里之外犹可望见，飞檐所悬铃铎随风交鸣，声闻十余里；

---

① 《后汉书·杨震传》"连里竟街"，李贤注"里即坊也"。据此度之，小浮屠里当在敦煌城内。

北魏正光年间（520—524年），河南嵩山嵩岳寺造五层砖塔；

隋炀帝时，曾为天台大师智顗于天台山国清寺造九层砖塔；

初唐在西安建大小雁塔，等等。

特别值得注意的是，北魏孝明帝时"令诸州各建五级浮图"，隋炀帝两次令数十州兴建舍利塔。在皇权推动下，造塔活动在全国多次掀起高潮。此后，各种性质的塔（舍利塔及支提类佛像塔、经塔、僧塔、窟寺中心柱塔等）、各种材质、不同规模的塔（砖塔、土塔、木塔、石塔、铁塔、铜塔、金塔、银塔、鎏金塔、琉璃塔，大塔、小塔等）不断涌现。塔不仅成为伽蓝建设重要的建筑物，也成为信众供奉礼拜的场所。

二

佛教信徒之所以热心造塔，是由于多种佛经宣说造塔有极大的功德，如《佛说造塔功德经》云，造塔者，"其人功德如彼梵天，命终之后生于梵世，于彼寿尽生五净居，与彼诸天等无有异"。《譬喻经》列举造塔十种殊胜果报：一不生于边国，二不受贫困，三不得愚痴邪见之身，四可得十六大国之王位，五寿命长远，六可得金刚那罗延力，七可得无比广大之福德，八得蒙诸佛菩萨之慈悲，九具足三明、六通、八解脱，十得往生十方净土。因此，信徒们乐于造塔。但前举之砖塔、木塔，形体高大，造价昂贵，非轻而易举者。后来人们用石头雕凿成小石塔。20世纪以来，敦煌、武威、酒泉、吐鲁番、大同等地陆续发现北凉及北魏时期雕造的十多座小型石塔（图2）。这些小塔通高多半1~2米左右，远比大型砖塔、木塔省工、省料、

图2　北凉高善穆石塔

省财、省时，所以便捷易行。

唐代又有比雕造小石塔更为方便易行的"造塔功德"，即泥拓佛塔。唐代长安称为"善业泥"，敦煌称为"脱塔"（又作"拓塔"）。敦煌莫高窟发现有两式：其Ⅰ式为模制圆塑小泥塔（图3、图4），皆高不过10厘米；Ⅱ式为泥片模压浮塑小泥塔（图5、图6），板片直径不过8厘米。

图3　模拓金刚座法塔

图4　模拓千佛法像塔

图5　模压浮塑三塔

图6　模压浮塑菩萨法身塔

后至五代，敦煌又出现比泥拓小佛塔更为方便易行的"华塔剪纸"，也有两式（图7、图8）：其Ⅰ式，P.4517（5），是在硬纸上彩绘华塔，塔室内绘立佛及头光、身光，然后剪刻出塔形；其Ⅱ式，P.4518（38），是在白纸上剪成华塔形，又在塔座下剪出云纹，表示佛塔空中示现。这种"华塔剪纸"，让人人都可以造塔并从而求取造塔功德，进一步将造塔功德活动推进到简易化、普及化、大众化层面，造塔活动不再是多财者的专利了。

除了上面介绍的多种形式的造塔功德活动之外，唐代佛徒又发明了一种将供佛、写经、读经和造塔四种功德巧妙和合、毕功于一役的"方便法门"，笔者拟名谓之"心经法塔"。其法是书写《心经》，并以诵读的顺序将《心经》文字组成宝塔之形。敦煌遗书有两件这样的实物，分别为 P.2168 及 P.2731，今举 P.2168（图9）。

图7　Ⅰ式剪纸华塔

图8　Ⅱ式剪纸华塔

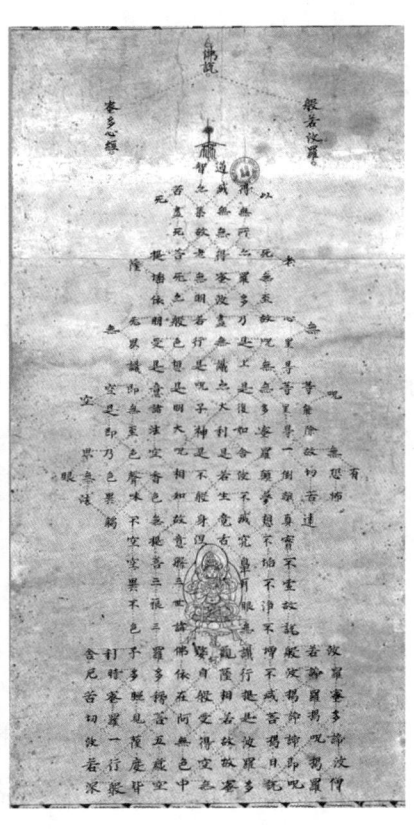

图9　P.2168心经法塔

此图以经名全称《佛说般若波罗蜜多心经》10字组成华盖形；其下，将《心经》经文260字组成五级宝塔形，起自"观"字，终于"诃"字，按经文诵读字序以虚线连接，循此可以一笔勾画出此塔走笔线路图（图10）。塔身中绘佛像，跌坐于莲花座上，表示塔中供佛。塔顶用一"無（无）"字化作塔刹。如此，将写经、读经、造塔、供佛四项功德集于一体，既省财、省力、省时、省事，又兼具四种功德，可谓用心精巧矣！

图10　心经法塔走笔线路图

《佛说造塔功德经》载："随所在方未有塔处，能于其中建立之者，其状高妙出过三界，乃至至小如庵罗果（杧果）；所有表刹上至梵天，乃至至小犹如针等；所有轮盖，覆彼大千，乃至至小，犹如枣叶，于彼塔内，藏掩如来，所有舍利、发、牙、髭、爪，下至一分；或置如来所有法藏、十二部经，下至于一四句偈，其人功德，如彼梵天。命终之后，生于梵世，于彼寿尽，生五净居，与彼诸天等无有异。"前述种种大塔、小塔、泥拓塔、剪纸塔、写经塔，都作为佛教信众的供养功德而流传世间。

三

佛经教人礼敬佛塔，《法苑珠林》卷第37《敬塔篇·旋绕部》引《提谓经》云，"佛言，旋塔（引者按：亦曰绕塔）有五福德：一后世得端正好色；二得声音好；三得生天上；四得生王侯家；五得泥洹道。"（"泥洹道"即"涅槃道"，是谓修佛法到达不生不灭的境界）绕塔又有一定的形式，如一律以右绕为准。《右绕佛塔功德经》说"右绕于佛塔，所得诸功德"有"远离于八难，常生无难处"，"念慧常无失，具足妙色相"，"往来天人中，福命悉长远"，"在于阎浮提，常生最尊胜"，"仪貌常端正，富贵多财宝，恒食大封邑"，"从此生天上，常有大威德"等等，真可谓福德无边。绕塔之时，须低头视地，不得误蹈地上虫类，不得左右顾视，不得于塔前之地唾吐，不得中住与人语。

　　唐代以来流行泥拓佛塔、华塔剪纸及心经法塔，虽然也是"造塔功德"，却不宜对之"右绕"礼拜。在此情况下，"绕塔"礼拜仪式也就成了空文。

（此文原刊于《丝绸之路》2016年第14期。收入本书时有修订）